莫萨营销口才系列

化妆品、饰品直播带货
超级口才训练

程淑丽·编著

电子工业出版社
Publishing House of Electronics Industry
北京·BEIJING

内容简介

这是一本指导主播如何进行化妆品、饰品直播带货的图书。本书旨在帮助主播训练个人的超级口才，以便为其打下坚实的直播销售基础，在直播销售化妆品、饰品时能够旗开得胜，业绩长虹。

本书设计了89个直播情景，精选了75种产品来进行模拟直播销售，提炼出直播销售产品过程中的267个互动误区、90条经典语句和48个句式总结，总结了120个专业问答、24种催下单说法、18个开场脚本和18个结尾样例。通过环环相扣的直播销售训练来提升、强化主播在销售化妆品、饰品时的口才，最终实现口才与销售数量双飞跃。

本书适合化妆品、饰品类直播带货的主播阅读，也可以作为化妆品、饰品类企业销售人员和销售管理者的参考读物。

未经许可，不得以任何方式复制或抄袭本书之部分或全部内容。
版权所有，侵权必究。

图书在版编目（CIP）数据

化妆品、饰品直播带货超级口才训练 / 程淑丽编著．

北京：电子工业出版社，2024.7. -- （莫萨营销口才系列）. -- ISBN 978-7-121-48177-2

Ⅰ．F713.365.2；H019

中国国家版本馆 CIP 数据核字第 20245W3V90 号

责任编辑：王小聪
印　　刷：三河市鑫金马印装有限公司
装　　订：三河市鑫金马印装有限公司
出版发行：电子工业出版社
　　　　　北京市海淀区万寿路 173 信箱　邮编：100036
开　　本：787×980　1/16　印张：17.5　字数：323 千字
版　　次：2024 年 7 月第 1 版
印　　次：2024 年 7 月第 1 次印刷
定　　价：69.00 元

凡所购买电子工业出版社图书有缺损问题，请向购买书店调换。若书店售缺，请与本社发行部联系，联系及邮购电话：(010)88254888，88258888。

质量投诉请发邮件至 zlts@phei.com.cn，盗版侵权举报请发邮件至 dbqq@phei.com.cn。
本书咨询联系方式：(010)68161512，meidipub@phei.com.cn。

前　言

如今，直播带货已成为一种独具魅力和影响力的销售方式，消费者的目光被它吸引，众多有志之士也被引来投入这片浪潮。《化妆品、饰品直播带货超级口才训练》正是针对直播带货从业人员或有意从事这一行业的人而编写的。

这是一本系统、全面的训练指南，旨在帮助读者掌握直播带货的各种开场技巧、留人策略、推介方法、互动话题以及加强消费者信任的途径、应对问题的思路、排除异议的方式、催单要单的说法和结尾的艺术，从而在化妆品、饰品的直播带货中脱颖而出，取得业绩上的突破。

本书立足实践，以可训练、快提升、高业绩为出发点，设计了89个直播情景，选取了75种化妆品、饰品，用模拟直播销售的方式带您走进实战，让您如临其境，感受真实的挑战！

我们从上述89个情景中提炼出267个互动误区、90条经典语句和48个句式总结，总结了120个专业问答、24种催下单说法、18个开场脚本模板和18个结尾样例，为您提供实用、专业、针对性强的训练材料，规范化、系统化地提升您的口才。

直播销售并不是简单地说说话，而是一门融合艺术与科学的学问。因此，我们特别设计了独特的训练方法，通过"直播情景再现"+"直播弹幕分析"+"主播互动演练"+"互动误区提醒"，帮助您模拟真实直播情景，让您在实践中不断成长。同时，我们还整理了开场脚本、催下单说法和结尾样例，帮助您快速掌握语言艺术，建立并强化直播销售口才逻辑。此外，在直播带货过程中，解答观众问题和排除观众异议也是主播必须掌握的核心能力，我们分别准备了问答应对训练和异议排除训练，通过点对点的训练，来补足薄弱项，提高您的直播销售口才。

无论您是初入直播带货行业的新手，还是已在其中摸爬滚打多年的行家里手，阅读此书后，结合不断的自我操练，相信您都能更加准确地把握消费者真正的购买决策因素，一开口便能留住观众，并能激发观众的购买欲望。希望本书能够为您提供满意的化妆品、饰品直播带货口才训练提升方案，希望它能成为您的口才进阶指南。

本书在创作中难免有疏漏与不足之处，恳请广大读者批评指正。

目 录

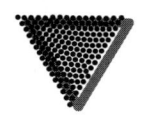

第 1 章　会开场 / 1

1.1　开场 6 法 / 2
- 1.1.1　情景 1：销售法开场 / 2
- 1.1.2　情景 2：宣讲法开场 / 4
- 1.1.3　情景 3：介绍法开场 / 6
- 1.1.4　情景 4：自夸法开场 / 8
- 1.1.5　情景 5：演示法开场 / 10
- 1.1.6　情景 6：比较法开场 / 12

1.2　主持 6 式 / 15
- 1.2.1　情景 7：推介式主持 / 15
- 1.2.2　情景 8：促销式主持 / 17
- 1.2.3　情景 9：展示式主持 / 18
- 1.2.4　情景 10：爆料式主持 / 20
- 1.2.5　情景 11：问题式主持 / 22
- 1.2.6　情景 12：气氛式主持 / 23

1.3　开场脚本 6 模板 / 25
- 1.3.1　疗效式开场脚本 / 25
- 1.3.2　数字式开场脚本 / 27
- 1.3.3　问题式开场脚本 / 29
- 1.3.4　演示式开场脚本 / 31
- 1.3.5　主持式开场脚本 / 33
- 1.3.6　事实式开场脚本 / 34

1.4　常用 7 类经典语句 / 36
- 1.4.1　有关美容的语句 / 36
- 1.4.2　有关美体的语句 / 37
- 1.4.3　有关美肤的语句 / 37
- 1.4.4　有关美颜的语句 / 38
- 1.4.5　有关美甲的语句 / 38
- 1.4.6　有关美发的语句 / 39
- 1.4.7　有关饰品的语句 / 39

第 2 章　能留人 / 41

2.1　效果留人 / 42
- 2.1.1　情景 13：用爱美之心留人 / 42
- 2.1.2　情景 14：用产品效果留人 / 44
- 2.1.3　情景 15：用数据事实留人 / 45
- 2.1.4　情景 16：用现场试验留人 / 47
- 2.1.5　情景 17：用消费者实证留人 / 49

2.2　利益留人 / 51
- 2.2.1　情景 18：抽奖促销留人 / 51
- 2.2.2　情景 19：赠品红包留人 / 52
- 2.2.3　情景 20：折扣礼券留人 / 54

2.2.4 情景21：限时限价留人 / 56

2.3 互动留人 / 58
 2.3.1 情景22：留住爱美人士 / 58
 2.3.2 情景23：留住商务人士 / 59
 2.3.3 情景24：留住问题人士 / 61
 2.3.4 情景25：留住倾向人士 / 63
 2.3.5 情景26：留住疑虑人士 / 65

2.4 留人2类经典语句 / 66
 2.4.1 留住过路人的经典语句 / 66
 2.4.2 留住需求人的经典语句 / 67

2.5 留人3类句式总结 / 68
 2.5.1 问题解决式句式 / 68
 2.5.2 效果疗效式句式 / 68
 2.5.3 福利利益式句式 / 69

第3章 善推介 / 71

3.1 总体推介 / 72
 3.1.1 情景27：功能介绍 / 72
 3.1.2 情景28：成分介绍 / 74
 3.1.3 情景29：使用介绍 / 75
 3.1.4 情景30：适用介绍 / 78

3.2 化妆品推介 / 80
 3.2.1 情景31：肤用化妆品推介 / 80
 3.2.2 情景32：洗护用品推介 / 82
 3.2.3 情景33：美容化妆品推介 / 84
 3.2.4 情景34：身体护理化妆品推介 / 86
 3.2.5 情景35：特殊功能化妆品推介 / 88

3.3 饰品推介 / 90
 3.3.1 情景36：发饰耳饰推介 / 90
 3.3.2 情景37：胸饰颈饰推介 / 92
 3.3.3 情景38：肩饰腰饰推介 / 94
 3.3.4 情景39：手饰脚饰推介 / 96
 3.3.5 情景40：挂饰推介 / 98

3.4 产品演示 / 100
 3.4.1 情景41：现场试用演示 / 100
 3.4.2 情景42：竞品对比演示 / 102
 3.4.3 情景43：消费者现身演示 / 104
 3.4.4 情景44：主播佩戴演示 / 106

3.5 产品推介3类经典语句 / 109
 3.5.1 描述类经典语句 / 109
 3.5.2 功效类经典语句 / 109
 3.5.3 演示类经典语句 / 110

3.6 产品推介2类句式总结 / 110
 3.6.1 FABE句式 / 110
 3.6.2 NFABI句式 / 111

第4章 勤互动 / 113

4.1 美容话题 / 114
 4.1.1 情景45：美容新知识 / 114
 4.1.2 情景46：美容新趋势 / 116
 4.1.3 情景47：美容新技术 / 119

4.2 美体话题 / 121
 4.2.1 情景48：美臂 / 121
 4.2.2 情景49：纤腰 / 123

4.2.3　情景50：瘦脸 / 126

4.3　**美发话题** / 128
　　4.3.1　情景51：染发 / 128
　　4.3.2　情景52：烫发 / 130
　　4.3.3　情景53：护发 / 133

4.4　**美肤话题** / 135
　　4.4.1　情景54：防晒 / 135
　　4.4.2　情景55：祛痘 / 137
　　4.4.3　情景56：卸妆 / 140

4.5　**美妆话题** / 142
　　4.5.1　情景57：面 / 142
　　4.5.2　情景58：眼 / 144
　　4.5.3　情景59：唇 / 146

4.6　**美甲话题** / 148
　　4.6.1　情景60：美甲知识 / 148
　　4.6.2　情景61：美甲色系 / 150
　　4.6.3　情景62：美甲工具 / 152

4.7　**美睫话题** / 155
　　4.7.1　情景63：美睫知识 / 155
　　4.7.2　情景64：假睫毛 / 157

4.8　**美的话题** / 160
　　4.8.1　情景65：颜值 / 160
　　4.8.2　情景66：美丽 / 162
　　4.8.3　情景67：形象 / 165

4.9　**饰品话题** / 167
　　4.9.1　情景68：饰品材质 / 167
　　4.9.2　情景69：搭配技巧 / 169

4.9.3　情景70：饰品风格 / 171

4.10　**互动话题7类经典语句** / 173
　　4.10.1　产品功效类 / 173
　　4.10.2　说服认同类 / 174
　　4.10.3　宣传广告类 / 174
　　4.10.4　知识普及类 / 175
　　4.10.5　专业讲解类 / 175
　　4.10.6　比喻说明类 / 176
　　4.10.7　数据事实类 / 176

4.11　**互动话题3类句式总结** / 177
　　4.11.1　陈述类句式 / 177
　　4.11.2　说明类句式 / 177
　　4.11.3　讲解类句式 / 178

第5章　强信任 / 179

5.1　**强化认同** / 180
　　5.1.1　情景71：强调品牌 / 180
　　5.1.2　情景72：强调效果 / 182
　　5.1.3　情景73：强调材质 / 184
　　5.1.4　情景74：强调研发 / 186

5.2　**体现专业** / 188
　　5.2.1　情景75：意见领袖 / 188
　　5.2.2　情景76：专业讲解 / 191
　　5.2.3　情景77：产品专家 / 193

5.3　**提供证据** / 196
　　5.3.1　情景78：用数据说明 / 196
　　5.3.2　情景79：用事实证明 / 197

5.3.3 情景 80：用对比表明 / 199

5.4 建立信任 2 类经典语句 / 202
　　5.4.1 专业讲解类 / 202
　　5.4.2 证据证明类 / 202

5.5 建立信任 2 类句式总结 / 203
　　5.5.1 佐证类句式 / 203
　　5.5.2 事实类句式 / 203

第 6 章 巧回答 / 205

6.1 专业问题要"专" / 206
　　6.1.1 回答有关产品的问题 / 206
　　6.1.2 回答有关材质的问题 / 208
　　6.1.3 回答有关效果的问题 / 210

6.2 疑难问题要"巧" / 212
　　6.2.1 回答有关确定和确保的问题 / 212
　　6.2.2 回答有关质量和效果的问题 / 214
　　6.2.3 回答有关质疑和差评的问题 / 215

6.3 一般问题要"简" / 218
　　6.3.1 回答有关化妆的问题 / 218
　　6.3.2 回答物流相关的问题 / 221
　　6.3.3 回答售后服务的问题 / 225

6.4 回答 3 类问题经典语句 / 228
　　6.4.1 回答作用和效果的经典语句 / 228
　　6.4.2 回答质量和品质经典语句 / 229
　　6.4.3 回答质疑和反问的经典语句 / 230

6.5 回答 2 类问题句式总结 / 230
　　6.5.1 问询类问题句式总结 / 230
　　6.5.2 质疑类问题句式总结 / 231

第 7 章 排异议 / 233

7.1 直面质疑 / 234
　　7.1.1 情景 81：质疑品质 / 234
　　7.1.2 情景 82：质疑材质 / 236
　　7.1.3 情景 83：质疑效果 / 237

7.2 化解异议 / 239
　　7.2.1 情景 84：价格异议 / 239
　　7.2.2 情景 85：体验感异议 / 241
　　7.2.3 情景 86：适用性异议 / 243
　　7.2.4 情景 87：成分异议 / 245
　　7.2.5 情景 88：比较异议 / 246
　　7.2.6 情景 89：数据异议 / 248

7.3 排除异议 2 类经典语句 / 250
　　7.3.1 直面质疑类经典语句 / 250
　　7.3.2 直面异议类经典语句 / 251

7.4 排除异议 2 类句式总结 / 251
　　7.4.1 排除质疑类句式 / 251
　　7.4.2 排除异议类句式 / 252

第 8 章 催下单 / 253

8.1 催单怎么说 / 254
　　8.1.1 限时催单怎么说 / 254
　　8.1.2 限量催单怎么说 / 254
　　8.1.3 秒杀催单怎么说 / 255
　　8.1.4 加赠催单怎么说 / 256
　　8.1.5 库存催单怎么说 / 256
　　8.1.6 价格催单怎么说 / 257

8.2　下单与售后说明 / 258

　　8.2.1　下单讲解怎么说 / 258

　　8.2.2　售后说明怎么说 / 258

8.3　催单追单经典金句与句式总结 / 259

　　8.3.1　催单追单经典语句 / 259

　　8.3.2　催单追单句式总结 / 260

第 9 章　慎结尾 / 261

9.1　结尾 6 法 / 262

　　9.1.1　感恩式结尾 / 262

　　9.1.2　促单式结尾 / 262

　　9.1.3　抽奖式结尾 / 263

　　9.1.4　预告式结尾 / 264

　　9.1.5　结果式结尾 / 265

　　9.1.6　顺口溜结尾 / 265

9.2　直播结尾经典语句与句式总结 / 266

　　9.2.1　直播结尾经典语句 / 266

　　9.2.2　直播结尾句式总结 / 267

第 1 章

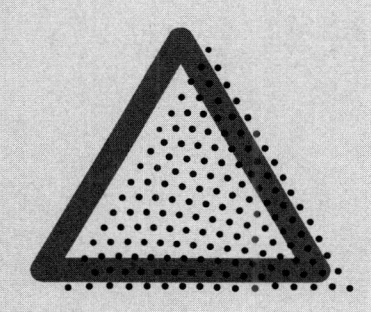

会开场

1.1 开场6法

1.1.1 情景1：销售法开场

【直播情景再现】

某化妆品直播间刚刚开播，主播小颜根据事先设计的直播脚本，用诙谐幽默、轻松愉快的"吆喝"声来做直播开场。随着小颜不断在直播间抛出各种语句，直播间观众越来越多，不仅有每天都来的老观众，还有慕名而来的新朋友。小颜见直播间氛围已烘托到理想热度，便开始介绍起本场直播的带货产品——某品牌新款面膜。小颜介绍起面膜来也是妙语连珠，语句不断，引得观众纷纷叫好。

【直播弹幕分析】

1. 刚开播时，直播间只有少量观众，人气不旺。主播此时最需要做的就是打开场面，吸引更多的观众留在直播间观看。

2. 开播后，直播间的少量观众除了闲聊，多半都在询问本次直播带货的具体产品。主播可以提前告知部分内容吸引观众注意，也可卖个关子，暂不告知观众任何信息，吊足观众胃口。

3. 随着开场环节逐项进行，直播间观众会越来越多，此时主播不能再忽视观众的问题，要在观众的好奇心和耐心消耗完前及时对面膜进行介绍。

【主播互动演练】

主播：欢迎各位朋友来到小颜的直播间！买东西，找小颜，小颜人美歌又甜！质量不好不要钱，买多买少是个缘！

弹幕1：在说啥呢？

弹幕2：小颜我又来啦！

弹幕3：好家伙，满嘴顺口溜，你是要考研啊？

主播：欢迎大家。说笑了家人们，小颜哪有那本事，小颜能做的就是每天给大家推荐各种物美价廉的化妆品，帮助大家一起变美！

弹幕4：今天是什么？

弹幕5：上次在姐妹这里买的唇釉不错。

主播：谢谢家人们的支持！有句话说得好：说得好，夸得大，不如用事实来说话！小颜也不能一直在这里干"吆喝"，今天给大家推荐的是××（品牌名）家的新款面膜！成分升级，功效升级！

弹幕6：面膜啊，我刚买过面膜了。

弹幕7：我正好缺面膜！

主播：家人们，买不买不要紧，了解一下新产品。新款面膜升级了成分和工艺，对比同品牌的经典款面膜，这款面膜兼具保湿、修护、抗皱三重功效，能够有效改善抬头纹、法令纹，促进面部皮肤的光滑、弹润、紧致，成分温和，敏感肌也能用！

弹幕8：666！

弹幕9：××（品牌名）是大牌子，我一直用他家面膜。

弹幕10：面膜咋卖的，有优惠不？

主播：家人们，新款面膜定价是稍贵的，官方定价是×××元一盒哦，一盒有××片。当然了，来到小颜这儿，就算小颜没有超能力，也要给大家安排福利！大家听好了，仅限本场，所有新款面膜给大家8折优惠！大家记住了，仅限本场直播哦，时间一过，立刻恢复官方定价！

弹幕11：还等什么，下单！

…………

⚠️【互动误区提醒】

1. 主播不要被开播时略显冷清的直播氛围影响心态，要坚持按事先设计的直播脚本做好开场。无论后续时段内直播间热度如何，主播都不能自乱阵脚，要坚持以热情、礼貌、专业的姿态完成直播。

2. 主播选择的开场词不仅要生动、有趣，还要符合主流价值观，不能违背公序良俗、直播平台规定、法律法规。

3. 主播要控制好开场阶段的用时，尽快进入正题，不要过度消耗观众的耐心。

1.1.2　情景2：宣讲法开场

【直播情景再现】

某化妆品直播间正在热卖一款护肤精华液，考虑到直播间第一次卖精华液，主播小可采用了一种类似于宣讲的方式来介绍这款精华液。随着小可的深入介绍，直播间的观众越来越多，互动热度也越来越高，观众在弹幕上不断提出各式问题。有人问精华液的使用方法，有人问精华液的适用肤质，有人问精华液的保质期，有人问精华液的价格……

【直播弹幕分析】

1. 关注使用方法的观众，他们可能对护肤步骤不太清楚，或者想要了解更多的使用技巧，主播应注意重点介绍精华液的使用环节、用量、方法和注意事项等。

2. 关注适用肤质的观众，他们可能对自己的皮肤状况不太了解，想要找到最适合自己的护肤品，主播应重点介绍精华液的主要功效、成分和适用的肤质等方面。

3. 关注保质期的观众，主播要注意他们可能对护肤品的安全性比较在意，或者对直播购物这种方式仍不太信任。

【主播互动演练】

主播：家人们，咱们接着说哦，小可刚才跟大家介绍过了，今天给大家推荐的是一款精华液，是来自×××（品牌名）品牌的新款哦！

弹幕1：我不常化妆的，什么是精华液啊？

弹幕2：我觉得精华液都太贵了，效果不显著。

弹幕3：主播主播，精华液怎么用？

主播：新来的朋友点点关注哦，小可每天都会给大家带来好东西！点关注，不迷路！世上没有摇钱树，主播我不求礼物与暴富，只求真心对得住！

主播：家人们，即使懒得花时间化妆，也千万不能亏待自己的皮肤哦，尤其是咱们女孩子，在护肤方面要对自己"狠一点"！当然男孩子也可以用哦！这款精华液全称叫"护肤精华露"，内含40多种微量营养元素，可以赋予肌肤焕新的力量，具有持久保湿、抗氧修复、紧致肌肤等多重功效哦！

弹幕4：有那么好用？

弹幕5：具体是如何使用的呢？

主播：这款精华液使用方法很简单，记住小可自创的口诀：一滴二揉三拍！简单来说，大家对面部皮肤进行基础清洁后，只需要将一到两滴精华液滴到手掌心，在手掌心揉开后轻轻拍打在脸上就可以了。为了达到最佳的效果，最好保持一天两次的使用频率，也就是早晚清洁皮肤后各使用一次！如果你只想持久保湿，可以只在早上使用哦。

弹幕6：这个适合什么肤质啊？我是油性皮肤，使用这款精华液会不会太油？

弹幕7：这个多少钱啊？有没有优惠券？

主播：这款精华液适合大部分油性皮肤和混合性皮肤哦，因为它的质地非常轻盈，不会油腻，更不会刺激你的皮肤。另外，精华液可以帮助我们调节水油失衡，改善毛孔粗大，还可以滋润干燥肌肤，提高紧致度。所以，家人们放心使用吧！爱美之心人皆有之，不要等待，不要犹豫！

弹幕8：精华液一般很贵吧？

弹幕9：这款什么价？有优惠吗？

主播：这款精华液原价是×××元，但是今天我们直播间有特别的优惠活动哦。只要你在直播间下单，就可以享受8折的优惠价，也就是说只要×××元就可以带走哦。

主播：当然了，小可从来不是小气的人，今天还给大家准备了其他福利！只要大家在本场直播期间下单，还可以免费获得试用装和满额返现券哦。

弹幕10：还是有点贵啊。

弹幕11：对啊，这比一般的护肤品贵多了。

主播：家人们，一分钱一分货，这个精华液真的很好用，而且大家可能不知道，这个牌子一般都不打折的，今天是我们直播间做活动才向品牌方申请到的优惠哦！俗话说，人人使，人人用，平时想买就难得碰！过了这村儿可就没这店儿啦！

主播：好了，家人们，机不可失，时不再来，小可马上上链接了！

⚠ 【互动误区提醒】

1. 主播在介绍产品时，要注意使用通俗易懂的语言，尽量不要说晦涩难懂、拗口难辨的专业词汇，要用简单、亲近的语言与观众互动。

2. 主播在介绍产品时，不能夸大其词或者用其他方式来误导消费者，要保持真诚的态度，既要突出产品的优点和特色，又要注意避免引起观众的质疑和反感。

3. 主播面对弹幕的各种疑问，只要是正常询问关于产品的相关信息，就不要回避或者忽略，要及时、有效地回答观众提出的疑问，引导观众下单。

1.1.3 情景3：介绍法开场

【直播情景再现】

某化妆品直播间正在热卖一款隔离霜，由于直播间运营得好，一开播就有大批观众进入直播间，迫不及待地在弹幕上发言：有人问隔离霜的作用，有人问隔离霜和防晒霜的区别，有人问隔离霜的持妆度，有人问隔离霜的价格……主播小青早有准备，按照事先设计好的介绍词，为观众介绍着这款隔离霜的各项信息。

【直播弹幕分析】

1. 关注隔离霜作用的观众，可能是男性观众，或者是化妆知识不充足的女性观众，他们想要了解更多的护肤、美妆知识，对此主播应重点介绍隔离霜的主要功效。

2. 关注隔离霜和防晒霜区别的观众，他们可能没有用过隔离霜这种产品，对此主播要注意将二者的区别说清楚、讲明白。

3. 关注隔离霜持妆度的观众，应该有化妆的习惯，且有长时间保持妆容的需要，他们想要找到一款能够保持妆容不脱妆、不暗沉、不浮粉的产品，对此主播则应注意重点介绍这款隔离霜在持妆度上的优势。

【主播互动演练】

主播：好了好了，感受到大家的热情了，非常感谢新老朋友光临直播间！

弹幕1：快开始吧。

弹幕2：是啊，今天是什么产品？

主播：家人们，今天小青给大家推荐的是一款隔离霜。大家看，这款隔离霜（镜头特写）是知名美妆品牌×××推出的全新升级版，优化了配方，新加入了×××和×××两种天然提取物，让新产品在隔离紫外线与空气中的脏东西等方面的优势更加突出，可起到均匀肤色、隔离紫外线等作用！

弹幕3：隔离霜是什么，怎么还可以防晒？

弹幕4：隔离霜和防晒霜有啥区别？

弹幕5：这款隔离霜持妆效果怎么样？

主播：大家别着急，让我一一给大家介绍！家人们，马上就到夏天了，夏天热辣辣的太阳下，紫外线尤其强，隔离霜的第一大作用就是隔离紫外线哦。很多人的面部皮肤变得松弛、皱纹增多、失去弹性，面容看起来"显老"，其实并不是真的老了，很可能是因为面部皮肤长期暴露在强烈的紫外线下，导致皮肤晒伤，引起黑色素沉着，皮肤弹性下降，加速了皮肤衰老的过程！所以啊，咱们就需要涂隔离霜。这不，有句话说得好，表面功夫做得好，不怕夏天烈日烤。

弹幕6：那到底和防晒霜有什么区别呢？

主播：家人们，隔离霜一般只用在脸上，除了有一定的防晒效果外，还可以隔离空气中的脏东西、均匀肤色等，而防晒霜一般只能防晒，没有其他作用，但是防晒霜是可以用于脸部以外的其他暴露于阳光下的身体部位的哦！

弹幕7：哦哦明白了！

主播：另外啊，隔离霜还可以有效隔离"脏空气"。现在虽然生态环境很好，但是"脏空气"不是指空气质量不好哦，而是指空气中的粉尘会影响我们的皮肤状态或者妆容，这时候就需要隔离霜来保驾护航啦！

主播：刚才也说了，隔离霜还可以均匀肤色。今天推荐的这款隔离霜就含有白色的修色粒子，如果大家只需要化个淡妆，不想在脸上涂太多东西的话，直接涂隔离霜就好啦！这款隔离霜可以有效维持8小时以上的妆面效果，所以不用担心操作麻烦或持妆度不够哦！

弹幕9：原来如此！

主播：总之，家人们，隔离霜的作用很多，一款好的隔离霜对你我都很有必要！选择×××牌新款隔离霜，让你的肌肤呼吸自由，让你的妆容持久完美！

…………

【互动误区提醒】

1. 主播在介绍产品时,不能没有底气或者言辞闪烁,要保证所介绍的内容既专业又准确,同时要注意采用通俗易懂的语言,向观众展现出主播自身对产品的自信,让观众看得清楚产品、听得明白介绍。

2. 主播介绍产品成分时,不能弄虚作假;介绍产品功效时,不能夸大其词。

3. 当观众数量、弹幕问题越来越多时,主播千万不要失去耐心或者惊慌失措,要保持好直播节奏,热情、礼貌地回答弹幕问题。

1.1.4　情景4:自夸法开场

【直播情景再现】

某化妆品直播间正在热卖一款防晒霜,主播小白开场就来了个自卖自夸。小白根据自身经历,向直播间观众略带炫耀地展示起自己洁白的皮肤,并顺势引出本场直播推荐的产品——某款防晒霜。小白将自己美白的功劳都归在这款防晒霜上。面对充斥着好奇、羡慕、怀疑等各种情绪的弹幕,小白并不紧张,反而专注于介绍产品,最终取得这场直播的成功。

【直播弹幕分析】

1. 公屏上表示好奇的弹幕,说明这部分观众消费的心理防线已经松动,主播可趁机多介绍这款防晒霜的优点,让观众对防晒霜更加关注。

2. 公屏上表示羡慕的弹幕,说明这部分观众自身的皮肤状态可能不是很好,或者长期苦恼于如何做好防晒。

3. 公屏上表示质疑的弹幕,说明这部分观众并不相信主播的肤色完全是防晒霜的功劳,主播可结合自身经历进行讲解。

【主播互动演练】

主播:家人们,夏天到了,想必大家都准备好空调和西瓜了,而我想问大家的是:你们的肌肤准备好迎接夏天了吗?

弹幕1：主播什么意思啊？
弹幕2：我知道，主播是说夏天太晒了！
弹幕3：看来今天是要卖防晒霜了。

主播：家人们，你们实在是太聪明了，果然有聪明的主播就有聪明的观众！

主播：今天小白给大家推荐的确实是一款防晒霜，就是我手上这款（特写）××（品牌名）家的新款防晒霜。小白一直有一句话想告诉大家，就是"盛夏骄阳当空照，防晒必须有门道。魅力青春无限好，肌肤却怕烈日烧"。

弹幕4：人才！
弹幕5：主播说这干啥？
弹幕6：主播毕业多久了？

主播：为什么说这个，你们马上就知道了。今天小白豁出去了，大家看我手里这张照片（特写），这就是三年前的我！看到我的脸没有，又黑又粗糙，哪里像个20岁的青春少女？！但是你们再看看我现在的脸（特写自己脸部），这五官没变吧？不知道大家发现没有，我的脸白嫩了好多！我甚至可以略带自夸地说，我的皮肤绝对不比直播间里任何姐妹的皮肤差喔！虽然我也有用其他护肤品，但大家都知道，我生活在××（城市名）啊，这是一座被称为火炉的城市！我还经常在户外做直播，皮肤非但没被晒黑、晒糙，反而还能这么白，这全都是××（品牌名）家防晒霜的功劳！

弹幕7：怎么做到的？
弹幕8：好羡慕小白，我军训完都快要黑成煤炭了。
弹幕9：主播你就吹牛吧，怎么可能光凭防晒霜就变得这样白嫩，那照片多半也是假的！

主播：家人们，真没吹牛，小白绝对有这个自信。大家要是不信，我现在就把直播间的补光灯关了（关灯），大家看，是不是皮肤很白？再给大家看看，这是我自己买××（品牌名）家防晒霜的订单，三年的都在这里，真没骗人！我承认，光凭防晒霜确实达不到这般美白的效果，因为防晒霜的作用相当于帮我们保住"底子"，"底子"好了，大家再去做补水、做美白，不就很容易达到效果？大家想想，要是平时只做美白而不做防晒，那一出门"底子"不就毁了？所以啊，一款好的防晒霜真的很有必要。

弹幕10：主播说得对，我是海边的，我很早就有涂防晒的习惯了。
弹幕11：怪不得军训完其他女生都没怎么晒黑，就我晒黑了！我根本不懂这玩意儿！

主播：家人们，现在纠正观念还来得及哦！不管是男士还是女士，都很有必要每天涂防晒霜。晒黑只是小事，要是晒伤了可就不好了，会加速皮肤老化的！

弹幕12：对对对，我们学校还没军训，我一定要提前准备好防晒霜。

弹幕13：主播这款防晒霜怎么卖？

弹幕14：主播有优惠吗？

主播：家人们，本场直播限时8折福利哦！原价×××元一瓶的高端防晒霜，现价×××元，仅限本场直播。机不可失，时不再来，大家抓紧下单哦。在这个炎热的夏天，脱单比不上别人，抢单你还比不过吗？哈哈，开个玩笑，大家别犹豫了，抓紧下单吧！

…………

【互动误区提醒】

1. 主播通过夸自身皮肤状况来完成自夸法开场，要注意自夸的分寸和尺度，不要使用过分炫耀的语气，以免引起观众反感。

2. 主播自夸的时间不能过久，避免消耗观众耐心，要及时将话题重心转移到介绍防晒霜上。

3. 主播要真诚待人、诚信经营。面对观众的质疑，要有理有据地作出回应，同时注意仪态、表情和语气，不要用偏激的语言答复问题。

1.1.5 情景5：演示法开场

【直播情景再现】

某化妆品直播间正在热卖一款腮红，主播小姜为了更直观地展示腮红的效果，直接在镜头前演示了腮红的用法，给观众展示了腮红的上妆效果。观众在直播间公屏上留言，有的人问腮红的质地，有的人问腮红的持妆度和显色度，有的人问腮红的用法和技巧，有的人问腮红如何搭配眼影、唇彩……

【直播弹幕分析】

1. 关注腮红质地的观众，主播应向其重点介绍不同质地腮红的优缺点和使用方法。

2. 关注腮红持妆度和显色度的观众，他们可能对腮红是否容易掉色、是否过于浓艳感到担心，或者想找到一款能够保持一整天好气色的产品，主播应注意强调所推荐的腮红在这些方面具备的优势。

3. 关注腮红使用方法和使用技巧的观众，他们可能对如何打造自然又立体的妆面效果不太熟悉，或者想要学习更多的化妆技巧，主播可在演示时介绍几种涂抹腮红的技巧。

【主播互动演练】

主播：家人们，爱美之心，人皆有之。大家记住了，把自己收拾得漂漂亮亮的，是对自己的尊重，也是对他人的礼貌！每天做一点点改变，哪怕从一块小小的腮红开始，都可以让自己变得更加美好！

主播：大家看我手上这款腮红，它是由知名美妆品牌××推出的限量版腮红，采用了独特的三色渐变设计，可以根据你的肤色和喜好自由调节颜色深浅，打造出不同的腮红效果。

弹幕1：这个腮红是什么质地啊？看起来好漂亮啊！

弹幕2：这个腮红持久吗？会不会掉色啊？

主播：这款腮红是粉状的哦，质地非常细腻柔滑，不会飞粉也不会卡粉。它有三种颜色，分别是浅粉、珊瑚和玫瑰色，你可以根据自身肤色和妆容风格选择单一使用或者混合使用哦。比如你想要打造一个甜美可爱的妆容，就可以用浅粉色在笑肌位置打圈式涂抹；如果你想要打造一个知性优雅的妆容，就可以用珊瑚色在颧骨位置斜刷涂抹；如果你想要打造一个活力时尚的妆容，就可以用玫瑰色在眼下位置画三角式进行涂抹。当然，你也可以根据自己的喜好随意搭配哦。

主播：这款腮红也非常持久，它有很好的显色度和服帖度，不会因为出汗、泛油而掉色或者晕染，而且它还带有一点珠光感哦。

主播：让我来给大家演示一下这款腮红的用法和效果吧。首先，用粉底液打好底妆，然后用腮红刷蘸取这款腮红的浅粉色，轻轻地在笑肌位置打圈涂抹。你们看，是不是很自然、很可爱呢？这个颜色非常适合白皙的肌肤，可以让你的脸部看起来更有血色、更有气质哦。

弹幕 3：哇，好美啊，这个颜色真的很适合你啊！

弹幕 4：我也想要这个颜色，但是我皮肤比较黄，会不会不好看啊？

主播：亲爱的，你不用担心，这款腮红还有其他两种颜色可以选择。如果你皮肤比较黄，你可以试试这款腮红的珊瑚色或者玫瑰色哦，它们都是暖色调的腮红，可以中和你的肤色，让你看起来更健康、更有活力。我再让模特给你们演示一下这两种颜色的效果吧。模特小姐姐的肤色偏黄，我先用腮红刷蘸取这款腮红的珊瑚色，然后在模特姐姐的颧骨位置斜刷涂抹。你们看，是不是很知性、很优雅呢？这个颜色非常适合偏黄或者正常的肤色，可以让你的脸型看起来更立体、更有气场哦。

弹幕 5：好漂亮啊，我喜欢这个颜色，感觉很温柔、很有女人味啊！

弹幕 6：确实不错。

主播：家人们，先让模特姐姐去卸个妆，待会儿我再给大家多介绍几个腮红的使用技巧！现在，我先给大家上链接。大家注意了，这款腮红在 4 号链接，目前心动价 ××× 元，比官网价整整低了 ×× 元哦！爱美的你还在等什么呢？

【互动误区提醒】

1. 主播要提前掌握一定的化妆技巧，训练自身的化妆能力，不能在演示上妆的时候怯场，化出不合时宜或者不美观的妆容。

2. 主播在演示时不能忘记对推荐的腮红本身进行宣传，要分清主次，不能喧宾夺主，要时刻记得直播主要推荐的是腮红而不是化妆技巧。

3. 主播演示的时机要恰当，既不能让演示占用过多的直播时长，也不要生硬转场，让观众不适应。

1.1.6 情景 6：比较法开场

【直播情景再现】

某发饰品牌直播间内，主播小欧正在向观众展示自家的一款发卡，桌子上还准备了另外几款市面上常见的发卡。小欧一边介绍着自家发卡相较于其他发卡的优势，

第 1 章　会开场

一边回答着观众的问题。发弹幕提问的观众很多,有人问能不能用在短发上,有人问发卡的材质怎么样,有人问发卡的颜色有哪些,有人问耐不耐用……

为了更直观地展示发卡的特点,小欧安排了两名模特,其中一名留着过肩长发,另一名留着齐耳短发。小欧分别让两名模特佩戴不同颜色的发卡,向观众直观地展示直播间推荐的发卡在不同发型上的装饰效果。

【直播弹幕分析】

1. 问能不能用在短发上的观众,她们可能是短发女士或者想要换个发型的长发女士。

2. 询问发卡材质的观众,他们应该对发卡的质感和舒适度有较高要求,对于发卡是否会刮伤头皮或者拉扯头发有一定的担心。

3. 询问发卡颜色的观众,他们可能是喜欢用发卡搭配出不同风格的造型以适应不同场合的时尚达人,主播对此可提供一些简单的搭配建议。

【主播互动演练】

主播:家人们,今天我给大家带来的是×××水晶发卡,无论你是长发还是短发,都可以用它来打造不同的美丽造型。这款发卡是我们家的爆款之一,百搭又好看。

主播:这款发卡的骨架是合金材质,镶嵌了高品质的水晶,整体闪闪发光,高级感十足!

弹幕1:真漂亮啊。

弹幕2:会不会太重啊?

主播:好,口说无凭,今天我就现场给大家对比看看,我们家的水晶发卡跟普通发卡的区别在哪里!

主播:家人们,我左手拿的是市面上一款常见的塑料发卡。给大家看看细节,颜色稍显暗沉,(折一下的动作)而且很容易变形。我右手拿的是我们家的水晶发卡。咱们先看看外观,看到发卡上的这些水晶了吗?普通塑料发卡上可不会有这么多水晶,甚至不会用水晶作装饰!

弹幕3:好闪啊。

主播:我们家水晶发卡的夹子设计得十分精巧,能够更好地固定头发,不易滑落。

弹幕4:黑色夹子很低调,喜欢。

主播：都说美丽要从头开始！今天我不但给大家看看效果，而且要给大家试戴！大家看，我邀请了两位模特，一位是长发美女，一位是短发萌妹。我现在就给她们分别戴上我们家的水晶发卡和普通塑料发卡！

主播：（给长发美女戴上发卡）大家看，这是我们家的水晶发卡，戴上去就显得很有气质，发型也固定得很好。这是市面上常见的塑料发卡，戴上去略显普通，而且发卡还容易滑落下来。

弹幕5：水晶发卡好看！

主播：（给短发萌妹戴上发卡）大家看，这是我们家的水晶发卡，戴上去会显得很可爱，发型也比较有个性。这个是塑料发卡的佩戴效果，戴上去显得比较乏味，而且取下时发卡还会拉扯或夹伤头发。

弹幕6：水晶发卡适合短发！

主播：咱们家的水晶发卡是用优质合金和水晶制成的，不但不会刮伤头皮或者拉扯头发，而且不易褪色或者掉水晶。我们家的水晶发卡有多种颜色可选，无论你是什么肤色或者什么发型，都能找到适合你的那一款！

弹幕7：有粉色的吗？

弹幕8：有金色的吗？

主播：当然有啊，我们家的水晶发卡有粉色、金色、银色、紫色、蓝色等，你们想要什么颜色就告诉我，我马上给你们展示！

⋯⋯⋯⋯⋯⋯

⚠【互动误区提醒】

1. 主播在进行产品对比时，不能过分贬低竞争对手的产品，要尊重消费者的选择，避免引发反感或投诉。

2. 主播要熟悉产品特点，不能在试戴中出现不适或者其他效果不佳的情况，从而影响产品形象。

3. 主播要进行真实对比，两名模特不能在颜值、身材上有明显差距，要弱化外在因素对发卡装饰效果的影响。

1.2 主持6式

1.2.1 情景7：推介式主持

【直播情景再现】

某护肤品类直播间正在热卖几款精粹水，主播小茉拿起其中一款品牌精粹水，向观众们热情地介绍和展示。直播间的观众非常热情，不停地向主播询问与精粹水有关的问题，有人问精粹水能否改善皮肤问题，有人问精粹水对经常熬夜的人是否有用，有人问有没有福利活动……

【直播弹幕分析】

1. 观众问精粹水对皮肤的改善问题，说明其对精粹水的功效非常关注，主播可及时与弹幕互动，说明精粹水的功效，并列举其中的成分。

2. 观众询问熬夜人群的使用情况时，主播可从案例、数据、成分出发，举出身边真实的例子来推介产品。

3. 观众关注福利活动，说明其已有下单的想法，主播要尽快回应观众，促成下单。

【主播互动演练】

主播：让皮肤水润，让思想通透，让皮肤和思想同样有深度。晚上好，欢迎各位来到我们××品牌直播间，我们是××官方授权的直播间。今天呢，主播给大家准备了多重豪礼，大家千万不要走开！

弹幕1：都有啥？

主播：咱们今天有一款热卖单品重磅来袭——精粹水。除此之外，还有紧致面霜、水乳套装礼盒、防晒喷雾等，无论你是我们××品牌的老粉，还是新粉，今天一定要特别关注我们直播间。咱们今天全场都有折扣，更重要的是，部分产品直接半价！机不可失，时不再来。大家今天一定不要错过我们的直播哟！

弹幕2：今天产品还蛮多的！

弹幕3：快介绍精粹水，一直想买，没等到活动！

主播：××这个品牌大家都很熟悉吧？据了解，国外已经在疯狂代购我们的国货了，××可是"国货之光"啊！可谓是能够在市场上屹立几十年不倒的化妆品中的"战斗机"！像我手上这款热卖的精粹水，我就一直在用。辛苦镜头老师给我的脸来一个特写镜头，大家仔细看，我的皮肤是不是特别的光滑、有弹性？

主播：这款精粹水我已经亲测大半年了，效果真的非常好。不仅如此，我还推荐给了我的妈妈、我的闺密，我妈妈用了3个多月，大家可以看下我手机上的照片，这是我跟我妈妈一起逛街时拍的，我朋友圈还有人评论以为是我的姐姐呢！

弹幕4：妈呀，太搞笑了吧！

弹幕5：能改善皮肤问题吗？

主播：皮肤容易出油的、毛孔粗大的、黑头多的，皮肤容易粗糙、暗沉或者长细纹的，千万不要错过咱们这款能使皮肤紧致弹润的精粹水！

弹幕6：对经常熬夜的人有用吗？

弹幕7：能有这么神奇吗？

主播：我看已经有家人们问，真的有这么神奇吗？那是当然啦，因为它蕴含人参、冬虫夏草等草本精粹原液，使用后12小时，肌肤水润度提升88%！坚持使用，就能赶走"熬夜脸"，改善我们的皮肤，使其变得紧致水润！

弹幕8：心动了！

…………

⚠【互动误区提醒】

1. 主播不要一直口头、机械地介绍产品有多么好，要结合具体数据、具体案例向观众推介产品。

2. 主播要有理有据地将产品的卖点、优惠等推介清楚，不要没有逻辑甚至颠三倒四地随意介绍。

3. 推介产品一定要循序渐进、层次清晰，引起观众兴趣后一步步引导其下单，但要注意引导下单的方式，不要刻意，让观众觉得"卖货"过于生硬。

1.2.2 情景8:促销式主持

【直播情景再现】

某护肤品直播间正在销售一款××品牌的化妆棉,主播小惠打开了一盒化妆棉,正在向观众展示产品细节。直播间观众非常热情,不断闪烁出互动弹幕,有人问有没有组合优惠,有人问有没有福利活动,有人问化妆棉的使用效果好不好……

【直播弹幕分析】

1. 关注相关优惠活动的观众,可能对该品牌化妆棉有一定了解,更多关注的是直播间的优惠价格。

2. 正值年终大促,不少观众都是冲着直播间的优惠活动来囤货的。

3. 关注化妆棉的质量、发货速度、退换货等问题的观众,则可能对直播购物还不是特别了解,主播也应及时、热情地逐一进行解答。

【主播互动演练】

主播:家人们,今天直播间给大家带来的是一款××品牌的化妆棉,这款化妆棉可谓"至简至纯,一片精致呵护你的脸"。

主播:正值年终大促,为了给家人们谋福利,今天直播间化妆棉买一送二!日常价×××元一盒的品牌化妆棉,今天在我们直播间,××元一盒,下单一盒就再给您送两盒同款!不到百元,三盒到手!

主播:家人们,平时×××元只能买一盒200片的化妆棉,今天在我们直播间××元买三盒600片,而且全部都是官方旗舰店给您发货!

弹幕1:那我买二呢?

主播:我看到宝宝们在问买二买三怎么送,今天我们直播间的优惠都是叠加的,也就是说买二送四、买三送六,以此类推,一片都不会少!

弹幕2:今天这么多人抢,啥时候才能发货呀?

主播:家人们放心,我们都是官方仓库直接发的,下单后24小时内一定给大家发出!先下单先得!

弹幕3:我买了我买了!给我加急!

弹幕4：一片都别给我少！

主播：大家尽管放心，您在直播间下单，仓库就会立马配好货给您加急发出，一片都不会少的。如果有家人收到化妆棉后不喜欢的话，请联系主播，主播给大家承担退换货的运费。

主播：还没有下单的赶紧了，直播间活动就今天一天，数量有限，先抢先得！

弹幕5：我是第二次在这儿买了。

弹幕6：是挺划算的。

弹幕7：怎么抢不到了，主播快更新库存！

……

⚠️【互动误区提醒】

1. 对于大多数观众比较熟悉的××品牌化妆棉，主播不用过多介绍化妆棉的功效，要重点介绍直播间的活动规则，强调在本场直播中购买的特别优惠。

2. 主播在直播过程中，不要忽略强调直播给的是限时限量的优惠活动，要营造时间紧迫、货源有限的氛围，加速成单。

3. 促销式开场一定要烘托出直播间抢购的氛围，可以播放热情洋溢的背景音乐，主播以洪亮的嗓音活跃气氛，不要出现安安静静、冷清带不动氛围的窘状。

1.2.3　情景9：展示式主持

【直播情景再现】

某彩妆产品直播间正在销售几款唇蜜，主播小蓉正在根据不同的肤色和穿搭，向观众们推荐不同颜色的唇蜜，小蓉向大家展示的搭配一时间得到了不少观众的好评。直播间的公屏上很快就有不少人积极发弹幕互动，有人问唇蜜会不会太红、有色差，有人问唇蜜会不会油腻，有人问唇色太深怎么选颜色……

【直播弹幕分析】

1. 关注唇蜜色差的观众，可能其比较担心因直播间打光等因素造成与唇蜜现实中使用的颜色差异,或比较关心不同颜色的唇蜜的区别。

2. 关注唇蜜油腻问题的观众,可能比较关注唇蜜的质地。

3. 对自身唇色太深要如何搭配唇蜜颜色存疑的观众,主播可以多进行一些场景化搭配,以便展示效果。

【主播互动演练】

主播:宝贝们,今天直播间福利多多,大牌唇蜜重磅来袭。不管你是黄皮、黑皮还是白皮,千万别走开,总有一款唇蜜适合你!

主播:有多少姐妹不知道自己用哪款唇蜜颜色好看,或者不知道用什么颜色显白的,弹幕发出来,让主播看看!

弹幕1:不知道怎么选颜色!

弹幕2:每次送女朋友唇蜜,选错了颜色总会被骂。

主播:我看到大家说的啦!原来还有不少男性朋友在咱们直播间,打算买一款唇蜜送女朋友是吗?那你算是来对地方啦!主播先给你们介绍这款22号豆沙色,这是一款热门色,非常适合秋冬季节。24号色是经典的复古红,这款非常显白。大家看,主播并非肤白,而上唇试色的效果是不是很好看、很显白,非常百搭?

弹幕3:百搭好!

弹幕4:这颜色我买过,黄皮确实能hold住!

主播:宝宝们,咱们今天直播间价格也是非常划算哟,只要××元。我卖的不是五六百,也不是三四百,××元给你高端品质。像33号丝绒红,无论是约会也好、逛街也好,人群中都很亮眼哟!

弹幕5:33号会不会有色差?

主播:××宝宝,你在直播间看到什么颜色,拿到唇蜜后上唇就是什么颜色。你看主播唇上的试色是不是很美?好,主播再给你在手臂、手背上展示下,大家都可以看看,是不是还是很高级、很显气质的丝绒红?没有任何的色差哟!

弹幕6:会不会油腻啊?

主播:宝宝们,无论你薄涂、厚涂都能很好地滋润唇部,使你的唇部呈现出水润丰盈的效果,不会油腻!

…………

⚠ 【互动误区提醒】

1. 主播一定要提前对唇蜜的颜色、场景化搭配和穿着搭配等做足功课,不要在直播间展示时提出一些不适合或显得很外行的搭配建议。

2. 主播在介绍唇蜜时要展示出不同唇蜜的差别,要突出不同的卖点,不要让观众难以抉择。

3. 主播在展示唇蜜时,要注意多样化、创新性,不要只展示常见的做法,应涂在手臂、手背多处,让大家感受不同肤色上的颜色呈现。

1.2.4 情景 10:爆料式主持

【直播情景再现】

某化妆品直播间,主播小茵正在向观众介绍一款品牌化妆水。为吸引更多的观众,小茵另辟蹊径,爆料式将化妆水作为话题切入点,吸引了很多懂行的观众在公屏上交流,很快直播间里的气氛就热闹了起来。同时,也有不少观众更关注直播间销售的产品本身,纷纷询问小茵所介绍的化妆水的具体信息,主播小茵也积极与观众互动。

【直播弹幕分析】

1. 直播间气氛活跃,不少观众纷纷发言,显然他们对化妆水很感兴趣。主播要抓住观众的兴趣点,顺势将话题引到介绍产品本身上来。

2. 观众关注化妆水的具体信息,说明他们更关注产品本身的品质。针对这类观众,主播的爆料再怎么吸引人,也不如介绍物美价廉的产品更能让他们心动。

3. 弹幕信息繁多、杂乱,这时主播可重点关注观众的昵称,多多点名观众来增加互动。

【主播互动演练】

主播:各位姐妹,欢迎来到小茵的直播间。有道是"水者,何也? 万物之本源也",咱们中国对好山好水的重视程度大家也知道。今天主播给家人们带来一款成分非常讲究的化妆水。大家对化妆水了解多少？主播今天来爆料，带大家了解化妆水的奥秘！

弹幕1：不知道。

弹幕2：化妆水不就是普通自来水？

弹幕3：有的品牌好像是用山泉水！

弹幕4：听说还有什么冰川水。

主播：厉害了我的家人们，看来懂行的人还不少呢！今天主播来爆料，化妆水中的水除了可以用普通水，还可以甄选冰川水、雪融水，抑或从海水、山泉水中提取富含矿物质的水，当然也有从绿植、花卉中提取的汁液萃取水。

弹幕5：那你们用的是什么水？

弹幕6：爆料一下，你们里边有酒精吗？

弹幕7：芦荟黄瓜水！

主播：这位叫"×××"的朋友，看你的昵称，你应该还是个学生吧？你放心，咱们家的化妆水不含酒精，而且弱酸配方更符合皮肤的原生环境，对敏感肌也很友好！

主播：我再给大家爆个料，有些化妆水里会含有重金属，包括汞、砷、铅等，这些物质能起到快速美白的效果，但长期用会导致皮肤发炎，严重的话会导致皮肤癌，所以大家买化妆水一定要认准大品牌、大企业生产的哟！

弹幕8：天，这也太可怕了！

主播：大家在挑选化妆品的时候一定要找正规的、适合自己的，像化妆水这种每天都要用的产品，一定要慎之又慎哟！

主播：大家还想要听什么爆料的可以多跟主播互动哟，接下来的直播也会多给大家科普一些甄辨成分的小技巧、小方法哟！

…………

⚠【互动误区提醒】

1. 主播用爆料式开场时，不要一开始就引导大家说一些不好的内容，要先从积极的方面引起互动。

2. 主播要遵循广告法和直播平台规则，不要提及或暗示其他品牌名字，避免舆论影响。

3. 主播在爆料内幕问题时，要以温馨提示的口吻讲解，不要拉踩、攻击其他品牌。

1.2.5　情景 11：问题式主持

【直播情景再现】

　　某化妆品直播间正在预售一款防晒霜，主播小兰正在往手上涂抹新品防晒霜。此时弹幕正在讨论他们日常使用防晒霜时遇到的各种问题，有人说用过的防晒霜很油腻，有人说防晒霜上脸会假白，有人说防晒霜不适合其个人肤质，有人说涂了防晒霜会过敏，有人说平时根本就不防晒……

【直播弹幕分析】

　　1. 对于关注防晒霜是否油腻的观众，主播要注意在观众提问时将其关注点向防晒霜的质地上引导，突出防晒霜质地轻薄的特点。

　　2. 针对担心防晒霜假白的观众，主播要在展示产品时将镜头聚焦到试妆的部位，向观众展示防晒霜的上妆效果。

　　3. 针对曾经使用防晒霜导致过敏的观众，主播要重点强调防晒霜的成分，体现出防晒霜天然、亲肤的特点。

【主播互动演练】

　　主播：家人们，你们在用防晒霜的时候，是不是都遇到过防晒效果不好、假白、油腻这样的问题呀？

　　主播：大家看主播手里这款防晒霜，我现在就给大家涂一下。这款防晒霜质地轻薄、肤感轻盈，可以长效保护大家的皮肤不受紫外线伤害。

　　弹幕 1：这款看着不错。

　　弹幕 2：我之前买的防晒霜不好用，用了就过敏了。

　　主播：家人们是不是都在担心自己的肤质不适合涂防晒霜呀？

　　主播：大家不要担心，这款防晒霜的主要成分都是从天然植物中提取的，适合各类肤质，敏感肌也能用！

　　弹幕 3：真的假的？

　　主播：尽管放心！大家是不是还担心防晒效果？

　　主播：我向大家介绍一下，这款防晒霜的防晒指数是 SPF30+，PA+++，不仅防晒还能隔离，而且这两方面效果都是相当好的。

弹幕4：听着还不错。

主播：家人们，高倍防晒力，清透好肤感，直播间这款防晒霜马上就要开始秒杀啦！这么好用的防晒霜，大家猜猜多少钱？

弹幕5：你们家的一直不便宜哟！

弹幕6：我猜得两百多了。

主播：哈哈哈，××宝宝，你还真敢猜，咱家哪有那么贵？咱家现在可是走亲民路线的，物美价廉，划算得很！这款防晒霜只要××元，不到百元哟，是不是超划算？

弹幕7：赶紧上链接！

…………

【互动误区提醒】

1. 主播所提的问题不能没有指向性，要注意将防晒霜的各项特点与所提问题相结合，突出产品的卖点。

2. 主播要利用提问与观众进行积极互动，不要只问不答，也不要自问自答，更不要忽略观众。

3. 主播的问题要问得通俗且让观众容易回答，不要提一些生硬、晦涩难懂的问题。

1.2.6 情景12：气氛式主持

【直播情景再现】

某饰品直播间正在销售几款潮流戒指，主播小娅正在积极地营造大促氛围。主播想通过热闹的氛围、较大的优惠力度和精美的产品，吸引直播间观众互动。在此氛围下，有一些观众的情绪不断被调动起来，有的人问戒指尺码，有的人问戒指会不会掉色……

【直播弹幕分析】

1. 戒指产品最常见的弹幕问题就是询问尺码,主播可以提前将戒指尺码对应的指围用纸板列举好,适时在直播间展示。

2. 关注戒指是否会掉色的观众,可能对于戒指的材质有比较高的要求,主播可以从该款戒指的制作工艺到材质特点等多方面进行详细解答。

3. 直播间的气氛一旦被调动起来,提问题的人会越来越多,主播可以适当表达歉意,避免因未及时回复消息而引发差评。

【主播互动演练】

主播:戒指恒久远,一枚永珍藏,欢迎大家在星期五的晚上准时来到直播间!今天直播间的戒指,主播一个人说好不算好,大家说好才算好。收到后如果不喜欢的可以直接退,商品都买了运费险,不喜欢款式、不喜欢材质,通通都可以包邮退回好不好?

主播:家人们,买回去试试就知道这款戒指有多好了。价格就是几杯奶茶的钱,用几杯奶茶的钱就能买一枚戒指是不是很划算?觉得划算的,请把"划算"两个字打在公屏上!

弹幕1:划算啊!

弹幕2:买了不合适还可以退,这款戒指可以冲!

主播:简约轻奢设计,谁戴谁显气质,气质看得见啊!觉得戴上戒指气质杠杠的,请把"高级"两个字打在公屏上,让主播看到大家的身影!现在互动的多了,主播待会儿自费给大家抽十个人免单,这款品牌戒指就抽十位家人送出免单福利,好不好?

弹幕3:高级!

弹幕4:会不会褪色掉色?

主播:不褪色!不褪色!不褪色!重要的事情主播说三遍噢!环保材质、锁色工艺,不会掉色的,要是掉色你直接退给我行不行?主播给你运费险你还担心啊?到时直接退给我就好了!主播今天就是敢给这个承诺,因为咱这款戒指高品质、有保障!

弹幕5:真有说得这么好?

主播:有没有家人以前就买过咱们家饰品的?可以在公屏上吱一声,咱们是专业做各种饰品的,每一款饰品都是100%纯手工制作,没买过咱家饰品的家人们,你们买来试试就知道啦!

第 1 章 ▶▶ 会开场

弹幕 6：没买过。

弹幕 7：6.18 的时候刚买过。

主播：××品牌出品必是精品，大家逛过、买过的都知道。没逛过、没买过的今天可以趁着优惠活动下单试试哟！

弹幕 8：冲！

…………

【互动误区提醒】

1. 主播在调动观众情绪进行互动时，所说内容要积极、正向，不要使用低级、庸俗的语言。

2. 主播可以采用不同的方式来调动观众的情绪，适当穿插抽奖活动，不断将直播间的气氛推向高潮，注意不要只是简单地"自嗨"。

3. 主播应注意不要反复要求观众打字烘托气氛，要让观众用短语回应，尽量不要让观众在公屏上发太多字。

▶▶ 1.3 开场脚本 6 模板

1.3.1 疗效式开场脚本

【脚本一】

欢迎，欢迎！欢迎大家来我们的直播间！我是主播____，今天我来帮大家解决问题！直播间里被____、____和____这些烦恼困扰的家人有没有？在公屏上打字、发发言让我看到啊！今天，我给大家带来的是我们家全新研发的____，一天一次，轻松____！健康____！

我们家这款____中含有____，能够____，有效预防____的同时，进一步促进____！

其中的____精华，如____、____和____等，有助于____，增加____循环，为____提供更多的____。此外，它们还具有____和____作用，能够有效减少____和____，为____创造一个良好的____。

另外丰富的____和____，可以滋养____，增强____的____和____。这些____能够修复受损的____，防止____、____和____。家人们，你会发现使用我们的____后，____会变得更加____、____，____（现象/问题）显著减少。

我们家这款____经过了严格的质量检测，确保安全无刺激，温和配方适用于____，包括____、____和____。不用在____的时候战战兢兢，让你放心____，安心____！

【脚本二】

家人们，大家好！我是主播____，今天我给大家介绍一款非常有效的____。相信有不少朋友可能有____、____的困扰，那么我手里的这瓶____，可以说是____的救星！它采用了____的科学配方，针对____问题进行了深入研究。

它含有独特的____成分，如____和____等。____具有____作用，可以促进____，加速____的同时可以减轻____，预防____。而____则是一种重要的____，它能够促进____，增加____，减少____。

我们家的____使用起来感觉____，不含有____和____物质，对____和____不会造成____。它能够____，去除____，保持____，为____提供一个良好的____。

【脚本三】

欢迎来到直播间的家人们，欢迎大家！我是主播____，今天我要向大家介绍一款____的____。我们家的这款____采用了____的配方，致力于从____上解决____问题，让你的____再次____！

我们家这款____中含有____。这些____可以渗透到____，刺激____，促进____，增加____。它们能够激活____，让____重新生长，并且抑制____。它还融合了多种珍贵的____，如____、____和____等。这些____富含丰富的____，能滋养____和____，增强____。

____具有促进____的作用，提供更多的____；____富含____物质，有助于保护____免受____的损伤；而____则可以增强____的抵抗力，减少____和____。这些____的结合,为____提供了____的____支持,从而减少____问题。

此外,这款____还具有____的功效。它能够____和____,去除____和____,让____保持____和____。____可以为____提供更好的____,减少____的发生!

试一试不会有什么损失,但是错过了这款产品可就是错过了重拾自信的机会,错过了____的____!

1.3.2 数字式开场脚本

【脚本一】

大家好!欢迎家人们来我的直播间!我是你们的主播____。

今天我要给大家推荐一款____的____,这款____含有多种____,能够帮助直播间的____实现____!

我们先来聊一下这款____中的第一个成分,____。____是一种____,它具有出色的____能力,能够____,锁住____,使____长时间保持____和____。

这款____每瓶都含有高达 1.5% 的____,确保你的____能够获得充足的____补充!

我们再来看看另一个关键成分,____。这款____中富含 10% 的____,它是一种强大的____,能够中和____、减少____、提亮____、淡化____和____,使____焕发出____!

除此之外,我们家这款____还有 3% 的____!____大家都听过吧,就是____,它能够促进____的合成,增加____和____!

除了 3% 的____,这款____还有 2% 的____,它有助于修复____,提供____和____。另外,我们还特意给它添加了 0.5% 的____,这种____富含丰富的____和____,能够舒缓____,减轻____对____的伤害。

1.5% 的____,10% 的____,3% 的____,2% 的____,0.5% 的____,每一滴都为你的____注入强大的____和____!

【脚本二】

来来来，家人们，今天我要给大家推荐一款好宝贝！我手里这款____可是咱们平台的____销量榜上的常青树，经常销量居高不下，成了我们家最受追捧的____产品。

我们先来看一下这款____的惊人销量！在过去半年的时间里，我们售出了超过2万单的____！自____开售以来，它的累计销量更是突破了10万单！这些数字不仅仅代表了它的受欢迎程度，更是10万余位家人对它真实效果的认可！

那么，为什么这款____如此畅销呢？原因就在于它能起到____和____的效果。每瓶____中融入了高达15%的____，这是一种出色的____成分，能够____，让____保持____！

此外，这款____还富含10%的____，它是一种____，能够____，改善____，提亮____，使____焕发____！

更令人惊叹的是，我们的用户们反馈，在使用这款____后，他们的____有了较为明显的改善，而且____和____也有了____！他们说____好了以后，整个人的状态都很放松，感觉年轻了三四岁！

如果你还在为____困扰，不妨尝试一下这款销量10万+的____，有那么多用户支持，口碑、品质都是有保障的！

【脚本三】

姐妹们，大家晚上好啊！今天我给你们种草一个好东西，____。我自己用了3个月，好几个朋友都说我的气色看起来好了很多，甚至皮肤都白了一个色号！我跟你们说，这款____中融合了多种____，____和____的效果真是很不错！

这款____的主要成分是____，每瓶____中含有5%的____，姐妹们你们了解____吗？

我给你们介绍一下，____是一种____，具有出色的____和____作用。____能够渗透到____，补充____的损失，提升肌肤____和____，让我们的肌肤充满____。

另一个关键成分是____。____是一种____，这种____富含____和____，能够滋养和修复____，减少____。

这款____每瓶中含有2%的____，年轻人熬夜、喝酒什么的，第二天肯定____，前一天晚上睡前突击使用一下，第二天____得出门！

除了____和____，它还添加了3%的____和0.5%的____，____能够

深层____并____,保持肌肤____,还能够减少____和____,让____看起来均匀亮白。

5%的____,2%的____,3%的____,0.5%的____,每一滴____都注入了____、____的____能量!

1.3.3 问题式开场脚本

【脚本一】

直播间里有多少姐妹?大家发发弹幕,让我看看。有没有因为____而苦恼的姐妹啊?想找既能____,又能____的姐妹有吗?你们找到适合自己的____产品了吗?

主播我今天一定要给你们种草这款____。我自己最近都在用这款____,取一点推开后,肌肤看起来就跟瓷片儿一样,不会有什么肌肤负担,太绝了!

我们先来看看这款____的____效果!它使用了____的配方和科技,能够改善面部____等各种问题。不论是面部的____还是更大范围的____问题,这款____都能够完美解决,使用之后,让你的肌肤瞬间变得无瑕如瓷!

这款____还具有____的特点。它能够在长时间的使用中保持持久的____效果,不会因为____或是外界环境的影响而褪色或脱妆!姐妹们可以整天自信地出现在各种场合,无须频繁补妆就能保持完美的妆容状态!

无论你是需要出席重要场合或是在日常生活中,它都能帮助你展现自信的美丽!如果姐妹们在寻找一款优秀的____,一定要选我们家的____!真的好用!

【脚本二】

欢迎家人们来我们直播间,大家好啊!我是你们的好物分享官____。今天我想跟大家聊一个常常困扰我们的问题,____。

你是不是也常常为____上的____、____或者____而苦恼?是不是感觉越来越没有自信?老是不自觉地就挡住自己有____、____的____?

别担心,我有个好消息要告诉你!我们有一款____,它能够帮助你轻松改善这些问题,让你的肌肤焕发出无瑕的光彩!

我们家这款____采用了____的配方和技术,可为你提供与众不同的____和自然的____。无论是面部的____、____,还是眼部的____,它都能轻松解决,让你的肌肤看起来____,焕发____!

与____相比,我们的____更加轻薄透气,不会给肌肤带来负担。它的质地____,容易推开,能较快融入肌肤,让____呈现出____、____的状态。无论你是要化日常妆还是适合出席重要场合的妆,它都能给你带来完美的____效果,让你的____看起来更加____和____。

除了出色的____和自然的____,我们的____还注重____的护理和保湿。它含有丰富的____成分,能够滋润____,防止____。

我们家这款____的出色____、____的质地以及____的功效,能成为你化妆盒中不可或缺的宝贝!

【脚本三】

对市面上的普通____都不满意?使用后____感和____感十分明显?想找一款能____,同时还____,让肌肤感觉____而不____的____?

姐妹们,我都清楚!你们要找的,就是我们家这款全新上市的____,没错!我手中这款____,不仅能够高效____,还能给你带来轻盈自然的____!

我先给你们介绍一下它的质地,这款____采用了____配方,注重轻盈薄透的____。相比传统的____,它更加____,不会给肌肤带来____感或____感。你可以轻轻涂抹在____上,它会迅速融入肌肤,仿佛没有涂抹任何东西一样,让你的____呈现____的效果。

这款____的____效果更是优秀,它使用了____,能够____,让你的____看起来像是____!即使在长时间的使用中,它也能保持____,不会因为时间流逝而变得____,让你的____始终保持____状态!

1.3.4 演示式开场脚本

【脚本一】

欢迎姐妹们来我的直播间！今天我要给姐妹们介绍一个经典款的____（主播向观众展示____的外形设计，拿到镜头前展示重要细节，轻轻扭开____，露出____的颜色）。

我先给姐妹们介绍一下这款____的特点，这款____以其出色的____和持久的____，成为时尚界的新宠儿，经常出现在各个平台明星网红们的出街推荐清单里。这个颜色真是太好看了，它还含有丰富的____成分，能够____，保持____！（主播示范涂抹____，凑近镜头展示上妆细节，或者涂抹在手臂上代替展示）

姐妹们，能看清楚吗？这款____的上妆效果非常出色！质地轻薄、触感丝滑，不会有厚重的负担感。同色系还有多个色号可供选择，无论是日常妆容还是盛装出席，都能找到适合自己的色号。（主播拿出色卡，挑选几个不同颜色的____进行上妆对比或涂抹对比）

这款____的色彩饱满、色泽艳丽，上妆更出彩。不仅如此，它的持妆效果也是一流的！你可以尽情享受一整天，无须频繁补妆，____的上妆效果质感出众！（主播拿出纸巾，擦拭____，展示持妆度）

____采用了____设计，包装精致，外观简约时尚，非常适合放在你的化妆包里或者随身携带。你可以随时随地轻松补妆！（主播展示____的外观设计亮点，挑选一些时尚的单品放在一起展示____的便携性）

姐妹们，总的来说，____是一款不可错过的____，它集____、____、____于一身，谁不想有迷人的____呢！（主播的表情要配合肢体语言向观众们传达可信度和力量感）

【脚本二】

直播间的姐妹们，大家晚上好啊！我是____，今天我给大家带来一款____效果十分好的____，容易____的姐妹一定不能错过。我自己用了一段时间后感觉单就____效果来说，完全可以排进我心中的前三名！（主播

向镜头展示____的外包装时慢慢打开盒子，取出____作进一步展示）

我们先来看一下这款____的外包装，它是很清新自然的一个设计。打开盒子，我们就能看到里面的____，一个精致的____形的玻璃瓶，瓶子上印有×××的品牌标志。这个设计非常有质感,给人一种高级感！（主播打开____,将____涂抹在____上,向观众们展示上妆细节）

接下来，打开瓶盖，看一看____的质地，闻一下它的气味。哇！这款____的气味非常好，有一种淡淡的花香，清新迷人。这个香气持久但完全不会刺鼻啊，反而能给人一种宁静和放松的感觉。

我现在就上手给你们看看效果。这款____的质地非常轻薄细腻，触感也非常舒适。我取日常使用的量在手背上，用手指轻轻涂抹开。你们看，它吸收得很快啊！一点也不油腻，这一块儿的肌肤明显更柔软光滑。

它含有多种____和____活性成分（主播向镜头展示____成分的相关资料或证明材料），能够迅速渗透到肌肤，提供____和____。不管你是干性肌肤还是油性肌肤，它都能够____。

【脚本三】

家人们，大家好，欢迎大家来到我的直播间！我是主播____,今天我给大家带来了一个大福利，它就是____！经常用____的宝宝们应该很了解，它们家很少出____,每出一款都是精品！

我先给大家展示一下这个____的设计啊，大家可以看清楚吗？这个丝绒面的盒子，纯正的____色，配合这个____色的品牌Logo，就是一个词：高级！里面是经典的____配色，简洁大方，____的手感很舒适。

现在我给大家上手展示一下____,这个是____,这个是____,方便大家更清楚地看到____的色彩饱和度和质地。

大家能看清吗？这个____的____效果非常好，颜色也很正，黄皮显白更亮眼，白皮高级好驾驭！

喜欢的家人们不要错过这次____的机会，它们家____每次放出来的福利数量都不多，很容易过了这个村儿就没有这个店了！

第 1 章　会开场

1.3.5　主持式开场脚本

【脚本一】

主播（A）：家人们，大家晚上好啊！欢迎大家来看我们直播，我是____，这是我的搭档____。

主播（B）：家人们好！我是____。今天我们要给大家介绍一款很棒的____。现在大家的生活节奏都很快，常常忙碌一整天后____上脏兮兮的，那是各种环境污染和____的残留，所以一个好的____变得非常重要！

主播（A）：没错！对于____来说，____更是必备的____之一。它可以帮助我们彻底清洁____，让____保持____，同时还能有效预防____的产生。

主播（B）：没错！我们今天要介绍的这款____是来自知名品牌的产品，它采用了____的配方，不含____，非常适合____的人使用。

主播（A）：是的，这款____不仅温和，还富含多种____精华，比如____、____等，可以有效____，使____更加____。

主播（B）：对！它的质地非常细腻，能够在____的同时不给____造成过多的刺激和负担。

主播（A）：是的，这款____的价格也非常合理，性价比很高，相信大家一定会喜欢它的！

主播（B）：没错！机会难得，赶快行动起来吧！现在下单还有独家优惠！

【脚本二】

主播（A）：大家好！相聚就是有缘，既然来我们的直播间，就交个朋友吧！我是____，这是我的搭档。

主播（B）：大家好！我是____。今天我们要向大家推荐一款令人惊艳的____。对于追求____的你们来说，这款____绝对不可错过！

主播（A）：没错！这款____是由____研发的，专为____而设计。它的____配方能够满足____的____需求，帮助减少____，恢复____。

主播（B）：随着年龄的增长，____逐渐失去____和____，而____正是为了解决这个问题而诞生的！它富含多种营养成分，如____、____等，能够____，让____恢复____状态！

主播（A）：是的，而且这款____不仅有强大的____功效，还能够有效地____，去除____和____，使____！

主播（B）：除此之外，这款____还有一个特点，那就是它的____效果。它能够____，让____保持____，不再____。

主播（A）：没错！如果你希望拥有____，那就赶快下单____吧！

【脚本三】

主播（A）：各位朋友们好！我是主播____，今天我要为大家介绍一款非常赞的____！

主播（B）：是的，这款____非常适合____，包括____。它不含有任何____成分，能够有效地去除____的污垢和____残留，同时保持____的____平衡！

主播（A）：没错！这款____的质地非常____，轻轻一抹就能产生____，彻底清洁____，让____感觉焕然一新！

主播（B）：它的____效果非常出色，可以深入____，去除多余的____，预防____产生。使用后，让你感受到____的清爽舒适。

主播（A）：这款____还添加了丰富的____成分，能够在____的同时给____补充____，避免产生____的问题。

主播（B）：是的，它的____效果非常好，使用后____会感觉非常____。使用这款____的过程非常舒服，没有任何____感，让你享受每一次____的时刻。

主播（A）：如果你对这款____感兴趣的话，可以点击下方的链接购买，我们还有限时优惠活动哦！

1.3.6 事实式开场脚本

【脚本一】

大家好，我是你们的____顾问，今天我要和大家分享一个让很多人都爱不释手的____。我收到了一位忠实粉丝的私信，她是一位办公室白领，每天工作繁忙，常常因忙于工作而忽略了____。她告诉我，自从她开始使用这款____之后，她的生活发生了一些细微但重要的变化。

首先，让我告诉大家这款____的独特之处。它采用了____，温和而不刺激，非常适合____的人群。它的____丰富细腻，能够____的同时又不____。不仅如此，它还含有丰富的____成分，能够____，让____变得____。这款____还有多种____选择，每一款都能带给你不同的____体验！

除此之外，这位粉丝还提到了这款____的____能力。她说，即使____之后，她的____依然散发着淡淡的芬芳，让她感觉自己就像是一个自信、迷人的女神。这种感觉让她在工作和生活中都能够展现出最好的状态，赢得同事和朋友们的赞赏和喜爱。

【脚本二】

家人们，晚上好啊！今天我要给你们介绍一款令人惊艳的____。我最近收到了一位年轻妈妈的私信，她跟我分享了她在育儿过旅程中使用这款____的经历。

这位妈妈告诉我，自从她的宝宝出生后，她一直在寻找一款____的____产品。她担心市面上的大部分____含有____成分，可能对宝宝的____健康造成伤害。然而，当她了解并尝试了这款____的____后，她立刻作出了选择。

这款____是专为婴幼儿设计的，它含有____的成分，不含有任何对宝宝有害的化学物质。它的____柔和且易于____，不会刺激宝宝的____和____。更重要的是，它具有____功效，可以有效____宝宝的____，避免____和____。

除了适合宝宝使用外，这款____也非常适合敏感肌的成年人。它的____配方可以舒缓和滋润成人的皮肤，让你在____的同时享受到舒适和放松。

【脚本三】

家人们，千里姻缘一线牵，欢迎来到直播间！今天我要向大家介绍一款很好用的____，尤其是喜欢____的家人们千万不能错过！

为什么我这么自信呢？完全是因为咱们的____足够好！我现在打开咱们这款____的商品评论区，给大家看一看买过的消费者的真实评价。

大家看，这位网名叫____的家人评论说："真的是特别特别棒的____，____十分丰富而又____，洗完____之后特别的____，特别____，气味也非常的棒，很不错。"

这位网名叫____的家人评论说:"发货速度很快,第二天就到了,之前也用过____家的____,清洁能力不错,洗完之后____上很____,味道也很好闻,值得回购。"

还有很多很多,我给大家顺便翻一翻啊,都是好评,好评率达到98%!这些真实的评论就是对我们家产品品质的见证。

1.4 常用7类经典语句

1.4.1 有关美容的语句

【经典语句1】

你的肌肤是一本书,让×××美容产品帮你写出最精彩的故事。

【经典语句2】

×××美容产品,滋润、修复、保护,三重功效,一瓶搞定。

【经典语句3】

不用×××美容产品的你,只能羡慕别人;用了×××美容产品的你,就能让别人嫉妒你。

【经典语句4】

×××美容产品,只添加天然成分,只滋养出健康肌肤,只创造完美效果。

【经典语句5】

美容如同春日细雨,滋润你的美艳如花;美容如同夏日骄阳,照亮你的自信如歌;美容如同秋日朗空,展现你的成熟如枫;美容如同冬日晨冻,凝结你的纯白如霜。

1.4.2 有关美体的语句

【经典语句 1】
美体无极限,天天看得见!

【经典语句 2】
×××(产品),增内在活力,添外在魅力!

【经典语句 3】
秀出完美曲线,缔造完美人生。

【经典语句 4】
众里寻他千百度,焕好身材长久驻。

【经典语句 5】
体验潮流时代,塑造魔鬼身材!

1.4.3 有关美肤的语句

【经典语句 1】
重塑焕肤在基因里,做自己就在此刻,美丽一触即发!告别敏感,重塑肌肤天然屏障!

【经典语句 2】
每一滴精华液都来自××草本提取,肌肤与你,越用越美,天然的,更健康!

【经典语句3】

世界上没有丑女人，只有懒女人，你还不赶快动起来！护肤美肤就在动起来的每一刻！

1.4.4 有关美颜的语句

【经典语句1】

女人保养是葡萄，不保养是葡萄干。复杂事耐心做，美颜事用心做！

【经典语句2】

今天消费今天美，早美早舒心！

【经典语句3】

18岁之前不美丽可以怪基因，18岁之后不漂亮要怪自己，用心美颜护肤的人最美丽！

1.4.5 有关美甲的语句

【经典语句1】

美甲点亮你的指尖，展现独一无二的风采！

【经典语句2】

美甲不仅是一种独特的自我表达方式，更是一种艺术！释放你的创造力，打造指尖的艺术品！

【经典语句3】

璀璨指尖,让你的美丽无处不在!

1.4.6　有关美发的语句

【经典语句1】

让头发变成你的时尚秘密武器!

【经典语句2】

换个新发型,焕发新活力,点亮新生活!

【经典语句3】

从头发开始,定义你的风格,传递你的态度!尝试新发型,展现真风采!

1.4.7　有关饰品的语句

【经典语句1】

用一枚戒指,诠释一生的承诺!

【经典语句2】

×××,点缀曼妙曲线,女人气质所在!

【经典语句3】

时尚与珠宝的完美结合,奢华与品质的不二之选!

📖 【经典语句4】

×××,细节之美的代名词,彰显你对优秀工艺和品质的追求!

📖 【经典语句5】

每一支(每一颗、每一件……)××× 都是艺术品!

第 2 章

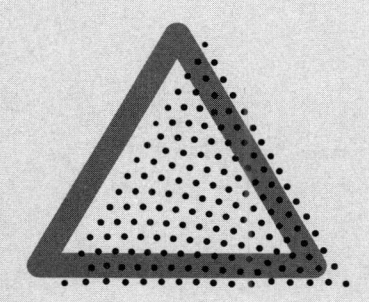

能留人

2.1 效果留人

2.1.1 情景 13：用爱美之心留人

【直播情景再现】

某化妆产品直播间正在销售几款适合各种肤色和肤质的百搭 BB 霜。观众们对于 BB 霜的上妆效果和安全性非常关注。主播小芙正在向观众们展示其质地，证明自家的 BB 霜是真正方便好用的美妆神器，同时也不断回答观众们提出的关于 BB 霜的成分、保质期、使用方法等问题……

【直播弹幕分析】

1. 针对关注 BB 霜上妆效果的观众，主播可以从美妆角度解释自家的 BB 霜如何提升肌肤状态、遮盖瑕疵、调整肤色等。

2. 关注 BB 霜安全性的观众，他们可能比较担心这款 BB 霜如市面上的一些不良产品一样存在安全隐患，主播可以从专业角度解释自家的 BB 霜是如何通过严格的检测、认证的。

3. 面对观众的互动提问，主播解答的重点要突出 BB 霜的优势，吸引观众留在直播间继续观看、互动。

【主播互动演练】

主播：话不多说，给大家展示一下咱们家的 BB 霜有哪些特点。你们看这个小视频，这是我今天早上用 BB 霜后到晚上直播前的对比拍摄。你们看我用了之后是不是皮肤变得光滑细腻、气色变得红润有光泽、瑕疵都被遮盖了？

弹幕 1：确实挺美的！

主播：这就是咱们家 BB 霜的神奇之处。它不仅能提供遮瑕、修饰、保湿、防晒等多重功效,还能根据你的肤色和肤质自动调节上妆效果,让你轻松打造出自然无瑕的裸妆效果!

弹幕2:感觉还不错!

主播:一支BB霜,赋予肌肤新生;一抹裸妆,展现自信魅力!这就是咱们家BB霜能给各位爱美人士带来的变化!

弹幕3:这是真的吗?

主播:咱们家的BB霜经过了很多专业机构的测试和权威杂志的评价,不仅能达到宣传中所说的效果,还能保证安全无刺激,不会对皮肤造成任何负担和伤害。

主播:你们看我手里拿着的两份报告,这一份是国家权威化妆品检测机构对咱们家BB霜成分进行的全面分析和安全评估,证明了咱们家BB霜是符合国家标准和要求的,没有任何有害物质。这一份是国内知名的美容杂志对咱们家BB霜的实际使用情况进行的测评,给了咱们家BB霜五星好评,称赞它是一款"方便好用的美妆神器"!

弹幕4:这个杂志我还经常看呢!

主播:百闻不如一见,千言不如一试,爱美人士必须人手一支!如果你还有疑问,不妨下单试试看,我保证你会爱上它的!

弹幕5:下单下单!

…………

⚠️ 【互动误区提醒】

1. 主播不要过分利用或滥用爱美之心,要尊重和理解观众的不同审美和喜好,不要强行推销或诱导购买。

2. 主播要避免使用一些敏感或不恰当的言辞,比如说观众的年龄、体重、肤色、缺陷等,不要无意中伤害或冒犯观众。

3. 要用赞美和鼓励的方式来激发观众的爱美之心,而不是用嘲讽和批评的方式来打击观众的爱美之心。

2.1.2　情景 14：用产品效果留人

【直播情景再现】

　　某彩妆品牌直播间正在热卖几款气垫产品，主播小舞正向大家介绍其中一款高效保湿的遮瑕气垫。她一边向观众们展示自己用气垫之后的妆容，证明自家的气垫效果是可以随心变换风格、适应各种环境、打造完美妆感的，同时也在不断回答观众们的疑问……

【直播弹幕分析】

　　1. 对于关注气垫上妆效果的观众，主播可以通过效果对比来突出产品优势。

　　2. 对于关注气垫色号的观众，可能比较关注色号与肤色的搭配，担心选错色号会影响妆容效果，主播可以通过试色服务、肤色匹配建议，展示妆容效果等方式帮助观众更好地选择适合自己的气垫色号。

　　3. 主播要注意把握好节奏，利用与观众的互动反馈不断提升直播间人气，留住更多路人。

【主播互动演练】

　　主播：今天给大家带来的是咱们品牌最新推出的高效保湿遮瑕气垫！这里我先给大家看一下咱们家的气垫包装，你们看这个设计多么精致可爱，是不是看起来很有少女心？咱们特地设计了一个双层密封结构，可以有效防止水分蒸发和细菌污染，保证每一次使用都是干净滋润的！

　　弹幕 1：有哪些色号？

　　弹幕 2：不知道什么颜色适合我。

　　主播：咱家气垫有四款色号可选，分别是 01 号亮白色、02 号自然色、03 号健康色和 04 号小麦色。不管你是什么肤色、什么肤质，都能找到适合的那一款！

　　弹幕 3：我是油皮，用了会不会出油？

　　主播：×××，你这个问题问得很好，我非常理解油皮姐妹们对于使用气垫的担心。咱家气垫是使用创新技术进行专业配方设计的，不仅能够提供高效保湿和遮瑕效果，还能够调节油水平衡，避免油光且缩小毛孔。

弹幕4：真有你说的效果？

主播：你们看我手里拿着两张吸油纸，我先用一张在我的脸上按一下，吸油纸上没有明显油渍，我今天早上就用了咱们家03号健康色气垫；我的手背上涂了其他家的气垫，用另一张纸在我的手背上按一下，马上有一些油了。

主播：咱们这个效果对比，可以看出咱们家气垫的控油效果了吧，可谓持久不脱妆、轻薄不厚重、自然不假白哦！

弹幕5：厉害！

弹幕6：这个确实牛的！

…………

【互动误区提醒】

1. 主播要注意展示自己的产品效果，不要只说不做，要用实际的对比和演示来证明产品优势，让观众真切地看到效果。

2. 主播要注意选择合适的产品来展示效果，不要夸大甚至虚假介绍，要根据自己的肤色和肤质来选择适合的气垫，不要妆容突兀，进而影响美感。

3. 主播要注意保持自己的产品效果，在直播过程中要定期补妆和检查，避免因失误导致观众有更多疑问。

2.1.3　情景15：用数据事实留人

【直播情景再现】

某时尚饰品直播间正在销售一款胸针，主播小雅正在向观众展示胸针的款式和细节。主播一边向大家讲解胸针的寓意和搭配方法，一边为大家示范胸针的几种佩戴方式。观众对胸针的美感和品质有不同的看法，同时也有不少人询问胸针的价格、材质等问题。

【直播弹幕分析】

1. 针对观众对于胸针的美感和品质有不同看法的情况，主播可从胸针的设计理念、工艺水平、市场反馈等方面进行讲解,让观众深入了解胸针的特色和价值。

2. 对于观众询问胸针的价格、材质等问题的,主播可通过胸针的成本分析数据、材质检测数据、销售数据等方面进行介绍,增强观众的信任感和购买意愿。

3. 主播要注意把握时机,适时引导观众下单购买,同时也要注意与观众保持良好的互动氛围。

【主播互动演练】

主播:大家好,欢迎来到小雅的时尚饰品直播间。今天小雅给大家带来一款超级美丽又有意义的水晶胸针!

弹幕1:水晶胸针?听起来很高级啊!

弹幕2:是什么样子的?快给我们看看!

主播:这款水晶胸针由我们家自主设计,灵感来源于蝴蝶结,寓意为幸福和甜蜜。大家可以看到,这款胸针采用了高品质的水晶材料,经过精细切割和抛光,呈现出璀璨的光泽和多彩的色泽。每一颗水晶都是经过严格筛选和匹配的,这保证了整个胸针的完整和协调。

弹幕3:哇,真是太漂亮了!

弹幕4:这种水晶是天然的还是人造的?

主播:这种水晶是人造水晶。但大家不要误会,人造水晶并不是假水晶,而是通过技术将材料放在实验室里模拟天然水晶生长环境而制成的。它具有与天然水晶相同或者更高的纯度、硬度、光学性能等。它还有一个优点,可以根据需要调节颜色和形状,因此可以设计出更多样化、个性化的水晶饰品。

弹幕5:原来是这样,长知识了!

主播:咱家这款水晶胸针的价格并不贵,相比于市面上的其他水晶饰品,咱家有着更高的性价比。咱们每一款水晶胸针都有质量检测数据和保修卡,保证了产品的质量和售后服务。大家可以看一下这个是我们的成本分析数据,这个是我们的检测数据,这个是我们的销售数据,每一个都是真实有效的数据,能给大家提供保障!

弹幕6:颜色和款式都很好看!

主播:今天只要在直播间下单,并且分享到朋友圈,就可以享受9折的优惠!除此之外,还有抽奖活动哦!快快分享行动吧!

…………

【互动误区提醒】

1. 主播注意不要用过于夸张甚至虚假的数据,否则会引起观众的质疑或反感,损害主播和产品的信誉。

2. 主播呈现数据的方式不要过于单一,可以用生动有趣的方式呈现数据,比如结合图表、视频、案例等形式来吸引观众。

3. 主播不要用过于复杂或专业的数据或术语,以免影响观众的观看体验和购买意愿。

2.1.4 情景16:用现场试验留人

【直播情景再现】

某彩妆产品直播间正在销售一款高光产品,主播小慧正在向观众讲述高光产品的作用和使用方法,以提升高光产品的成交率。观众也纷纷表达了平时使用高光产品时,会经常遇到上妆不自然、不持久、不适合自己肤色等问题。小慧为加强直播效果,立即用该款高光产品进行了现场试验。

【直播弹幕分析】

1. 直播间可能有对高光产品功效不了解的观众,主播要重点展示出高光产品的自然、持久、适合各种肤色等特点。

2. 对于观众提到的高光产品不自然、不持久、不适合自己肤色等问题,主播可进行现场试验,打消观众的疑虑。

3. 观众对高光产品提出异议,说明其可能对高光产品有需求,主播要通过现场试验及时展现出产品优势。

【主播互动演练】

主播:百闻不如一见,百见不如一试,欢迎大家来到×××直播间。咱家的高光产品好不好用,今天留在直播间的家人们看了就知道!

弹幕1:你好漂亮!

主播：谢谢夸奖！大家都知道，现在流行的妆容都是要有立体感和光泽感的，那么如何才能让我们的妆容显得更加立体、有光泽呢？没错，就要用到我们今天介绍的这款高光产品啦！

弹幕2：高光产品是什么？

弹幕3：我用过高光产品，但是感觉很假、很油。

主播：高光产品就是一种可以使我们脸部某些位置呈现出反光效果的彩妆产品，可以让我们的妆容更显立体感和生动感。比如我们可以在卧蚕、鼻梁、额头、下巴等地方涂抹一些高光产品，就可以让五官显得更加立体和有光泽。

弹幕4：听起来很厉害。

主播：然而，市面上很多高光产品或多或少有一些缺点，比如有的太闪太亮，看起来不自然；有的太干，容易卡粉；有的太油太滑，容易脱妆；还有的颜色不适合自己的肤色，会使妆面显得黯淡。

弹幕5：对对对！我就遇到过这些问题！

主播：那么今天给大家带来的这款××品牌的新款高光产品，完全可以避免上述这些问题。这款高光产品亲测自然、持久，适合各种肤色！

弹幕6：真的吗？

主播：当然是真的啦！口说无凭，我这就现场给大家试验一下这款高光产品的厉害之处！（主播试验）

弹幕7：哇！看起来真的很自然、很漂亮！

弹幕8：颜色也很好看！

主播：大家看，这款高光产品不仅好看，还十分好用，只需要像主播现在这样用刷子或者手指在要涂抹高光的地方轻轻一扫，就可以有自然的光泽感了！这款高光产品还有权威机构颁发的合格证书，使用后，不仅不会刺激皮肤，还不会导致长粉刺或者过敏！

··········

【互动误区提醒】

1. 切莫在现场试验中使用夸张甚至虚假的表演，否则会损害主播的信誉和形象。

2. 主播进行现场展示时，要注意说与做的结合，不要只展示不讲解，否则容易冷场。

3. 不要在现场试验中忽略观众所提的问题，要及时回应，增强与观众间的互信沟通。

2.1.5　情景17：用消费者实证留人

【直播情景再现】

某潮流饰品直播间正在热卖几款适合各种脸型和风格的高端时尚墨镜。主播小帅正在向观众展示自己的不同造型，用以证明自家的墨镜是真正可以提升气质、遮挡紫外线、保护眼睛的产品，同时也不断回答观众提出的关于墨镜的材质、款式、搭配方法等问题……

【直播弹幕分析】

1. 对于关注墨镜穿搭效果的观众，主播可以多从不同的角度展示如何根据脸型用墨镜轻松打造出酷帅、优雅、活泼等不同气质的造型。

2. 对于关注墨镜材质的观众，主播可以多介绍墨镜使用的高品质材料和高端工艺，保证无色差、无畸变、无划痕，能有效阻挡紫外线和蓝光，保护眼睛。

3. 主播要注意把握好节奏，根据观众的反应调整话术，增加直播的互动性和趣味性。

【主播互动演练】

主播：一副好眼镜，能让你看得更清楚；一副好墨镜，能让你看起来更酷。大家好，欢迎来到小帅的直播间，今天给大家带来的是咱们品牌最新推出的高端时尚墨镜！

主播：这里我先给大家看一下咱们家的墨镜款式。你们看这些都是经典的款式，有圆形、方形、椭圆形、猫眼形等。不管你是什么脸型、什么风格，在这里都能找到适合你的那一款！

主播：咱们今天还为家人们请来了两位长期光顾咱家的粉丝，期待他们能给大家带来真正的现场"买家秀"！

弹幕1：我是方脸，应该选什么样的墨镜？

主播：×××，你这个问题问得很好，我也非常理解方脸朋友们对于选墨镜的困扰。其实方脸适合选择圆形或者椭圆形的墨镜，因为这样可以平衡脸部的棱角，让你看起来更柔和、更有气质。

主播：现在让咱们尊贵的消费者为大家展示下试戴效果吧。刘先生戴上圆形黑色墨镜，你们看是不是立马就充满高级感和神秘感？再请咱们的方女士为大家展示方形棕色墨镜，大家看是不是极具个性，时尚感满满？

主播：通过这两位客户的试戴，大家能看出来不同形状的墨镜是可以适配不同的气质和风格的吧！

弹幕2：厉害！

弹幕3：我的眼睛比较敏感，用了会不会不舒服？

主播：咱们家的墨镜也适合眼睛敏感的朋友们使用，因为它采用的是高品质材料和高端工艺，保证了无色差、无畸变、无划痕，能有效阻挡紫外线和蓝光，保护您的眼睛。

主播：咱们今天用紫外线检测仪和蓝光检测仪给大家测试下，请刘先生和方女士配合我一下呢（向观众们演示检测细节）……

弹幕4：好专业的验证！

弹幕5：我想买一副！

…………

【互动误区提醒】

1. 主播要用消费者实证来增加产品说服力，不要只靠自己的主观感受或空洞的夸赞，要用真实的数据和案例来证明产品的效果和优势。

2. 主播要注意选择有代表性和权威性的实证来打动观众、促进下单，不要用不相关、不可信的消费者实证来误导观众。

3. 主播要注意适度使用消费者实证来互动，不要过于频繁、刻意地使用消费者实证来打断观众的思路或者反馈。

2.2 利益留人

2.2.1 情景18：抽奖促销留人

【直播情景再现】

某珠宝饰品直播间正在热卖几款精美手链，主播小芸正在向观众展示手链的细节。正值品牌大促活动，手链也是很多观众喜欢的饰品，一时间直播间涌进了不少观众，大家纷纷在公屏上提出自己关心的问题，有人问手链是不是真金的，有人问手链上的珍珠是否真的有光泽，有人问手链的尺寸是否可以调节，有人问抽奖的奖品是否和直播间售卖的是同款……

【直播弹幕分析】

1. 对于关注手链是否为真金或是否有珍珠光泽的观众，他们可能比较关注手链的质量和价值，主播应结合手链的材质面向此类观众着重强调手链的品质。

2. 关注手链尺寸是否可以调节的观众，可能之前购买手链时遇到过尺寸不合适的问题，因此购买直播间产品会更加谨慎。

3. 关注奖品的观众，可能对直播间的抽奖活动比较感兴趣，停留在直播间的时间也会相对长些。

【主播互动演练】

主播：主播给大家看一下咱们家的手链，这款手链是采用了××K金和天然珍珠制成的，它能为你增添一份高贵和优雅，同时也能帮助你带来更多好运哟！家人们，咱们这个是新款首发，所以今天一共安排了五轮直播间抽奖活动！

主播：今天直播间每到整点就会抽奖，每次抽出两位粉丝宝宝送一条咱们家同款真金珍珠手链，想参加抽奖的宝子们记得点赞加关注主播！马上到两点了，宝宝们千万不要离开直播间哟，我们的抽奖将会准时开始！没点关注的宝宝们抓紧时间点点击左上角加关注哟！

弹幕1：这个手链是不是真金的?

主播：咱们这款手链采用的是××K金制成的，每一条都经过专业机构检测，其金含量和纯度都有相应的证书和标识哟！

弹幕2：手链上的珍珠有光泽吗？

主播：感谢××宝宝的关注哟！咱们这款手链上的珍珠，每一颗都是经过了精心挑选和打磨，拥有细腻的质感和闪亮的光泽。你们看这个手链在灯光下是不是很美呢？

弹幕3：尺寸可以调节吗？

主播：咱们这款手链的尺寸是可以调节的哟！每一条都有一个小扣子，你可以根据自己的手腕尺寸来调节松紧，非常方便哟！马上到抽奖时间啦！记得点赞加关注主播！

弹幕4：快抽奖！

…………

【互动误区提醒】

1. 主播不要只说一次抽奖规则，要反复强调参与抽奖活动的条件，并且多次提醒观众关注，积极参与活动。

2. 主播要及时公布抽奖名单，抓住流量，强调下一次抽奖活动马上开始，引导观众继续看直播。

3. 主播不要虚假宣传抽奖活动，要保证抽奖活动的真实有效、公正公开。

2.2.2 情景19：赠品红包留人

【直播情景再现】

某饰品直播间正在销售几款吊坠，主播小沫正在向观众介绍吊坠各方面的细节。公屏上观众也在积极地发弹幕讨论着，有人问吊坠是什么材质的，有人问吊坠如何搭配其他饰品，有人问吊坠有没有保修期，有人问吊坠的尺寸和重量……

第 2 章 ▶ 能留人

🖥【直播弹幕分析】

1. 对于关注吊坠材质的观众，主播可以围绕吊坠的质感、光泽、耐磨度等方面进行具体介绍。

2. 对于关注吊坠搭配的观众，他们可能喜欢多样化的穿搭，主播可以围绕吊坠的风格、颜色、场合等方面展示不同的搭配效果。

3. 对于关注保修期的观众，他们可能对于饰品的质量和售后服务特别关注，主播可以结合吊坠的制作工艺和品牌信誉等方面进行解说，尽量打消其疑虑。

💬【主播互动演练】

主播：欢迎各位宝宝来到我的直播间！主播今天带来了一款好看又百搭的水晶吊坠，今天加入粉丝团的宝宝们，主播给大家发红包哟！

弹幕1：这个吊坠是什么材质的？

主播：咱们家的这款水晶吊坠一共有三种颜色，分别是粉色、蓝色和紫色。大家可以看下1号链接，你们喜欢哪个颜色直接拍就好了哟！这款水晶吊坠是用天然水晶打磨而成的，每一个都是独一无二的！

弹幕2：红包是怎么发的？

弹幕3：今天买了就有红包吗？

主播：对的对的。宝宝们，咱们今天这款水晶吊坠福利满满，今天在直播间不要299，不要199，只要99！99元就可以到手一个精美的水晶吊坠！今天下单的宝宝们，动动你们的小手，点击左上角的关注，加入咱们的品牌粉丝群，今天主播再给你们发20元红包怎么样？

主播：一个水晶吊坠只要79元！直播间粉丝专享价，加关注进群，主播就给你们发红包哟！

弹幕4：怎么搭配其他饰品？

主播：咱们家水晶吊坠的颜色，都是非常温柔和优雅的颜色，可以根据你们的喜好和气质来选择哟！喜欢甜美可爱风格的，可以选择粉色吊坠，搭配粉色珍珠项链，娇俏可爱；喜欢清新自然风格的，可以选择蓝色吊坠，搭配银色链条项链，清爽干净；喜欢高贵神秘风格的，可以选择紫色吊坠，搭配黑色绒绳项链，华丽神秘！

弹幕5：有没有保修期？

主播：大家对咱们这款水晶吊坠还有什么疑问的，可以直接打在弹幕上。

主播：我看到×××这位宝宝在问有没有保修期？咱们家的水晶吊坠保修期是一年哟！一年内如果发现有任何质量问题或者非人为损坏问题，我们都会给你免费换新或者维修！我们是××品牌的授权店铺，有专业的售后团队和客服团队为您服务哟！

主播：马上开始发红包了，想要的宝宝在公屏上扣"想要"两个字！我看看有多少宝宝想要红包福利？还没有点关注的宝宝赶紧左上角点个关注，加入我们的品牌粉丝群哟！

弹幕6：想要！

....

⚠【互动误区提醒】

1. 不要过早透露红包的金额和数量，要保持一定的神秘感，让观众有期待感和惊喜。

2. 切莫在发红包后就立刻催促观众下单，要留给观众一定的思考和选择时间，这时要继续介绍产品的优点和特色，进一步吸引观众产生购买欲望。

3. 不要在发红包时忽略其他没有领到红包的观众，要给他们一些其他的优惠或者福利，让他们感受到主播的公平对待和关心。

2.2.3　情景20：折扣礼券留人

【直播情景再现】

某耳钉品牌直播间正在热卖几款耳钉，主播小漾正在向观众推荐其中一款打折耳钉。正值夏季上新福利活动，直播间涌进了不少有耳钉购买需求的观众，大家纷纷在公屏上提出了自己的疑问，有人问耳钉材质如何，有人问耳钉是否适合自己的脸型，有人问直播间有没有优惠活动……

【直播弹幕分析】

1. 对于关注耳钉材质问题的观众，主播可以对耳钉的材质进行具体描述，并出具官方的质量检测报告辅助说明。

2. 对于关注耳钉是否适合自己脸型的观众，他们可能倾向于购买能够修饰自己脸型的耳钉，主播可以引导其根据脸型购买直播间其他链接。

3. 关注直播间优惠活动的观众，他们可能已经对比过直播间价格和日常价，这部分观众的购买欲望会由折扣力度的大小决定。

【主播互动演练】

主播：欢迎各位宝宝来到我的直播间，大家可以在公屏上扣"1"，让我看到你们的热情，热情度越高我给的折扣力度越大哟！主播今天给大家带来了一款好看不贵的经典小星星耳钉，这款耳钉全网每分钟就卖出 5 件！

弹幕 1：111！

弹幕 2：1。

主播：家人们，咱们今天是厂家直销给你们发福利，这款耳钉今天在直播间下单不要 59.9 元，直接给所有家人们 5 折好不好？到手 29.9 元给你们炸一波福利，有没有想要的扣 3 遍"主播美丽"好不好！5 折超划算，品牌让利、秒杀福利给到所有家人们！

弹幕 3：主播美丽！主播美丽！主播美丽！

弹幕 4：好划算！！

弹幕 5：材质好不好？

主播：来，给家人们仔细看看这款耳钉的材质（镜头聚焦展示耳钉的细节），这是纯银镀白金镶嵌高品质的锆石和水晶打造而成的哦，不会变色、不会让人过敏。闪闪发光，像星星一样美丽哟！还有一个小小的亮点就是这个小星星可以摇晃哦，很可爱、很灵动对不对？

弹幕 6：能不能修饰脸型？

主播：你是想要修饰脸型的耳钉是吗？别着急，可以看下咱们右下角购物车里的五号链接，那也是咱们正在热卖的一款长款耳钉，主播待会儿会给大家详细介绍哟！

主播：直播间想要修饰脸型的宝宝们别走开，咱们现在给大家介绍的是三号链接的折扣活动，待会儿就给大家介绍四号链接的福利哟！

弹幕 7：好哒！

············

⚠ 【互动误区提醒】

1. 开场互动时,不要着急讲解产品的细节,先亮出折扣吸引粉丝停留。

2. 主播要循序渐进地引导观众了解折扣的力度,不要一下子将折扣力度全盘托出,要持续烘托折扣氛围留住观众。

3. 要确保折扣礼券额度大小的真实合理,避免观众对所介绍的产品和品牌产生负面的印象或投诉。

2.2.4 情景 21：限时限价留人

▶ 【直播情景再现】

某饰品品牌直播间正在销售几款脚链,主播小娜正在向观众展示其中一款精美脚链。正值夏季,观众在公屏上纷纷提出问题,有人问脚链是否防水,有人问脚链是否好搭配,有人问脚链是否会掉色,有人问直播有没有活动……

🖥 【直播弹幕分析】

1. 关注脚链是否防水的观众,可能比较关心产品的耐用性和保养方法。

2. 对于关注脚链是否好搭配的观众,他们可能倾向于购买多种风格的脚链以搭配不同的衣着,主播可以引导其购买直播间其他链接。

3. 关注直播间活动的观众,可能还在观望下单时机。

💬 【主播互动演练】

主播：现在给大家介绍的是咱们今天的福利款。来！想要女士脚链福利的女生朋友们请扣"1",要给女朋友或者老婆、妈妈买的男生朋友们请扣"2",让我看下有多少朋友想要我们的福利款？咱们今天限时限价活动,买到就是赚到！

弹幕1：111。

弹幕2：2！

主播：好！我看到家人们都非常热情,我先给大家准备50单,就看大家够不够,50单不够就加到100单,有需要的家人赶紧刷1刷2,刷屏让主播看到好不好？咱们家这款脚链是纯银的，质感很好，款式不重样，有简约款也有复古款，有镂空的也有镶钻的，能满足你的不同需求！

弹幕3：脚链会不会掉色？

主播：咱们家这款脚链真的是非常耐磨，你看主播用湿巾这么用力地擦（主播演示用湿巾擦拭脚链，展示其不掉色效果），它依旧闪闪发光！我们家所有的脚链都经过严格的品质检测，是不掉色的。

主播：家人们，咱们今天××元的限时限价福利给到大家，直播间真的是卖一条亏一条、卖一条少一条。这个本来是我们打算庆祝粉丝突破10万的福利，但是主播现在想冲一冲咱们实时在线观看的人数，所以给你们炸福利！今天限时限价，需要的赶紧刷起来！

弹幕4：快上链接！

弹幕5：我要买！

主播：运营听我口令，我说"3、2、1"就直接给我把库存加到100单，咱们先炸一波！3！2！1！上链接！家人们，赶紧去抢，赶紧冲！

弹幕6：抢不到！

弹幕7：主播再来100！

…………

⚠【互动误区提醒】

1. 主播要突出限时限价这一优惠，但又不能让没抢到的观众失去获得"限价"的热情。

2. 主播可以通过"限时限价"来调动观众积极参与直播间活动的情绪，库存不足时适当添加一些福利给没抢到的观众，但不能过于频繁或随意变动规则，以免引起观众怀疑。

3. 当发放的福利将直播间的人气带到较高值时，主播不要一味停留在福利款的讲解中，要把握时机进入下一款产品的介绍，完成高利润款式的成交率转化。

2.3 互动留人

2.3.1 情景22：留住爱美人士

【直播情景再现】

某彩妆品牌新品发布会在即，他们通过官方店铺首页的动态、会员推送、直播预告、平台海报等多种方式进行新品发布会的活动宣传。直播间内，主播小莹刚刚将一款眼影盘的链接放出，观众的热情高涨。主播向大家着重介绍不久后将举办的新品发布会活动，配合活动海报和宣传链接，积极为新品发布会活动预热。

【直播弹幕分析】

1. 观众的关注点大多是新品的颜色、质地、持妆度、搭配效果等，主播要注意结合观众的需求来宣传。

2. 询问如何获取新品试用的观众，他们具有一定的积极性和行为意愿，主播应引导他们积极发弹幕互动，主动成为宣传力量。

3. 在活动宣传推广中，难免会遇到持消极看法的观众。对于他们的发言，主播不用过多关注。

【主播互动演练】

主播：下面要上架的这款眼影盘，是专门给家人们准备的一波福利！大家看3号链接，就是我们家最新推出的魅惑星辰眼影盘。

主播：这款眼影盘是咱家专为爱美人士打造的一款高级定制产品，里面有12种不同色系的眼影，可以满足你们不同场合、不同风格、不同心情的妆容需求！给大家看看眼影盘细节，是不是粉质细腻、质感十足？

弹幕1：哇，好美啊！

弹幕2：颜色好正！

弹幕3：姐妹们，给我冲！

主播：大家看这张新品发布会的活动海报，点击上面的链接就可以报名参加咱们家的新品试用活动。只要你在直播间内分享新品链接到朋友圈,并截图发到我们家的官方微信群里,就有机会获得10个魅惑星辰眼影盘试用装!

主播:家人们抓紧报名啊,这个活动只限今天,明天就截止了!我现在给大家上链接,快去分享吧!来,3号链接改价格,开抢!

弹幕4:哈哈哈,抢到了。

弹幕5:没抢到!姐妹!

主播:没抢到的不要急,在新品发布之前持续关注直播间,我们会不断地给大家送福利。

主播:除了试用装之外,我们还有更多惊喜等着你们。只要新品发布会当天下单,就可以参加我们的抽奖活动。奖品有价值××××元的经典美妆礼盒套装、×××元的口红、×××元的睫毛膏、×××元的眉笔!

主播:下几单抽几次,抽中为止! 爱她就给爱美的她送一份惊喜吧!

…………

⚠ 【互动误区提醒】

1. 用爱美话题互动留人的关键是引导观众互动,主播不要自说自话,甚至不顾及弹幕互动内容,要及时安抚没抢到福利的观众。

2. 主播在介绍福利活动时要结合具体产品,不能只是照本宣科地把给观众的福利念出来,而应多结合海报、新品发布宣传资料进行讲解。

3. 主播要注意突出爱美人士这个主题,要用专业且积极的语言来讲解产品的特点和优惠,不要贬低、拉踩、负面引导竞对产品。

2.3.2 情景23:留住商务人士

【直播情景再现】

某护发用品直播间正在销售一款发蜡,主播小杰本身也是一名发型师。随着开播时间的增加,直播间观众越来越多,弹幕也活跃了起来。有些观众表示自己是上班族,需要一款能保持整日发型的发蜡;有些观众表示自己是创业者,需要一款能适应不同场合的发蜡；有些观众表示想要通过使用发蜡打造商务风格的发型……

【直播弹幕分析】

1. 需要一整天都保持发型的上班族，可能对发蜡的持久度、清爽度、柔软度等特点比较关注，主播要注意详细介绍发蜡的使用方法和效果。

2. 需要适应不同场合的创业者，可能对发蜡的多样性、灵活性等特点比较关注，主播要注意展示发蜡的不同搭配。

3. 需要展现商务风格的观众，可能对发蜡所呈现的质感、亮度等特点比较关注，主播要注意展示发蜡的不同系列和效果。

【主播互动演练】

主播：欢迎各位来到直播间，××牌发蜡今日热卖啦！一抹定型，随心变换，买××发蜡，让你的头发随时有造型，让你的形象倍增魅力！

弹幕1：发蜡？

弹幕2：我是上班族，每天都要打理头发，很麻烦。

弹幕3：我是创业者，经常要出席各种场合，需要一款能适应不同场合的发蜡。

主播：欢迎大家，这位××××是××市的朋友吧？我也是××市的哦！你说你是上班族，每天都要打理头发，那你一定要试试我们家的这款发蜡！

弹幕4：我想要商务风格的，能展现个性的发蜡。

主播：好的！我给大家介绍一下，咱家这款发蜡采用了独特的水性配方，不含油分和酒精，不会让你的头发变得油腻或者硬化。不仅如此，它有着超强的持久度和定型力，无论你怎么"摇头晃脑"，它都能保持你想要的发型。如果你是工作党，想要更商务更职业的形象，只要你用手指稍微一抹一推，立刻就能让你的个性更加突出。

主播：家人们，这款发蜡真的是我用过非常好用的一款，我现在给大家示范一下（拿出发蜡在自己的头发上涂抹）。你们看，这款发蜡不但容易推开，不会有结块或者黏稠的情况，而且非常轻盈，不会让头发显得沉重或者塌陷。

弹幕5：哇，好自然啊！

弹幕6：主播的头发好好看！

主播：无论你是短发、长发、直发、卷发，都可以用它来打造你想要的造型。比如，你可以用它来做一个清爽的商务短发造型,只要在颅顶涂抹一些发蜡,然后用手指稍微抓起一些头发,就可以让头发显得蓬松有型。

弹幕 7:哇塞!好想买!

弹幕 8:主播太厉害了!

············

【互动误区提醒】

1. 主播注意不要过度夸赞自己和产品,要保持一定的客观和真诚。
2. 主播注意不要忽略观众的问题或者反馈,要及时回应和解答。
3. 突出商务人士这个主题是为了引起观众互动,不要本末倒置,跑偏带货主题,要用实际的造型示范来展示产品的效果。

2.3.3 情景 24:留住问题人士

【直播情景再现】

某美妆产品直播间正在热卖几款遮瑕膏,主播小婵正在向观众展示遮瑕膏的颜色和遮瑕效果。直播间观众很多,公屏上提出了各种各样的问题,有的问遮瑕膏能不能遮住痘痘,有的问遮瑕膏能不能遮住黑眼圈,有的问遮瑕膏能不能遮住雀斑……小婵正在通过问答的方式与观众进行互动,既了解观众的需求,又解答观众的疑惑。

【直播弹幕分析】

1. 有些观众关注遮瑕膏能不能遮住痘痘,可能是因为其本身有长痘困扰,主播要注意向其介绍遮瑕膏的成分、质地、使用方法等内容。
2. 有些观众关注遮瑕膏能不能遮住黑眼圈,可能同样是想解决相关问题,主播要注意向其介绍遮瑕膏的色号、涂抹技巧、效果展示等内容。
3. 有些观众关注遮瑕膏能不能遮住雀斑,主播要注意向其介绍遮瑕膏的遮瑕力、持久度等特点。

【主播互动演练】

主播：欢迎直播间的各位兄弟姐妹，今天小婵给大家介绍几款遮瑕膏，可以较好地修饰各种肌肤瑕疵，让你的肌肤看起来光滑无瑕。这款遮瑕膏价格实惠、质量可靠，大家想要的在弹幕发"1"！

弹幕1：1！

弹幕2：这个牌子我听过，好像还不错。

主播："××"这个牌子大家都听过吧，可谓美妆界的佼佼者了，咱们直播间长期与他们家合作，这次新到的遮瑕膏，都是他们的新品哦！

弹幕3：这个遮瑕膏能不能遮住我的痘痘啊？

弹幕4：我没有痘痘，但是我有黑眼圈。

主播：这款遮瑕膏采用了天然植物提取物和无刺激性成分，不会堵塞毛孔或者刺激皮肤，对于敏感肌和油性肌都很友好。轻盈柔滑的质地，可以轻松推开且服帖皮肤，不会出现浮粉或者卡粉现象，遮瑕力和持久度都很高，可以较好地修饰各种肌肤瑕疵，如痘痘、黑眼圈、雀斑、痘印等。

弹幕5：主播能不能给我们看看实际的效果？

主播：当然可以了！我现在给大家展示一下（拿出遮瑕膏在自己的脸上涂抹）。只要像主播这样用手指或者海绵将少量遮瑕膏点涂在需要遮瑕的地方，然后轻轻拍开，就可以看到明显的效果。我现在用的是××色号，这是一个自然色，适合大部分人使用。如果你想要更亮或者更暗的色号，你可以选择××色号或者××色号。

弹幕6：这个遮瑕膏有防晒功能吗？

主播：我手里这款的防晒指数是SPF30，可以有效地阻挡紫外线对皮肤的伤害，如果你想要更好的防晒效果，我建议你妆前要用防晒霜哟！

弹幕7：教我们一些使用技巧吧！

…………

【互动误区提醒】

1. 主播注意不要答非所问，在观众提出问题时，要正面、积极回应，尽量打消观众下单前的疑虑。

2. 主播注意不要生硬地用专业名词来解释有关内容，避免观众不知主播所云。

3. 解答要既专业又通俗易懂，不要自说自话地解释，要同时结合演示、实验、对比等方法解答观众所提的问题。

2.3.4　情景25：留住倾向人士

【直播情景再现】

近期正是换季护肤的好时节，某护肤品牌直播间在热卖一款卸妆油，直播间的观众对于卸妆油的成分和效果非常关注，但也有一些观众担心卸妆油是否适合自己的肤质。主播小美正在向观众们介绍自家的新款卸妆油，同时也演示了卸妆油的使用方法，她一边卸妆一边与观众互动，回答观众们关于卸妆油的成分、功效、安全性等问题……

【直播弹幕分析】

1. 关注卸妆油成分的观众，可能比较关注卸妆油的安全性，主播可以多从专业角度引导观众们如何辨别卸妆油成分。

2. 主播在回答成分相关问题时，可以通过卸妆油的原料来源给大家讲解成分，通过描述细节留住路人。

3. 关注卸妆油效果的观众，说明其是有卸妆需求的，主播可以多介绍卸妆油的功效和优势。

【主播互动演练】

主播：你们知道吗？卸妆是护肤的第一步，如果卸妆不彻底，不仅会影响后续的护肤效果，还会导致各种皮肤问题，比如毛孔堵塞、痘痘、黑头、皮肤暗沉等。因此，我们一定要选用一款能够轻松卸除彩妆和污垢，同时温和呵护皮肤，无残留、不刺激的卸妆油！

主播：我们今天推荐的是×××品牌水润系列。这款卸妆油采用了天然植物油和高科技乳化技术，不仅可以轻松溶解彩妆和污垢，还能滋润皮肤，让皮肤清爽舒适、不紧绷不干燥！

弹幕1：这个成分安全吗？

主播：当然安全啊！我们这款卸妆油是经过严格检验和认证的，所有原料都是来自××地区的纯天然植物油，没有添加任何化学成分或防腐剂，对皮肤没有刺激，也不会导致过敏反应！

弹幕2：怎么证明你说的是真的？

主播：大家可以扫一下这个瓶子上的二维码，点击进去后就可以看到我们卸妆油的所有成分和检验报告，以及生产许可证和质量保证书，这些材料都是真实有效的！

弹幕3：哇！真的有二维码！

主播：是的，我们非常注重产品的透明度和品质，不会隐瞒或欺骗大家，我们只会给大家提供好的产品和服务！

弹幕4：你能不能给我们看看实际效果呢？

主播：必须的啊！我先在手上挤出一点卸妆油，然后用手指在脸上轻轻按摩，你们可以看到，我的彩妆很快就被卸妆油溶解了。用清水洗净脸部，效果立竿见影，卸妆后脸部很干净，也没有任何刺激或不适感！

弹幕5：哇！真的很干净啊！

弹幕6：主播你的皮肤好好啊！

主播：谢谢大家的夸奖！其实我也经常化妆，每次都用我们的卸妆油来卸妆，所以我的皮肤一直保持着水润和光泽！

主播：卸妆油，水润无忧，换季护肤从卸妆开始，卸妆油是你护肤的第一步！买卸妆油就认准咱们××家！爱美的姐妹们千万不要错过咱们直播间的活动哟！

弹幕7：下单了！

…………

⚠【互动误区提醒】

1. 主播要注意把握好卸妆油的介绍和演示时间，不要过长或过短，要让观众看到卸妆油的优势。

2. 主播面对提问要直接且肯定地回应，不要避重就轻、含糊其词，回应要大胆、自信、专业，吸引有下单倾向的观众。

3. 主播要注意识别有购买倾向的观众，给他们更多的关注和引导，让他们下单的意愿更强烈，同时注意不要忽略其他观众，要平衡好各类观众的需求和满意度。

2.3.5 情景 26：留住疑虑人士

【直播情景再现】

某护发产品直播间正在热卖一款润发油，主播小花已开播半个小时，直播间进来了不少观众。小花针对性地向直播间的观众展示了润发油的功效、成分、使用方法，以及与其他品牌的对比效果，直播间观众也提出了诸如润发油是否有效、是否有副作用、适合哪种头发类型等方面的问题。小花一一解答弹幕提出的各种疑虑，因此促成了不少观众下单。

【直播弹幕分析】

1. 观众关注是否有副作用，说明其对润发油有一定兴趣，但可能对润发油的安全性表示疑虑，主播可以在讲解时说明润发油的成分，并根据润发油的特点和优势，给他们提供有力的证据以消除其顾虑。

2. 对于关注润发油是否有效的观众，他们可能在意润发油的实际效果和用户评价，主播可以在讲解时展示一些润发油使用前后的对比图片或视频。

【主播互动演练】

主播：姐妹们，大家好！欢迎来到小花的美发护理直播间！今天我给大家带来了一款超级好用的润发油！你们知道吗？现在很多人都有头发干枯、分叉、断裂、缺乏光泽等问题，这些都是因为头发缺乏水分和营养才导致的！所以我们一定要选用一款能够补水保湿、滋养修复、增加弹性、提升光泽的润发油！

弹幕 1：我头发就是很干、很毛糙，每次洗完头发都打结。

弹幕 2：我也是头发很差，但是我不太相信润发油有用。

主播：姐妹们，看来大家都很关心润发油是否有效。那我就给大家介绍一下今天推荐的 ××× 品牌水光系列。这款润发油采用了天然植物提取物，可以深入头发内部补充水分和营养，修复受损的头发，让头发变得更柔顺、有弹性、有光泽！

弹幕 3：听起来不错，具体怎么用？

主播：使用也是非常方便，洗完头后在半干的头发上均匀地涂抹一些润发油，然后用手指轻轻按摩头皮、揉搓头发，让润发油渗透到每一根头发里。最后用吹风机吹干，头发就能变得更顺滑、有光泽、有弹性！

弹幕4：听起来确实很不错，不确定我们能不能用出来这种效果啊？

主播：还有疑虑的家人们可以看下咱们链接里的好评，超过××条的好评，每一条都是用户实测的好效果，主播这里也精选了几张图片，像××就是咱家老粉，她说回购了五六次咯，真的肉眼可见地改善发质，让头发更健康、更强韧！

弹幕5：会不会有副作用啊？

弹幕6：油头用会不会更油啊？

主播：不会有副作用的呢，咱们这个用在头发上会被快速吸收，渗透发丝，将精华导入到发丝，清透不黏腻，含有的××成分都是很安全健康的！

弹幕7：入手了！

…………

【互动误区提醒】

1. 主播要根据观众的疑虑，给出有力的证据，但要注意不要过分夸大甚至虚假宣传润发油的效果和优势，避免引起观众的反感和质疑。

2. 主播展示润发油效果时，要确保所用图片或视频是真实可信的，并且与直播间销售的产品一致，不要使用其他品牌或其他系列的产品进行对比。

3. 主播不要一直解答观众疑虑，互动到一定程度，就早点开放购买渠道，并且给出一些优惠或限时活动来刺激观众下单。

2.4 留人2类经典语句

2.4.1 留住过路人的经典语句

【经典语句1】

你想要拥有一头柔顺亮泽的秀发吗？你想要摆脱干枯毛糙的困扰吗？你想要让你的发色更加美艳持久吗？那你就来对地方啦，持续观看直播，主播给你惊喜！快来试试我们的××润发油吧！滋养修复、保湿锁色，让你的头发焕然一新！

📖【经典语句2】

你是不是厌倦了每天化妆？你是不是担心化妆品对皮肤有伤害？你是不是想要拥有自然无瑕的肌肤？那就赶快试试我们的××吧！轻盈透气、遮瑕保湿，让你的肌肤呼吸自由！

📖【经典语句3】

你的肌肤是你的名片，你的皮肤是你的保护屏障，你的眼睛是你的灵魂之窗，你的唇部是你的情感表达，想要光彩动人、魅力十足吗？来××彩妆店观看直播吧，惊喜多多，在线等你！

2.4.2 留住需求人的经典语句

📖【经典语句1】

涂抹××霜，光彩肌肤嫩。鲜活肌肤有××，对比春日阳光，光泽更鲜明，今年20，明年18！

📖【经典语句2】

你希望在××岁时依然年轻吗？你希望你的眼睛永远有神采吗？你希望你的笑容永远不留皱纹吗？那就赶快试试我们的新款××霜吧！抗衰老、淡细纹、紧肌肤，重现青春光彩！

📖【经典语句3】

用过××的都说好，它是你的美丽秘密，它是你的自信武器，它是你的永恒魅力！快来选购我们的××吧，让时光见证你的美丽！

2.5 留人3类句式总结

2.5.1 问题解决式句式

1. ＿＿＿（对观众的称呼）们放心吧，直播间卖的都是咱家提前试用过的，而且都有权威机构的检测，＿＿＿（对观众的称呼）不放心可以进入官方网站查询验证，咱们工厂就在＿＿＿（地址简称），同时我们都是给＿＿＿（直播平台）交了保证金的，如果产品假冒、劣质，我们会被封店封号，所以我们也不会做这样的傻事。

2. 今天凡是在我＿＿＿（直播间简称）下单的每一位家人，我们都是送运费险的，包邮买包邮退，同时我们全国都有连锁店，＿＿＿（品牌简称）国货老品牌，值得信任，如果收到货不是和主播说的一样的包退；不是高品质的包退；没效果的照样包退。相当于我给你们7天免费试用，退货运费都是主播承担，所以你们不用担心。

3. 很多家人们在选择＿＿＿（产品简称）时都会担心自己的皮肤是否适用，我们的＿＿＿（产品简称）经过了多次科学实验验证，适合各种皮肤类型使用。而且＿＿＿（产品简称）是我们店里的明星产品，有很多人称赞它的好处，它能让你的肌肤变得更加紧致，改善毛孔粗大的问题。

2.5.2 效果疗效式句式

1. ＿＿＿（对观众的称呼）们，＿＿＿（产品价格），只要＿＿＿（产品价格）。别人＿＿＿（产品价格）买的是效果慢，买的是质量差，买的是一言难尽的难用。在我这，你＿＿＿（产品价格）带回去的是什么？你带回去的是清爽透亮，是保湿补水，是抗炎修复，是天然健康，是营养丰富！是咱们××严选得好＿＿＿（产品简称），是次次满意的好体验！

2. 首先，＿＿＿（产品简称）是从＿＿＿（植物简称）提取出来的，大家都知道＿＿＿（植物简称）含有＿＿＿（元素简称）营养元素，有助于肌肤含水量的提高和预防＿＿＿（皮肤问题）及＿＿＿（皮肤问题），看主播皮肤这么透亮就知道效果啦！

3. 这款＿＿＿（产品简称）是由天然植物提取物制成的，不含任何化学成分，非常安全,适合各种肌肤类型使用。这款____(产品简称)是我最近发现的一款神器,它能够有效去除黑头、收缩毛孔,让肌肤变得更加健康!

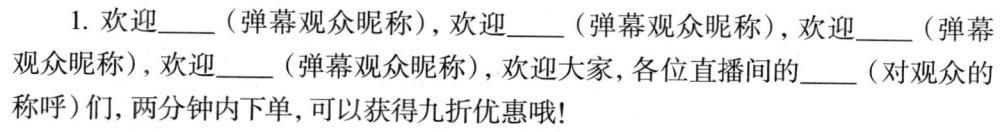

2.5.3　福利利益式句式

1. 欢迎____(弹幕观众昵称),欢迎____(弹幕观众昵称),欢迎____(弹幕观众昵称),欢迎____(弹幕观众昵称),欢迎大家,各位直播间的____(对观众的称呼)们,两分钟内下单,可以获得九折优惠哦!

2. 各位____(对观众的称呼)们,本直播间今晚福利不断,待得越久,福利越多哦。我们在直播过程中设置了直播彩蛋,坚持到最后并发现彩蛋的____(对观众的称呼)们,可以获得神秘大奖!

3. 各位____(对观众的称呼)们,今天是本月首播,我这里还有____(礼物数量)份____(产品名称),现在就作为福利六折给到大家,仅限开播十分钟内下单的____(对观众的称呼)们购买哦,大家抓紧!

第 3 章

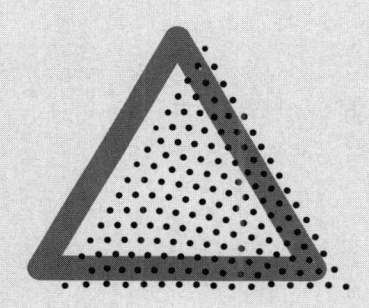

善推介

3.1 总体推介

3.1.1 情景 27：功能介绍

【直播情景再现】

某脸部化妆品直播间内，主播小九正在销售一款洁面膏。小九根据自己的生活经验，向观众们介绍这款洁面膏的各类功能。公屏上出现了很多提问：洗完脸会不会干？男生能不能用？有什么特殊成分吗？能不能卸妆？适合敏感肌肤吗？

【直播弹幕分析】

1. 对于担心洗完脸会干的观众，他们可能比较关注洁面膏的保湿功能，主播要有针对地介绍洁面膏的保湿能力。

2. 担心洁面膏成分安全性的观众，可能遇到过洁面膏清洁不彻底、洗完脸后皮肤干燥紧绷的情况。对于洁面膏来说，成分是影响它清洁效果的关键因素，主播可以着重介绍下洁面膏中有清洁作用的成分。

3. 询问卸妆和敏感肌相关问题的观众，他们可能有更多样化的使用需求，主播可以对这些重点功能进行讲解。

【主播互动演练】

主播：家人们，我们家这款全新洁面膏具备多种功能，不仅能深层清洁皮肤，还能使其保持滋润。只需要花一支洁面膏的价格，就能同时拥有深层清洁和保湿滋润两种功效！面部不用费劲洗，××（品牌/系列名）清洁新惊喜！

弹幕 1：是不是真的？

弹幕 2：真有这么多功能？

主播：真的，大家看我们家洁面膏的包装盒上就有详细的成分说明和功效介绍。

主播：像这个保湿滋润的功效，你每天早晚使用这款洁面膏，很快就能感受到皮肤变得水润光滑！

弹幕3：男生能不能用？

主播：当然可以啦！我们家这款洁面膏不分男女老少，只要你想拥有健康水润的皮肤都可以使用！

弹幕4：有什么特殊成分吗？

主播：我们家这款洁面膏采用了独特的配方，添加了天然植物精华和氨基酸等成分，质地温润绵密，在保证深层清洁的同时也能够使皮肤保持滋润，可以保持面部肌肤水油平衡，让家人们洗出净润、回归纯粹！

弹幕5：能不能卸妆？

主播：家人们，只要是洗脸的产品，都有一定的卸妆功能，但我不推荐家人们用洁面膏卸妆哦，卸妆还是使用专业的卸妆产品吧！咱们的洁面膏虽好，但也不是万能的哦！

弹幕6：可以，主播实诚，能处。

弹幕7：确实。

主播：家人们，今天直播间给特价，只要××元一支。花一支洁面膏的价格，你就能拥有深层清洁和保湿滋润两种功效。需要的朋友们千万别错过！来，上13号链接！

弹幕8：不算贵，还行。

…………

⚠【互动误区提醒】

1. 主播要熟悉洁面膏的各类功能，面对观众的提问要及时给出流畅且专业的解答，不能在直播介绍时出现出错、卡壳、断节奏等情况。

2. 主播不能虚假宣传，不能向观众宣传洁面膏不具备的功能（如卸妆）。

3. 洁面膏的成分会涉及一些专业、拗口的词汇，主播要提前熟悉，不能说错洁面膏的成分，也不能介绍该洁面膏实际上不存在的成分。

3.1.2 情景28：成分介绍

【直播情景再现】

某男士香水品牌直播间内，主播小豪正在向观众们展示一款新上市的香水。小豪不仅展示了香水的外观，描述了香水前调、中调、后调的气味，还介绍了香水的主要成分。

经过小豪的介绍，直播间有部分观众已经表示想要购买，但仍有不少观众还在提问题：香味持不持久？适合什么场合使用？有没有赠品？打不打折？……

【直播弹幕分析】

1. 针对已经有一些观众表示想购买的情况，主播可提前上链接，将购买渠道告知观众。

2. 有些观众询问香味是否持久，可能是因为他们不会随身携带香水，想要一款可以持久留香的香水，主播可介绍一下香水的留香能力，顺便也可宣传一下香水的便携性。

3. 有些观众询问适用的场合，可能是担心香水味道在某些场合不适宜，主播可重点介绍香水气味温和、淡雅的特点，向观众说明香水的适用性很强。

【主播互动演练】

主播：欢迎各位进入直播间！刚进来的"老铁"点个关注呗！"老姐老妹儿"也点个关注呗！关注我，给男朋友送礼物你再也不用愁！

主播：好了不开玩笑了，刚才给大家看过这款香水的包装了。接下来给大家介绍一下这款香水的成分！

弹幕1：点关注了！

弹幕2：啥主要成分啊？不会对人体有害吧？

主播：当然不会有害啦，家人们，这款香水的成分全部都是纯天然的提取物，旨在"放大青春气息，活力年轻一代"，其灵感来自×国古老的××森林，那里清晨的空气中弥漫着××（植物名）的花香，就是这股花香，制成了这款香水清新、淡雅、细腻、富含朝露气息的前调；再融合×××檀香木、雪松、柑橘等植物的气味，造就了这款香水既简约又激情丰沛的气质!

弹幕3:听着就厉害。

弹幕4:男生用会不会有些女性化了?

弹幕5:留香持久不?

主播:家人们多虑了,这款香水的气味温和,主打的就是清新淡雅,使用后会给人一种干净、青春、灵动的感觉,很适合男性在各种场合使用!并且经过他们家调香师的反复调配,可以保证香味持久弥漫!而且它的瓶身小巧、外观设计精美,大家完全可以随身携带!

弹幕6:可以可以,我有点蠢蠢欲动了!

弹幕7:我已经这么帅了,再加上这个香水岂不是无敌了!

主播:哈哈哈这位叫作××××(观众昵称)的朋友说得好!我们就是要活出自信、活出精彩!相信我,××(品牌名)香水的点滴魅力让你无法抗拒!

弹幕8:兄弟们冲!

…………

【互动误区提醒】

1. 主播介绍成分时,语言要流畅,用词要准确,不要吞吞吐吐,甚至把成分名称念错。

2. 主播不要只顾着自己介绍成分,要与观众保持互动,不仅可以回答观众问题,还可以选一些角度与观众开玩笑,活跃气氛,以拉近与观众的距离。

3. 主播介绍的是男士香水,因此要把香水适合男性这一特质重点体现出来,不要忘记香水的其他受众,不能错误地认为直播间只有男性观众或者刻意忽视女性观众的存在。

3.1.3 情景29:使用介绍

【直播情景再现】

某面部护肤品直播间正在热卖一款去黑头贴,主播小莲介绍完去黑头贴的基本信息后，有的观众表示根本没听过去黑头贴，有的观众表示听过但是不会用，还有的观众表示用过但是效果不好……，面对观众各种各样的问题，小莲决定现场演示，直观地向观众展示去黑头贴的使用方法和效果。

经过小莲的演示，不少观众开始被"种草"了，感叹自己太晚发现这样的去黑头"神器"，也有些观众仍然对去黑头贴的效果持怀疑态度。

【直播弹幕分析】

1. 有的观众没听过去黑头贴，可能是因为他们平时不经常化妆或从未有过长黑头的困扰。

2. 有的观众用过去黑头贴但是效果不好，可能是之前买到了质量较差的去黑头贴，主播应强调直播间推荐的是大品牌、品质有保障的黑头贴。

3. 有些观众对去黑头贴的效果仍表示怀疑，主播可以采用现场演示的方法获取这部分观众的信任。

【主播互动演练】

主播：欢迎各位家人进入直播间。刚才我看有家人说没听过去黑头贴，那这部分家人是不是平时不怎么化妆，或者说你们从没有过长黑头的困扰？如果是后者那可太好啦！羡慕你们的皮肤状态那么好！

弹幕1：我确实没有黑头。

弹幕2：我听过，但是从没试过。

弹幕3：我用过，效果不咋地，还怪疼的。

主播：真羡慕没有黑头困扰的家人们。不过有黑头的家人们也不要担心哦，甭管您用没用过，或用过类似产品但效果不好，今天都可以试试小莲推荐的这款去黑头贴。这款去黑头贴来自××（品牌名），全称是"××去黑头鼻贴"，适合中性、油性皮肤，内含×××冰川水、白柳树皮、金缕梅、×××高效提亮成分，由××（品牌名）的美学专家团队亲力打造，让你的黑头自己"敷"出来！

弹幕4：具体咋用的？

弹幕5：是啊，演示一下吧！

主播：当然可以啦，咱们的去黑头贴"真金不怕火炼"！现在我就给大家演示一下，顺便讲解一下使用方法。有请我们的模特小姐姐。

（模特出镜）

主播：大家看，模特小姐姐的颜值很高，皮肤也比较白皙、细嫩，但就是鼻头部位有不少黑头，远看看不出来，细看其实不少，接下来就给大家演示怎么用去黑头贴去除黑头！

弹幕6：确实是美人胚子。

弹幕7：我倒要看看到底有没有用！

主播：大家注意了，咱们的去黑头贴包装里有两个部分，分别是A款导出贴和B款收缩贴，另外还配有很多清洁棉棒。具体的使用步骤一共是3步！非常简单易懂！

主播：第一步是导出。大家先洁面，有条件的可以用热毛巾热敷鼻头几分钟，效果会更好。洁面后，把A款导出贴贴在鼻头部位10到15分钟即可。第二步是擦拭。导出贴贴够时间，就用包装里的清洁棉棒自下而上擦拭鼻头。这个棉棒有吸附功能，可以把刚才导出的黑头吸走。最后一步就是收缩啦。大家清洁完鼻头后，把B款收缩贴贴在鼻头处15到20分钟，时间到了撕去收缩贴，轻轻拍打一下鼻头肌肤，到此整个去黑头的过程就结束啦！

弹幕8：好像没有明显变化呀！

弹幕9：主播"翻车"了？

主播：没有"翻车"！是模特小姐姐本来皮肤条件就不错。我把镜头凑近一点，你们看，对比使用前是不是鼻头干净了很多？家人们，小莲是实在人，实话和你们说，这样一贴黑头就能完全不见，想想就不可能对不对？但是这个黑头贴确实可以在不损伤肌肤的前提下，快速、简单地去除大部分黑头哦！

弹幕10：确实很方便。

弹幕11：那可以每天都用吗？效果会不会更好？

弹幕12：我就喜欢主播这份实在！

主播：当然方便啦！其实简单理解，去黑头贴的内在逻辑就是"开门-打扫垃圾-扔垃圾-关门"的过程，先打开毛孔导出黑头，再收缩毛孔不让脏东西进来，这样不就有效去除黑头了吗？哈哈哈，好理解吧！

主播：刚才看到有人问了，我正要说使用频率的事情呢！大家注意了，这个去黑头贴不要天天用，最好一周一次，过多使用会损伤毛孔，不利于皮肤健康。大家可以配合一些其他的美白、嫩肤产品使用，先去黑头再保养，效果更佳哦！

弹幕13：有意思，我买点试试。

主播：喜欢就下单吧！6号链接八五折哦，不要再受黑头困扰啦！

……………

⚠【互动误区提醒】

1. 当观众表示没有听说过去黑头贴时，主播不要表现出冷漠、嘲讽、不耐烦等表情，可以换个角度找话题与观众互动，比如夸赞观众的皮肤状态好。

2. 对于去黑头贴的使用方法与步骤，主播要提前熟悉，现场演示时要表现得熟练、连贯，不要在演示的时候出错，这样会影响产品形象，严重的可能会造成品牌方不满。

3. 主播要将去黑头贴的使用频率解释清楚，不能为了让观众下单数量更多就鼓励观众提高使用频率。

3.1.4 情景30：适用介绍

📺【直播情景再现】

某化妆品直播间正在热卖一套美白面膜，主播小娜重点介绍了面膜的适用人群。经过小娜的介绍，直播间不少观众纷纷表示自己皮肤略黑，很需要一款效果好的美白面膜；还有些观众表示自己有皮肤暗黄、干燥、松弛等问题，非常需要美白面膜来改善。

看到观众对美白面膜的需求很大，小娜趁机宣布所有面膜都将8折出售，这引得观众纷纷抢购，很快，小娜就超额完成了销售指标。

💻【直播弹幕分析】

1. 经过主播的介绍，观众表现出了明确的购买意愿，此时主播应趁热打铁宣传一下面膜的美白效果，再在价格上给予优惠，就可以吸引观众快速下单。

2. 针对有些观众提到的皮肤暗黄、干燥、松弛等问题，直播间推荐的面膜可解决的，主播可向观众解释；直播间推荐的面膜无法解决的，主播可推荐直播间在售的其他相关产品。

3. 主播抛出折扣福利后,不仅会刺激在场观众的购买欲望,还会吸引更多新观众进入直播间,主播要做好欢迎工作。另外,主播可以把面膜的功效、价格等信息做成滚动文字在直播间循环播放。

【主播互动演练】

主播:家人们!俗话说"一白遮百丑",皮肤不白真的会影响颜值,家人们你们有没有这种体会?

弹幕1:当然有了!

弹幕2:我自从军训被晒黑后,就再也没白过!

弹幕3:我之前是"女汉子",不注意化妆和保养,现在黑得像猴儿一样!

主播:看来不少家人都有这方面的困扰,其实我自己也是。别看我现在挺白的,其实以前也很黑,我给大家看以前的照片(镜头特写),大家仔细对比一下,是不是差点没认出来这照片里的是我?

弹幕4:确实,现在小娜皮肤又白又细腻!

弹幕5:都是美颜!

弹幕6:主播是怎么美白的?

主播:家人们,我只化了个淡妆,现在也只开了一点点瘦脸美颜。我平时的样子大家在主播的"小圈"(平台上的主播交流板块)或者微博上都能看到,真的白了很多。这都得益于今天要跟大家推荐的××(品牌名家)的美白面膜!这套面膜是一个吸黑、焕白、补水三合一套装,可以"吸出黑、补进水、焕出白",让我们的面部肌肤水嫩亮白有光泽,特别适合各位有美白需求的家人们!

弹幕7:我想试试!

弹幕8:我天生就黑,还有救吗?

弹幕9:我觉得没用!

主播:当然要试试了!天生黑的家人们也别着急,坚持用效果好的美白面膜,再从饮食、运动等方面进行科学地调理,皮肤也会慢慢变白、变嫩哦!总之,只要是正常的面部美白需求,这套面膜肯定能让您满意!

主播:我看到×××宝宝在说没用,想问问这位宝宝是什么时候下单的呀?是在咱们家直播间买的吗?说没用是觉得哪个效果不好呀?咱们这套面膜主打的是美白和补水,如果您想要祛痘、清洁或者修复功能的面膜,可以去直播间的11号链接看看哦!今天推荐的这套面膜在 4 号链接,大家千万不要弄错了!

弹幕 10:差点买错了。

弹幕 11:怎么可能买错,我看得很清楚!

主播:好了,家人们,我看既然有这么多需要美白面膜的,那今天小娜就给大家 8 折优惠吧,平时可没有这么大的优惠力度。大家赶紧去下单吧!库存不多,先到先得!

弹幕 12:好好好,我先来 10 套!

…………

⚠️ 【互动误区提醒】

1. 主播可以以自身经历为话题切入点,但是要注意不能占用过多时间,要尽快把话题转移到推荐的面膜上。

2. 主播要把重点放在面膜的美白功能上,不要额外宣传不存在的如祛痘、祛斑、清洁等功能。

3. 面对不礼貌或表示质疑、否定的弹幕,主播不要自乱阵脚,可以用事实说话,进行正常解释。如果有观众无理取闹,主播不要被带偏节奏,也不要与观众对质、争吵,及时根据平台规则对其进行禁言或屏蔽处理。

▶▶ 3.2 化妆品推介

3.2.1 情景 31:肤用化妆品推介

【直播情景再现】

某品牌润肤霜直播间正在进行新品上市活动,主播小顾在向观众介绍润肤霜的成分、功能、使用方法、价格等信息。直播间观众很感兴趣,纷纷发弹幕询问润肤霜的更多细节,也有不少观众表示想要购买。为了增加销量和提升消费者满意度,小顾准备了一些优惠券和赠品,希望借此吸引更多观众购买。

第3章 善推介

💻 【直播弹幕分析】

1. 直播间观众对润肤霜已经开始感兴趣,说明主播的推介工作做得不错,但是还需要进一步提高观众的信任度和购买意愿。

2. 直播间观众希望了解润肤霜更多的细节,说明主播的介绍不够具体,还停留在常规介绍阶段,没有深入介绍润肤霜的特色。

3. 直播间观众不断增加,弹幕不断变化,主播要控制好直播节奏,按设计好的流程进行直播,特殊情况可做适当调整。

💬 【主播互动演练】

主播:大家好,欢迎来到小顾的直播间!今天我给大家带来了一款超级好用的润肤霜,是××(品牌名)家的新品,专为干燥肌肤设计的。

弹幕1:什么牌子啊?没听过。

弹幕2:我就是干燥敏感肌肤,这款润肤霜有什么特别的吗?

主播:这是一个国际知名的护肤品牌,成立至今有××年了哦。这款润肤霜创造性地提取了××花和×××的天然成分,内含×××、×××和×××3种锁水因子,让锁水像"开挂"一样,长效保湿8小时!

弹幕3:这款润肤霜怎么用啊?早晚都要用吗?

弹幕4:这款润肤霜会不会油腻啊?我不喜欢油腻的感觉。

主播:这款润肤霜的使用方法很简单,就是在洁面后,取适量润肤霜涂抹在面部和颈部,轻轻按摩至吸收即可。建议早晚都使用哦,这样效果更好。它的质地很轻盈柔滑,不会油腻或者堵塞毛孔,自带淡淡的清香,可以让你每次使用都能感受到舒适和愉悦。

弹幕5:这款润肤霜多少钱啊?有没有优惠啊?

弹幕6:我想买两瓶送给我妈妈和姐姐,她们也有肌肤干燥的烦恼。

主播:百年修得共枕眠,认识大家都是缘!既然有缘,当然有优惠了!这款润肤霜原价是×××元一瓶,今天在直播间只要×××元就可以买到哦,除此之外还有更多优惠等着你们。

弹幕7:还有啥?还有啥?

主播:只要你在直播间下单,不管买多少瓶,都可以获得一张××元的优惠券,可以在下次购买任何××品牌的产品时使用哦。另外,如果买两瓶以上的话,还可以额外获得一份赠品,就是这款同品牌的洁面乳,搭配使用,效果更佳哦!

弹幕 8:这么划算啊,我要买 3 瓶!

主播:好的家人们,大家注意,链接已经上了哈!1号链接,大家注意别点错了哟!

……

⚠【互动误区提醒】

1. 主播不要一味地夸大润肤霜的功效,要有科学依据和客观证据,不要让观众产生怀疑或者失望心理。

2. 主播不要忽略观众的问题或者反馈,要及时回应和解答,增加双方的互动和信任。

3. 主播若要介绍润肤霜的成分,就要提前做好功课,千万不能在直播时将成分名称、含量等内容说错。

3.2.2 情景 32:洗护用品推介

【直播情景再现】

某品牌洗发水直播间正在热卖一款有修护功效的洗发水,主播小萱向观众介绍了洗发水的成分、功效、使用方法、价格等信息,直播间观众也在公屏上踊跃发言。除了与洗发水相关的问题外,不少观众也很关注直播间的优惠活动。

根据事先策划,本场直播将会采取抽奖的形式进行促销,小萱早已安排好了抽奖的形式与奖品内容……

【直播弹幕分析】

1. 直播间观众关注抽奖,说明其有一定的购买欲望,但有些观众可能只有在了解到直播间能送价值较高的礼物后才会购买,因此主播要注意礼物内容设置的合理性。

2. 直播间观众热衷于抽奖,主播要把握好这个提升直播间人气的好机会,在抽奖活动中进一步提升直播间人气。

3. 直播间公屏上除了关注抽奖的弹幕,还有其他问题不断提出来,说明有新观众不断进入直播间,主播要注意间隔一段时间就介绍一下所卖洗发水的相关信息。

💬【主播互动演练】

主播:欢迎各位兄弟姐妹进入直播间。××(品牌名)"超顺"系列,其灵感源自护肤,内含保湿修护成分,能让您的秀发拥有丝绸般的柔顺质感,顺润不卡梳、闪耀夺目光!

弹幕1:这个牌子我用很久了,好用是好用,就是太贵了。

弹幕2:有没有活动?

主播:哈哈,大家可真是了解小萱,当然有活动啦!今天的活动是抽大奖!我看到有不少新来的朋友们,万水千山总是情,点点关注行不行?

弹幕3:行行行!

弹幕4:奖品是什么呀?

主播:大家注意听清楚了,想要抽奖,首先是关注本直播间并送一个最便宜的荧光棒哦!送一个荧光棒,激活粉丝灯牌,就能参与抽奖哦!

弹幕5:都是套路!

主播:真不是套路,荧光棒只需要几分钱哦!今天的礼物特别丰厚,首先介绍特等奖,一共有5个名额,特等奖就是刚才向大家介绍过的"××"牌有修护功效的洗发水哦!

弹幕6:哇!刚才说的那个直接送?

弹幕7:当然了,大家赶紧把粉丝灯牌点亮!再送送其他免费小礼物,刷刷弹幕,把直播间人气顶上来,直播间热度值达到××万后,每增加×万热度值,特等奖的名额就增加一个!

弹幕8:666!大家刷起来!

主播:对,大家刷起来!除了特等奖,今天还有一等奖、二等奖、三等奖。一等奖和二等奖是这款洗发水的优惠券,一等奖7折,限量××位;二等奖8折,限量××位!

弹幕9:那三等奖呢?

主播:三等奖也很实惠,限量×××位,是一把精美的小梳子哦!小梳子原价××元一把,今天免费送了!

弹幕10：哇，三等奖我爱了！

主播：家人们，奖品很给力，现在就看大家努力了！大家把弹幕和礼物刷起来，把赞点起来，直播间冲××万热度值！

弹幕11：冲冲冲！

弹幕12：×万热度值了！

弹幕13：×万了！××万！

主播：谢谢家人们，马上开始抽奖！现在只要点亮了粉丝灯牌的家人们，在弹幕发送"××洗发水，修护受损发质，让头发健康闪亮"就可参与抽奖！

弹幕14：××洗发水，修护受损发质，让头发健康闪亮！

弹幕15：××洗发水，修护受损发质，让头发健康闪亮！

…………

【互动误区提醒】

1. 主播在公布抽奖规则时不要一口气全念完，要适当引导观众进行关注、点赞、发言等，不要放过提升直播间人气的机会。

2. 主播要采取正确的方式引导观众理性消费，同时要提醒直播间不支持未成年人消费，要有风险意识，有备无患。

3. 主播注意要把抽奖活动安排在介绍完洗发水的基本信息之后，不要上来就抽奖，弱化了洗发水的存在感。

3.2.3　情景33：美容化妆品推介

【直播情景再现】

某美容化妆品直播间正在推荐某款高效保湿爽肤水，主播小静根据自己的切身体会，给直播间观众分享了一些护肤心得，还通过肩颈、手臂等部位，展示了一下使用爽肤水后的效果。随着小静的深入讲解，直播间的观众越来越多，大家纷纷对爽肤水的成分、功能、使用方法、价格等方面进行了提问，小静也一一进行了回答。

根据直播设计，本场直播要围绕这款爽肤水开展限时优惠活动，小静正在向直播间观众介绍活动信息。

第 3 章 ▶ 善推介

📺【直播弹幕分析】

　　1. 观众进入直播间可能是被主播本人吸引，或者被标题、封面等要素吸引，主播要注意引导观众关注爽肤水。

　　2. 对于观众关注的成分、功能、使用方法、价格等问题，只要是和爽肤水密切相关的，主播都要做好认真回答的准备。

　　3. 随着主播的讲解，直播间热度会越来越高，弹幕也会越来越多，这是高人气直播间的常见现象，主播要做好监控。

💬【主播互动演练】

　　主播：欢迎各位朋友来到小静的直播间，本场直播给大家带来的是×××（品牌名）家的高效保湿爽肤水，为大家解锁水润美肌新体验！

　　弹幕1：主播皮肤真好！

　　弹幕2：这个爽肤水我闺密也在用！

　　主播：谢谢朋友们！×××家的这款保湿爽肤水呢，是无酒精的配方，用的是草本精华和水，能够使皮肤深度保湿锁水，平衡水油，敏感肌也能用！

　　弹幕3：我敏感肌，真的能用？

　　主播：别担心，这款爽肤水适合所有肌肤类型的，不但不会刺激皮肤，而且有抗氧化的作用，能够改善红血丝和暗沉，让肌肤更健康更明亮！

　　弹幕4：别废话了，就冲小静我也要买！

　　弹幕5：我也要！

　　弹幕6：我要1瓶先试试。

　　主播：家人们别急，非常感谢大家的喜欢。不过这款爽肤水实在卖得太好了，今天直播间只有×××瓶了，待会上链接，大家要拼手速！

　　弹幕7：怎么就×××瓶，直播间这么多人，不容易抢到啊！

　　主播：理解您的心情，但是这款爽肤水确实太好卖了，下批货还得等几天。但是今天也开放了预售通道，不着急的家人，待会可以点击预售，一周左右到货后就给大家发出！

　　主播：家人们喜欢小静就点点关注吧！下次小静开播，会尽量安排更多大家喜欢的东西，小静也在这里祝大家生活如同锦上花，大财小财天天进，一顺百顺发发发！

主播：看大家这么热情，今天除了这×××瓶保湿爽肤水外，4号链接的同品牌保湿面霜也会有8.8折优惠给到大家，大家可以挑选一下！

弹幕8：我就要这个！

主播：好的好的，我马上上链接，考验大家手速的时候到了！

弹幕9：看我的！

……

⚠️【互动误区提醒】

1. 主播不要只顾介绍优惠活动而忽略对爽肤水本身的介绍，要不时地向观众介绍和展示爽肤水细节，照顾新进来的观众。

2. 主播不要直接把限时优惠的真实数量告诉观众，可预留一定数量作备用。

3. 主播不要浪费限时优惠的流量，可适当引流至直播间其他在售产品。

3.2.4　情景34：身体护理化妆品推介

【直播情景再现】

某身体护理化妆品直播间热播中，主播小兰正在向观众们展示几款近期销售了××份的爆款身体乳。直播间人气居高不下，观众们纷纷提出了自己较为关心的问题，有人问身体乳的质地好不好、涂抹后会不会油腻；有人问身体乳的保湿、美白效果；有的人问直播优惠；有的人问直播赠品……

【直播弹幕分析】

1. 关注身体乳质地的观众，可能担心身体乳太稀或太干，主播可取适量身体乳在手心涂抹，向观众直观地展示身体乳的质地。

2. 关注身体乳功效的观众，可能有保湿或美白等需求，主播要重点介绍身体乳的核心功效。

3. 关注直播优惠、赠品的观众，可能只想从直播购物中"捡漏"，属于只要价格足够划算就可能会囤货的人群，主播应同步做好引导。

第3章　善推介

💬 **【主播互动演练】**

主播：家人们，大家下午好呀！大家平时用身体乳吗？小兰以前没有用身体乳的习惯，导致才二十几岁皮肤就开始粗糙了！坚持用××（品牌名）家的身体乳之后，皮肤细嫩了很多，还越来越白了，仿佛恢复到了十几岁时的状态！

弹幕1：我也天天用。

弹幕2：我不太用诶。

弹幕3：我这个人"糙"得很，没管过那些。

主播：那可不行，家人们，尤其是女孩子，一定要好好护肤哦。需要经常外出的，那更要多做保养！当然了，其实不只是女孩子，男生也能用！

主播：××（品牌名）是大品牌，他家的身体乳连续畅销十几年了，是全国千万用户的共同选择，品质有保障，用户更放心！

弹幕4：这身体乳是啥功效的？美白还是保湿？

弹幕5：这款身体乳好不好吸收啊？会不会油腻？

弹幕6：有香味吗？

主播：首先，粉色的这款是带有花香的，闻起来就像是置身于××花园一样，主要成分就是×××和×××，主打的是抑黑和抗氧，经过××（品牌名）家研究中心实验表明，能够在××天左右实现有效美白！第二种就是白色的这款，没有特殊香味，主要成分是×××和×××，主打的是嫩肤和修复，能够很好地补充肌肤水分，修复干裂，唤醒肌肤年轻活力哦！

主播：对了，咱们这两款身体乳都是轻盈易吸收的乳霜质地，涂抹在皮肤上就像是丝绸一样顺滑，完全不会有黏腻的感觉哦！

弹幕7：听起来不错呀！

弹幕8：今天有秒杀活动吗？

弹幕9：有没有赠品？

主播：家人们，这款身体乳是××毫升的，目前直播间的秒杀价是××元一瓶，这个价格非常划算今天在我们直播间下单，拍两瓶发三瓶，仅此一次哦！

主播：家人们，身体乳本来就是消耗品，一年四季、男女老少，全家人都能用，这种东西就得趁有活动时多囤几瓶，今天直播间的优惠价格相当划算！

主播：家人们，身体乳放心囤哟，没什么好犹豫的，这款最近真的已经卖"爆"了！

…………

【互动误区提醒】

1. 主播要根据身体乳的特点和观众所提的问题,直击观众关注的痛点,让观众第一时间就有强烈的购买欲望,但要注意兼顾其他方面的问题,不要让身体乳的受众面变窄。

2. 关于身体乳的成分、功效、含量等问题,主播要真诚介绍,不要弄虚作假,糊弄观众。

3. 不要一直局限于与观众交流,互动到一定程度后,就早点开放购买渠道,免得错过有些不愿意在直播间久留的观众。

3.2.5　情景35：特殊功能化妆品推介

【直播情景再现】

某身体护理化妆品直播刚开播不久,观众陆陆续续进来,纷纷好奇本场直播会销售什么产品。主播小莹见直播间热度还不是很高,介绍完今天推荐的产品——美黑油的基本信息后,就开启了直播间的弹幕抽奖活动,这吸引了不少观众参与其中。随着观众越来越多,公屏上的弹幕也越来越多,但基本上都集中在询问美黑油的成分、功效、使用方法、价格等信息上。

【直播弹幕分析】

1. 直播间观众关注成分,可能是担心美黑油含有害物质或者过敏原,主播要告知观众美黑油的主要成分和安全性。

2. 直播间观众关注功效,可能是想知道美黑油能带来什么效果,主播可展示一些美黑油使用前后的对比图片或视频。

3. 直播间观众关注使用方法,可能是想了解美黑油的用量、频率、注意事项等,主播要详细讲解美黑油的使用步骤和技巧。

【主播互动演练】

主播:欢迎各位进入小莹的直播间,欢迎欢迎!大家来得潇洒走得酷,刷刷礼物显风度,喜欢主播就点点关注!

弹幕1:主播好!

弹幕2:关注了!

主播:家人们,刚才向大家介绍过了,今天推荐的产品是××(品牌名)家的美黑油加晒后护理乳组合装!虽然很多人都喜欢让自己的皮肤白白嫩嫩的,但是喜欢皮肤黑一点的人也不少!尤其是健康的小麦色和炫酷的古铜色皮肤,相信不少家人都喜欢!

(直播间展示一些好看的古铜色、小麦色皮肤模特的照片)

弹幕3:对对对,我就喜欢古铜色肌肉,太帅了!

弹幕4:小麦色最性感!

主播:这样吧,先给大家抽一波奖吧!大家在弹幕上发送弹幕"我想美黑"即可参与抽奖!大家中奖了的话也别忘记把小莹的直播间分享给家人朋友哦!看直播,抽大奖,中奖之后多分享!越分享,越中奖,直播福利一起享!

弹幕5:我想美黑!

弹幕6:我想美黑!

弹幕7:我想美黑!

(进行弹幕抽奖)

主播:哈哈,恭喜这几位中奖的家人,没中奖的也别着急,待会儿还有福利!

主播:好了,接着说美黑油吧!今天的美黑油套装,搭配使用效果更佳。提醒大家哦,美黑油是要配合阳光照射使用的,大家晒太阳前,先在身体想美黑的部位均匀地涂抹上美黑油,然后去太阳下晒30至60分钟就好了,这个时间不确定,但是第一次尝试的时候尽量不要晒太久,免得晒伤了。晒完洗净后再使用套装里的晒后护理乳,如此循序渐进,好看的古铜肤色、小麦肤色就慢慢地出来了!

弹幕8:听着好像很简单。

弹幕9:会不会过敏啊?

弹幕10:多少钱一瓶啊?

主播:家人们,这款美黑油的主要成分是××和××,大量用户数据表明,绝大部分人都不会过敏的,当然了,如果您真的过敏了就要立即停止使用并就医哦!

主播:家人们,这款美黑油官网要×××元一瓶,加上晒后护理乳,那就更贵了,不过大家来小莹这里,肯定不是这个价!我之前说过了,直播间还有福利,这个福利就是全场7.5折！不管您是买1瓶，还是买10瓶统统7.5折！仅限本场直播！

弹幕11：哇，优惠力度很大啊！

主播：当然了，小莹的直播间，没别的，就是真诚！

…………

⚠【互动误区提醒】

1. 主播通过弹幕抽奖的方式引导观众发送弹幕内容时，要注意内容与所推销产品的关联性，不要浪费资源在完全无关的内容上。

2. 主播必须把美黑油的使用方法介绍清楚，并强调美黑是一个循序渐进的过程，千万不可鼓励观众盲目地多涂、多晒。

3. 关于美黑油是否会导致用户过敏，如果主播不确定，就不要给观众特别肯定的答复，在介绍时要留有余地。

▷▷ 3.3 饰品推介

3.3.1 情景36：发饰耳饰推介

【直播情景再现】

某饰品直播间正在热卖一款耳钻，主播小秋正在向观众介绍。小秋将直播间主推的耳钻与另一款外观相似、同价位的耳钻做了外观上的对比，让观众直观地看到两款耳钻在光泽、大小、材质上的差别。同时，小秋从时尚搭配这一角度展开话题，说明耳钻对于提升整体气质的重要性，引起很多观众的强烈共鸣，同时也有一些观众对耳钻的克重很关心，小秋也对此进行了耐心介绍。

【直播弹幕分析】

1. 不少观众在两款耳钻光泽、大小、材质方面的差异上感受不同，说明耳钻的外观是观众比较在意的卖点，主播要好好宣传这一卖点。

2. 很多观众能与"时尚搭配需要好耳钻"这一观点产生共鸣,说明这些观众平时追求时尚,很可能在耳钻这样的时尚单品上进行消费。

3. 有些观众关注耳钻的克重,说明耳钻的克重会影响到佩戴体验,主播除对耳钻克重进行介绍外,还可对耳钻的佩戴时间给出建议。

【主播互动演练】

主播:刚才向大家对比了小秋给大家推荐的"××"系列耳钻和其他同价位耳钻,无论是外观设计还是用料,都绝对称得上良心!

弹幕1:真的很漂亮!

弹幕2:差别也太明显了,主播拿的真的是同价位的耳钻吗?

主播:当然是同价位的啦!但是这里不方便告诉大家品牌哦。今天给大家推荐的这款耳钻,在×××(社交平台)上火了有一阵子了!很多时尚"大V"、网红都戴过这款耳钻哦!

弹幕3:是的,我之前关注的一个美妆博主好像就戴过。

主播:家人们,现在人们的审美水平都提升了,有时候身上不戴个小饰品吧,总觉得差了点"潮味"。我知道,关注我直播间的都是一些年轻可爱的小伙伴们,年轻,就是要绽放自我、舞动青春!前几年不是流行这么一句话吗,再不疯狂我们就老了!

弹幕4:说得好!

弹幕5:我之前打了耳洞,正在苦恼买什么耳钻呢,今天这个正合适!

主播:喜欢就下单吧宝贝!今天小秋推荐的这款耳钻,就是为爱美的你、年轻的你量身定做的!

弹幕6:这个重不重啊,我看还是有点大的。

弹幕7:好像款式有点特殊了,正式场合不太合适吧?

主播:家人们,这款耳钻的重量有×克哦,日常佩戴不会有不适感的。当然了,为了保护耳垂健康,大家可以稍微控制一下佩戴频率,不一定要24小时都佩戴得对不对?

主播:这款耳钻的设计确实比较前卫,家人们如果要去特别正式、严肃的场合,也可以暂且摘下来。但其实搭配得当的话,也不会显得轻佻,大家看(展示搭配图),这样搭配的话,耳钻反而有画龙点睛的作用,大家可以试试哦!

弹幕8:学到了!

主播：今天直播间做活动，原价9××元的耳钻，只需要7××就能带走，立省200多哦！数量有限，大家抓紧抢购哦！

⚠️【互动误区提醒】

1. 主播进行对比展示时，要注意对比的角度和方式，让观众觉得是公平对比，不要对比不同性质的元素。另外，要注意不能透露作为竞品耳钻的具体品牌名。

2. 主播聊时尚搭配等话题时，不要涉及某位具体的人物，以免引起误会。

3. 主播不要限制耳钻的适用范围，遇到观众对适用范围提问的，可介绍一些搭配方法，让耳钻的适用范围变广。

3.3.2 情景37：胸饰颈饰推介

【直播情景再现】

某购物直播平台最近正在做活动，所有饰品区的直播间都会定时发放满减券。某饰品直播间在热卖一款胸针，主播小夏正在向观众展示这款胸针的基本信息。大家纷纷对自己比较关注的方面提出了疑问，有人问胸针的材质是什么，有人问胸针的尺寸是多少，有人问胸针怎么搭配衣服，有人问胸针的价格和优惠活动……

【直播弹幕分析】

1. 关注胸针材质的观众，可能对于饰品的品质有所要求，主播要好好介绍胸针的设计细节和制作工艺，必要时可提供相关的专利证明和检测报告。

2. 关注胸针款式的观众，可能对于时尚潮流有所追求，主播要重点介绍胸针的设计灵感和风格，以及给出一些搭配建议和示范。

3. 关注直播优惠、赠品的观众，可能对于价格比较敏感，属于只要价格足够划算就可能会下单的人群。

【主播互动演练】

主播：家人们，今天是平台促销活动的第一天，所有在关注直播间的家人们，整点都会收到全平台通用的满减券哦!

主播:今天小夏给大家带来一款非常精致的胸针。大家看(镜头特写胸针),胸针的外观是四瓣花哦,通体乳白色,花蕊处是淡黄色的点缀,整体端庄雅致,尽显东方古典艺术之美!

弹幕1:这个胸针是什么材质的?

弹幕2:具体尺寸是多少呢?

主播:×××(观众昵称)××××(观众昵称)两位朋友,欢迎你们!这款胸针是由环保合金加人工晶石制成的哦,精致的同时也很耐用。这款胸针的尺寸是×厘米乘×厘米左右,是正常的胸针尺寸,重量仅为×克,戴起来不会有垂坠感哦!

弹幕3:这款胸针好像只能搭配比较隆重和正式的衣服呀!

主播:我看到有家人担心胸针不好搭配衣服,其实家人们完全不用担心,这款胸针是非常百搭的,并不一定要搭配很正式的衣服哦。大家搭配职业装、连衣裙、小外套等都是可以的!我给大家看几个搭配案例(用图片展示搭配案例),我相信肯定有比我更懂时尚的小伙伴,你们可以自己想怎么搭配就怎么搭配!

弹幕4:这款胸针多少钱呀?

弹幕5:搭配得不错呀!

弹幕6:抢到的满减券可以用来买这款胸针吗?

弹幕7:做活动的东西不会是次品吧?

主播:家人们,怎么可能是次品。所有胸针的包装盒上都有防伪标识,和大家去官网买的是一样的!正好马上就是整点了,大家注意看平台的通知哦,只要关注了直播间,就可以领到满减券!这款胸针在直播间的优惠价是×××元一枚哦!叠加今天的满减券,只要×××元就可以到手啦!价格是品牌方定的,是有点高!折扣是直播间给的,还真不少!实惠是家人们拿的,你要不要?

弹幕8:用券后好像还蛮划算的。

主播:是的,家人们别犹豫,直播间胸针数量有限,先下单先得!

…………

⚠ 【互动误区提醒】

1. 主播在介绍胸针时,不要只说自己觉得好看或者好用的地方,要考虑到不同观众的喜好和需求，注意使用更加客观、多元、包容的语言。

2. 主播在介绍优惠活动时，要将活动方案和时间限制等介绍清楚，不要让大家觉得降价让利活动会影响到胸针的品质。

3. 主播在回答观众问题时，要真诚、客观。

3.3.3　情景 38：肩饰腰饰推介

【直播情景再现】

某潮流饰品直播间正在热卖一款女式腰链，主播小彤在向观众介绍腰链的基本信息。直播间观众很多，观众除关心腰链的外观、材质、尺寸等基本信息外，还对腰链的搭配技巧、适用场合、坚韧度等信息感兴趣。

为了方便观众观察，小彤特意安排了几个模特，让她们把腰链搭配在不同风格的服装上，展现出腰链的不同搭配方法，引得观众纷纷叫好。

【直播弹幕分析】

1. 观众关心腰链的材质，可以侧面反映出其对腰链质量、档次的要求，主播要注意介绍腰链的主要用料、制作工艺等内容。

2. 观众关心腰链的尺寸，可能是担心腰链不适合自己的腰围，主播可重点介绍一下这款腰链调节方便的特点。

3. 观众询问腰链的搭配技巧，主播可现场请助理、模特等进行演示，向观众展示搭配技巧与效果。

【主播互动演练】

主播：欢迎各位朋友进入直播间，今天小彤给大家推荐的是一款女式腰链哦，大家平时会用到腰链吗？

弹幕 1：我倒是会用。

弹幕 2：我有，但是不经常用。

弹幕 3：我感觉有点显眼了，不知道怎么搭配。

主播：明白了，家人们，看来大家还是有一定需求的，但可能选不准适用场合，或者不知道怎么搭配。其实腰链的适用场合非常广泛，不管是工作还是娱乐，抑或是参加聚会、日常出街，只要搭配得当，都有腰链的用武之地哦。

弹幕4：那具体怎么搭配比较好呢？

弹幕5：是呀，光说也不管用啊！

主播：好的家人们，你们说得对！你们的要求，就是我们的追求；你们的脾气，就是我们的福气！今天我邀请了几名小姐姐，都是专业的模特，待会她们会穿上不同风格的服装，来搭配我们今天推荐的腰链，稍后你们可要好好看哦！

弹幕6：快快呈上来！

（模特展示中……）

弹幕7：学到了，模特小姐姐们搭配得都好好看！

弹幕8：看来还是有点看身材，得腰细才好看啊！

弹幕9：不然咋叫腰链呢！

主播：哈哈，大家都看清楚了吧？腰链的搭配方式有很多的！

弹幕10：主播主播，这个腰链是什么材质的？

弹幕11：长度可以调节吗？我腰有点粗啊。

主播：别慌家人们，这款腰链非常好调节，我给大家演示一下（镜头特写），腰链的尾链任意一环都可以像这样勾起来，就可以达到调节长度的目的哦！

主播：大家也看到了，这款腰链一面是黑色、一面是白色，双面都可用的哦。使用的材料是合金，采用了滴釉工艺，质感非常好。去年的衣服可能配不上今年的你，但是加上这款腰链，那就不一定了！

弹幕12：什么价格，有没有折扣？

弹幕13：说吧，多少钱？

主播：家人们，为了感谢大家长期以来的支持，这款腰链本场直播福利价仅×××元一条，喜欢的别错过哦！

…………

⚠【互动误区提醒】

1. 主播请模特展示腰链搭配时，要确保模特的着装、动作符合平台要求，不能衣着暴露、动作轻浮，甚至违反公序良俗和平台规定。

2. 关于腰链的材质和工艺，主播要提前了解，不要在回答观众问题时出错，让内行人看笑话。

3. 主播回答观众问题时要做到热情、礼貌、真诚，不要敷衍或欺骗观众。

3.3.4 情景 39：手饰脚饰推介

【直播情景再现】

某时尚饰品直播间正在热卖一套情侣手链套装，主播小雨先和观众聊了一会儿恋爱话题，然后适时向观众展示情侣手链，这让非常多感兴趣的观众积极参与讨论。有些观众表示自己没对象，甚至直接在直播间聊起了对象话题；但更多观众的注意力都集中在手链本身，他们非常关注手链的价格、材质、防水性能、颜色等信息。

【直播弹幕分析】

1. 有些观众在直播间刷屏"找对象"，若未影响直播间的正常运转，主播可不对其进行干预，这可能会成为直播间吸引人的一大特点。

2. 观众关注手链的价格、材质、防水性能、颜色等信息，他们可能想要对手链有深入了解，在期待主播对手链进行详细介绍。

3. 弹幕上还有一些由恋爱话题展开的其他发言，主播可适当回复，但注意不要过多关注。

【主播互动演练】

主播：家人们晚上好！欢迎来到小雨的直播间！

弹幕1：小雨晚上好！

弹幕2：主播真漂亮！

弹幕3：我等半天了！

主播：欢迎欢迎。刚才在和闺密聊天，帮她想过生日给她男朋友送什么礼物，耽误了几分钟。

弹幕4：哼，主播有闺密就忘了直播间的我们！

弹幕5：主播最后确定了送啥？我也要给男朋友送礼物！

主播：哈哈，不好意思，为了表示歉意，小雨给大家唱首歌好不好？

弹幕6：好好好，我最喜欢听小雨唱歌。

弹幕7：众所周知，小雨其实是个才艺主播。

主播：哈哈，大家别笑话我了。这样吧，给大家唱一首《×××》吧！

（主播唱歌中）

弹幕8：好听！

弹幕9：这首歌好甜！

主播：好了，家人们，该进入正题了。刚才不是有家人说要送礼物吗？其实今天小雨推荐的产品就很适合各位姐妹送男朋友！大家看，今天小雨给大家带来的是一套情侣手链，菱形的盾牌结合心形镂空设计，寓意着"爱的守护"！

弹幕10：挺好看的！什么材质的？

弹幕11：好闪啊，是有钻石吗？

主播：哈哈，这手款链采用的是999足银材质，不易过敏，易过敏皮肤也能放心佩戴！这个闪闪的东西是皓石哦，经过精密切割和镶嵌，确保颗颗璀璨！

弹幕12：真是足银吗？

弹幕13：看着很高端，多少钱呀？

主播：家人们，当然是足银啦，买手链会附赠鉴定证书哦！品质完全有保障！除此之外，这款手链还采用了加厚电镀工艺，让手链不易氧化，持续保色；再配合贴心延长链设计，手工无缝镶嵌，超声波镜面抛光，让手链无惧尺寸不合，牢固不掉面儿，光滑圆润、触感细腻！

弹幕14：所以很贵吧？

主播：家人们，贵不贵是看品质的。正所谓真金不怕火炼，这么好的手链，原价×××元一套，今天直播间有折扣，打完折后的价格是×××元哦！执子之手，与子偕老；甄选纯银，相知相守；璀璨皓石，闪耀爱情！

弹幕15：上链接，买买买！

…………

⚠ 【互动误区提醒】

1. 主播如果选用恋爱话题带入直播正题，要注意不能宣扬、倡导不正当的恋爱观。

2. 主播不要沉迷于与观众聊恋爱话题，要时刻记住介绍手链，促进成交才是主要任务。

3. 关于手链的材质、工艺、寓意等，主播要提前做足功课，确保在直播时能张口就来，不能出现说错、卡壳等失误。

3.3.5 情景 40：挂饰推介

【直播情景再现】

某装饰用品直播间正在热卖几款桃木挂饰，主播小贝见开播后观众不多，便先开启了一轮抽奖。吸引更多的观众驻留直播间后，小贝重点介绍起了桃木挂饰产品。小贝注意到，观众的疑问主要集中在挂饰是否有香味、有何寓意、具体材质等方面。

【直播弹幕分析】

1. 针对挂饰是否有香味、是否对身体有害、能否提神这一类问题，主播要明确表示这款桃木挂饰没有味道，也不具备提神功能，同时可以抽出一些时间推荐直播间其他有香味的挂饰。

2. 有些观众关注挂饰的寓意，主播可根据挂饰的不同款式分别进行介绍。

3. 有些观众关注挂饰的具体材质，主播可详细介绍挂饰不同结构处的具体原料，让观众胸中有数。

【主播互动演练】

主播：好了，第一轮抽奖结束了，恭喜各位中奖的朋友！新来的朋友们，给小贝点点关注呗！鲜花刷一刷，点赞走一走。××（直播间简称）不倒，陪你到老！

弹幕 1：谢谢主播，我中奖了！

弹幕 2：关注了！

弹幕3：今天小贝带来什么产品？

主播：家人们，今天小贝推荐的是几款桃木挂饰哦（镜头特写），有"出入平安""黄金万两""步步高升"三个款式可选，非常适合大家放在车厢、书房等地方，讨个好彩头！

弹幕4：全部都是桃木的吗？

弹幕5：那绳子和穗子是什么材质的？

弹幕6：有没有香味？能提神吗？

主播：家人们，这个是纯装饰用的挂饰哦，没有香味也不能提神。大家如果想买香薰类挂饰，可以去8号链接看看哦！

主播：今天推荐的这款挂饰，设计非常中国风，其寓意结合不同款式文字一眼便知，比如这款"出入平安"，就寓意着高高兴兴出门、平平安安回家。这款挂饰的木牌部分是桃木材质的哦；上面这个中国结，用的是黄铜；这些点缀，用的是红玛瑙。挂饰全长约35厘米，穗子长约15厘米，还有绿穗、红穗、藏青穗三种颜色的穗子可选！

弹幕7：不错不错！

弹幕8：我要"步步高升"！

弹幕9：我要"出入平安"！

弹幕10：这个多少钱一条？

主播：家人们，小贝给大家推荐的都是性价比高的产品哦！这个挂饰原价××元一条，本场直播限时优惠，立减30元！因此大家用××元的优惠价就可以带走了哦！机会不是天天有，福利等不了太久，该出手时就出手，主播下播就没有！

…………

⚠【互动误区提醒】

1. 主播开播时的抽奖不要占用太长时间，奖品也不要设置得太丰厚，能起到调节气氛、打开局面的作用即可。

2. 如果挂饰没有观众所需要的某项功能（如提神），主播不要强行夸大挂饰的功能，抑或是强行无中生有式地宣传，主播可设法为其他产品引流，或直接诚恳地告知观众挂饰没有相关功能。

3. 主播要将挂饰的材质、寓意等信息介绍清楚，不要模棱两可或者胡编乱造。

3.4 产品演示

3.4.1 情景 41：现场试用演示

【直播情景再现】

某美发用品直播间正在销售一款卷发棒，主播小蔚根据自己的亲身经历，向直播间观众讲述卷发棒的使用方法。为了提升直播效果，小蔚还进行了现场试用演示，以提高卷发棒的成交率。

直播间观众也纷纷表达了使用卷发棒时，经常遇到卷发棒温度不稳、卷发效果不持久、卷发过程中易伤发等问题。

【直播弹幕分析】

1. 观众对卷发棒的熟悉程度是不一样的，有的可能经常使用，有的可能从未用过，针对从未用过卷发棒的观众，主播要展示出卷发棒简单易操作的特点。

2. 针对观众提到的卷发棒温度不稳定、卷发效果不持久、卷发过程中易伤发等问题，主播可进行现场试用演示，打消观众的疑虑。

3. 直播间会不断有观众加入或离开，因此已回答的问题可能会不断重复出现，主播可把卷发棒的卖点、价格、优惠情况等信息用图片、文本等形式呈现在直播间，让观众一看便知。

【主播互动演练】

主播：刚才已经根据我亲身经历和大家说过卷发棒的用处啦！欢迎各位新来的朋友！欢迎欢迎，新来的朋友给小蔚点点关注嘛！订阅没有点，感情走不远，关注没有上，永远在闲逛！

弹幕 1：最喜欢小蔚！

弹幕 2：666。

主播：谢谢大家，咱接着说哈。想必大家也猜到了，今天我给大家带来的是一款超棒的美发神器，就是这款××品牌的新款卷发棒啦！这款卷发棒可不得了，在外形上可谓"小身材，高颜值"；功能上，更是不含糊，不仅能××秒速热，还能直卷两用!

弹幕3：我一直想要卷头发，但是不会用卷发棒。

弹幕4：我也是，每次去美发店都要花好多钱。

弹幕5：我有一款卷发棒，但是每次用完头发都很干燥。

主播：家人们放心，这款卷发棒真的简单易操作。它有三个温度挡位，你可以根据自己的头发质量和卷度需求选择合适的温度，再搭配它的智能恒温系统，可以保证每一缕头发都受到均匀的加热。另外，这款卷发棒还采用了陶瓷涂层技术，可以减少对头发的摩擦和损伤，让你的头发更加光滑。

弹幕6：听起来不错哦!

弹幕7：真的有这么好吗?

弹幕8：能看看效果吗?

主播：当然可以啦! 口说无凭，我这就给大家现场展示一下这款卷发棒的厉害之处!

（主播试用中）

弹幕9：哇，看起来真的很好用诶!

弹幕10：你的头发好漂亮啊!

主播：大家看，这款卷发棒不仅好用，还十分省时省力，只需要几分钟就可以打造出全头卷发。使用后，不但不会导致头发出现分叉、断裂、掉色等问题，而且卷发效果可以持续一整天，不用担心头发失去弹性! 真可谓轻便好用不伤发，极速做出好造型!

弹幕11：我觉得不错，先买来试试再说!

…………

⚠ 【互动误区提醒】

1. 主播可通过现场试用向直播间观众展示卷发棒的使用效果以增强说服力，但注意要提前设计好发型，不要在直播时做出过于浮夸、异类的造型。

2. 主播可结合亲身经历向观众讲解卷发棒的好处，用来作为介绍卷发棒前的预热活动，但要注意点到为止，不要把暖场环节拖得太久，要及时把产品呈现给观众，正式开始介绍。

3. 主播进行现场试用的时候，要注意说与做的结合，不要只试用不讲解，影响直播气氛，导致冷场。

3.4.2 情景42：竞品对比演示

【直播情景再现】

某美妆用品直播间正在销售一款遮瑕膏，主播小琳正在向观众介绍这款遮瑕膏的特点。见直播效果不佳，小琳又在镜头前摆上一款其他品牌的遮瑕膏（提前遮挡了该品牌标识），将其与自己推荐的遮瑕膏进行对比，并介绍二者之间的区别。

这种对比吸引了更多观众观看，直播间观众逐渐变多，同时也有不少观众对遮瑕膏表示好奇：遮瑕膏真的能遮住痘印、黑眼圈吗？会不会显得妆感重？会不会堵塞毛孔？持妆度怎么样？有没有更多的颜色选择？……

【直播弹幕分析】

1. 通过对比后，直播间观众变多，说明对比是一种不错的直播形式，主播可在直播中不断丰富和完善产品与竞品对比的形式与角度。

2. 观众好奇遮瑕膏的遮瑕效果（如是否能遮住痘印、黑眼圈等），说明观众可能有这方面的需求，这是一个营销的好机会，主播要抓住这点来引导观众下单。

3. 观众关心遮瑕膏的妆感、持妆度、颜色选择等问题，主要在考虑产品的综合性能和适合度的问题，主播可在介绍时从产品的优势和特点这两个角度出发，体现自己推荐的遮瑕膏是物有所值的。

【主播互动演练】

主播：欢迎各位家人来到小琳的直播间！几小时不见甚是想念啊！看小琳给大家带来了什么好东西（镜头特写遮瑕膏）。

弹幕1：啥玩意儿啊这是？

弹幕2：哦，原来是遮瑕膏啊。

弹幕3：我最需要这个了！

主播：是的家人们，这就是我今天要向大家"种草"的美妆神器——××（品牌名）牌的新款遮瑕膏啦！这是一款三色遮瑕膏哦，三色魅力，一盘搞定，面面俱到！

弹幕4：真的有这么好吗？

弹幕5：能看看效果吗？

第 3 章 ▶▶ 善推介

弹幕 6：我有一款遮瑕膏，但是每次用完皮肤都感觉很干燥。

主播：当然可以啦！为了让大家心服口服，我今天还准备了另一款普通的遮瑕膏来做个对比！

弹幕 7：这个办法好。

弹幕 8：快开始吧！

主播：大家看啊，这款普通的单色遮瑕膏，我在左脸上给大家试用一下（使用普通遮瑕膏进行演示）……，大家发现没有，普通的遮瑕膏要用很多才能遮住瑕疵，看起来妆感有点明显。最主要的是，由于是单色的，选择单一，这款普通遮瑕膏没办法适用于所有肤色，涂在我脸上就显得厚重、假白。

弹幕 9：确实。

弹幕 10：我自己的用着也是这样。

主播：我再在右脸上用咱们推荐的 ××（品牌名）牌的新款遮瑕膏试试（使用直播间推荐的遮瑕膏进行演示）……，大家看！只用了一点点哦，痘印、黑眼圈、雀斑等肌肤瑕疵全被遮住了，没有一点卡纹！由于有三个颜色可以选，我可以在遮瑕的同时，实现更加柔和的叠加使用以及更加自然的提亮肤色！

弹幕 11：效果确实不错。

弹幕 12：不知道持不持久？

主播：大家放心，这款遮瑕膏的遮瑕效果可以持续一整天，不用担心脱妆！不像我左脸上的普通遮瑕膏，一出汗或者一沾水就会掉色（喷点水雾在左脸向观众演示普通遮瑕膏易脱妆的缺点）。

弹幕 13：那这个遮瑕膏也更贵吧？

主播：确实比普通遮瑕膏贵一点哈，不过家人们别担心，今天小琳是带着福利来的！所有遮瑕膏都 8 折销售哦！

弹幕 14：那还等什么，我先抢了！

主播：谢谢大家的支持，真是应了那句话，"山外青山楼外楼，我的观众就是牛"！

…………

⚠【互动误区提醒】

1. 主播在对所推产品与竞品作对比的时候，除有特殊情况的，一般不得透露竞品的具体品牌名，要摘除或遮挡竞品的品牌标识，避免引起不必要的纠纷。

2. 主播对自己推荐的遮瑕膏和竞品遮瑕膏进行对比介绍的时候，要保持客观，重点体现产品之间的差异，不可过分夸大自己推荐的遮瑕膏的优点，也不可对竞品遮瑕膏进行不合实际地贬低。

3. 主播对比的时候，要注意对比角度的统一性和合理性，不能把两个产品的不同方面进行比较，比如，把自己推荐的遮瑕膏的遮瑕效果和竞品遮瑕膏的颜色进行比较。

3.4.3 情景43：消费者现身演示

【直播情景再现】

某化妆品直播间正在销售一款颈纹霜，主播小芽已对颈纹霜的基本信息进行了介绍，但直播间观众纷纷质疑颈纹霜的效果。

为了打消观众疑虑，小芽邀请了一名长期使用同款颈纹霜的消费者，在现场通过照片、视频等证据来说明坚持多年使用颈纹霜的效果。这消除了一部分观众的疑虑，同时也吸引了更多观众观看。公屏上仍有不少观众提出各种疑问，会不会有副作用？用多久才有效果？其他部位能用吗？……

【直播弹幕分析】

1. 观众质疑颈纹霜的效果，是因为颈纹霜的效果不是立竿见影的，需要长期使用才会有效果，主播可通过一些消费者案例来获取观众信任。

2. 消费者现身演示后，消除了部分观众的疑虑，但仍有观众担心颈纹霜会有副作用，主播可从颈纹霜的成分这一角度出发来说明颈纹霜没有副作用，也可出示一些权威机构的鉴定报告。

3. 倘若还有观众关注颈纹霜的见效时间、使用部位等问题，主播要耐心解答。

【主播互动演练】

主播：欢迎各位朋友进入直播间！大家来了就不许走了哦！来得潇洒走得酷，刷刷礼物显风度，喜欢主播就点点关注！

弹幕1：主播真会说话。

弹幕2：小词儿一套一套的。

弹幕3：来了来了。

主播：哈哈，谢谢大家夸奖。家人们，大家一般会把气质出众的女孩子形容为"一只高贵的白天鹅"，大家想想，"白天鹅"有什么特点？

弹幕4：白的。

弹幕5：脖子长！

主播：是的家人们，白天鹅之所以优雅，它们纤长白净的脖子功不可没！其实我们人也一样，颈部护理得好，能够明显提高颜值哦！但是很多人往往会忽略对颈部的护理，导致颈部随着年龄的增长出现如暗沉、干燥、粗糙、颈纹明显等问题。

弹幕6：是诶，平时几乎不会想着去护理脖子。

弹幕7：我听说脖子比脸老得都快！

主播：是的家人们，真不是危言耸听，颈部护理非常重要！所以今天小芽就给大家带来了××品牌的颈纹霜，帮大家解决颈部护理的问题！

弹幕8：颈纹霜，能去颈纹的？

弹幕9：效果咋样？

主播：这款颈纹霜，可以解决颈部肌肤的颈纹、暗沉、干燥、粗糙、松弛等问题，只需三步，简单使用、轻松吸收，让你不再因颈纹暴露年龄！

弹幕10：我咋不信呢。

弹幕11：确实，总不可能一抹就把颈纹去除了吧？

主播：当然没那么容易啦，家人们，颈部护理是一条漫长的道路哦！效果不可能立竿见影的。我今天特意邀请了一名长年坚持使用这款颈纹霜的消费者周女士，大家一看便知！

（主播邀请消费者上镜）

消费者：哈喽大家好，我是周女士！我使用这款颈纹霜5年了，从我26岁发现自己有一些颈纹开始，一直坚持用到现在，大家看效果还是很显著的，现在我的颈部肌肤状态比很多同龄人的好多了！

弹幕12：看着是年轻。

弹幕13：她可能以前根本没有颈纹，这不能证明什么！

消费者：大家别急哈，我今天准备了很多照片和视频，都是我使用颈纹霜以来坚持记录的。大家看（给观众看照片和视频），以前虽然岁数小，但是因为工作比较辛苦，颈纹其实还是蛮多的。从坚持使用这款颈纹霜以来，颈纹慢慢消失了，颈部肌肤还变得更加光滑、细嫩。大家看我和朋友的合照，都是同龄人，我的状态是不是要好很多？

弹幕14：好像是真的诶。

弹幕15：看样子要坚持使用才有效果！

主播：是的家人们，颈部护理见效没那么快的，大家需要长期坚持。一般来说坚持两三个月就能初步见效。但随着年龄增加，咱们的皮肤状态会不可避免地越来越差，所以就更需要长期使用咯！

弹幕16：知道了，看来我要多买几瓶！

主播：咱们这款颈纹霜的官方售价是×××元，今天周女士做客直播间，是个特别的日子，那就给大家送一波福利好不好！

弹幕17：好好好！

…………

【互动误区提醒】

1. "消费者现身"其实就是一种邀请直播嘉宾的形式，主播要在前期做好消费者选择，直播过程中要和消费者密切配合，不要失去对直播节奏的掌控。

2. 主播不能夸大颈纹霜的效果，要根据产品特点选择介绍词，千万不要用"见效快""立竿见影"等词汇来介绍颈纹霜。

3. 面对观众对颈纹霜的质疑，主播不要激动，根据事先设计好的脚本进行直播即可。若无理取闹、盲目猜测、无关内容等类型的弹幕实在太多，主播要及时请助理根据直播平台规则进行处理。

3.4.4 情景44：主播佩戴演示

【直播情景再现】

某古风首饰直播间正在热卖一款古风耳环，主播小青从短视频打开了话题，和观众聊古风、聊文化、聊设计。此外，小青还给观众介绍了一些古风耳环的常见搭配技巧，并请直播间一名主播现场进行了佩戴演示，把直播变成了一场"古风秀"，一时间吸引了很多新观众进入直播间，弹幕飞速刷新，直播间热度空前。

【直播弹幕分析】

1. 观众的活跃可能是受"古风秀"吸引，主播要抓住时机转移观众注意力。

2. 有很多新观众进入直播间，主播要对古风耳环进行重复介绍，最好编一些广告语，让新观众有兴趣、老观众不厌烦。

3. 弹幕刷新快，主播可能来不及看清，因此可在直播间将古风耳环的关键信息用文字或图片等形式展现出来，循环播放。

【主播互动演练】

主播：各位家人，你们好呀！小青又来给大家推荐好东西啦！新进来的朋友，给小青点个关注嘛！万水千山总是情，咱家家人最热情。点个关注不迷路，主播绝对没套路！

弹幕1：姐姐我来啦！

弹幕2：小青今天推荐什么？

弹幕3：咋还作起诗来了，今天你要"成仙"啊？

主播：哈哈，你别说，今天推荐的东西，还真和古诗有那么点关系哦。我最近刷××视频的时候，就看到了一款非常好看的古风耳环。经过我和工作室的努力，本直播间和×品牌达成了合作，拿到了××件好看的古风耳环，今天推荐给大家！

弹幕4：拿出来给看看！

弹幕5：对对对，先瞅瞅再说！

主播：不急不急，让小青先卖个关子，大家做好准备了，今天给大家准备了特别节目！

弹幕6：还有节目？

主播：当然了，灯光音乐准备就绪，大家别眨眼！

（主播上演"古风秀"）

弹幕7：哇！还有表演？

弹幕8：666！

弹幕9：主播姐姐好好看！

弹幕10：她戴的耳环我好喜欢！

…………

主播：走过南闯过北，认识大家不后悔！不服山不服水，就服粉丝这张嘴！好看吧，喜欢吗？主播身上戴的耳环，是××平台上很有名的一位独立设计师设计的哦。该设计师也是一名小姐姐，一直坚持原创，用首饰说故事。这款耳环前阵子已经在古风圈"刷爆"了！

弹幕11：我也刷到过！

弹幕12：确实好看！

主播：哈哈，家人们别急，待会马上就上链接了。同时大家留意下弹幕上的滚动信息，上面有客服的联系方式，关于质量、款式、尺码等问题，都可以找客服细聊哦！

弹幕13：助理小姐姐再来一遍表演！

弹幕14：对对对！我还要看！

主播：别急嘛家人们，待会还有表演，不过需要家人们的双手支持哦！大家多刷刷弹幕、送送免费小礼物，更重要的是，给小青冲冲销量！直播间每增加×万热度值或者成交量每增加××件，表演就会返场！

弹幕15：还等什么，冲冲冲！

…………

⚠️【互动误区提醒】

1. 主播向观众介绍表演秀时，不要直接说出产品，避免显得毫无悬念，最好让表演秀先开始，结束了再进行产品的具体介绍，适当利用一下观众的好奇心。

2. 表演秀的设计要符合平台规范，要注意尺度，避免低俗。

3. 主播不要无条件地满足观众的要求，要设置一些门槛，引导观众积极发言，提升直播间热度，从而实现更高的成交率。

3.5 产品推介 3 类经典语句

3.5.1 描述类经典语句

【经典语句 1】

天然的精华,永恒的美丽!一花一世界,一滴一片情!

【经典语句 2】

花香舞动轻快盈盈,佳人留恋妩媚依依。××香水,点滴魅力,无法抗拒!

【经典语句 3】

简约设计,轻盈灵动。足金材质,匠心打造。基于百年传承,辅以现代工艺。引领国风潮流,彰显古都底蕴!

3.5.2 功效类经典语句

【经典语句 1】

珍草名方一体验,皱斑痘黄全不见!

【经典语句 2】

科学抗氧化,焕亮、修红、弹润,三位一体,一片到位!

【经典语句 3】

××面霜真奇妙,锁湿亮白有一套!精粹天然的珍草,助你越活越出挑!

3.5.3 演示类经典语句

【经典语句1】

真金不怕火炼，好品不怕检验，××足金项链，品质肉眼可见！

【经典语句2】

一排二擦三收缩，黑头消除无痕，鼻尖闪亮动人！

【经典语句3】

不比不知道，一比吓一跳！××润肤膏，修复皮粗糙，乳化技术好，质地很轻薄，全身能用到，谁用谁知道！

3.6 产品推介2类句式总结

3.6.1 FABE句式

1. 这款____（化妆品产品）采用了____技术（特点），能够____（优势），有效地抑制____（优势），让您的肌肤变得____（好处），同时也能增加____（好处）。不信您看这张对比照片（证据），这是我使用前后一个月的效果（证据）。

2. 我们的____（化妆品产品）使用了____（技术/成分），能够有效阻挡____（优势），保护您的肌肤免受____（好处），同时也能____（好处）。评论区有老顾客反馈的照片/视频（证据），大家可以去参考参考。

3. 这款____（化妆品产品）创新性地提取了____的植物精华（特点），使得所有____（化妆品产品名）都更加____（优势）。另外，得益于成分上的升级，所有的____（化妆品产品名）都能够更好地____（优势），长期使用有____的效果（好处）。我连续使用几个月了，现在我的肌肤变得更加白皙、水嫩（证据）。

3.6.2 NFABI 句式

1. 我相信每个人都想拥有白皙透亮的肌肤（需求），所以____（主播昵称）今天给大家推荐一款超级好用的____（化妆品产品）。大家可能不知道，____（化妆品品牌名）家的这款____（化妆品产品）采用了自研的全新____技术（特点），相比其他美白产品能够更加____（优势），有效地抑制____（优势），让您的肌肤____（利益），同时也能增加____（利益）。这款____（化妆品产品）真的太神奇了！你的肌肤想焕然一新，必须有它（冲击）！

2. 你是否担心皮肤因为污染和紫外线而变得____（需求）？你是否想要拥有一个____（需求）？那么，你一定要试试我们的____（化妆品产品），它富含____（特点），可以为你的皮肤提供____（优势）。使用我们的____（产品），你可以____（利益）。现在就扫描二维码，关注我们的微信公众号，获取我们的____（产品）的试用装和____（冲击）。让我们的____（化妆品产品），为你的肌肤带来水光美丽吧（冲击）！

3. 你是否想要拥有迷人的____（需求）？你是否想要在人群中____（需求）？那么，你一定不能错过我们的____（化妆品产品），它是一款____（特点）的产品，可以为你的嘴唇打造出____（优势）。使用我们的红唇膏，你可以____（利益）。无论是工作还是约会，你都可以轻松搭配任何服装和妆容，展现你的____（利益）。现在加入购物车，选购____（化妆品产品），享受____（冲击）！

第 4 章

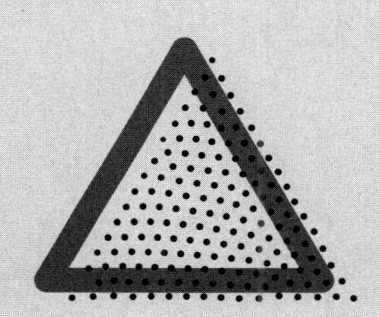

勤互动

4.1 美容话题

4.1.1 情景 45：美容新知识

【直播情景再现】

某美容护肤品直播间正在销售几款眼霜产品，主播小莱在向观众展示其中一款含有鱼子精华成分的眼霜。大家感到很新奇，纷纷发弹幕询问自己关心的问题，有人问鱼子精华是什么，有人问这款眼霜能不能消黑眼圈，有人问这款眼霜的保质期是多久……

【直播弹幕分析】

1. 询问鱼子精华是什么的观众，一般会比较好奇这个成分的来源和作用。他们可能从未听说过或者不太了解这种美容营养成分，主播需要利用这个机会，引导观众将注意力往产品上转移，调动直播间气氛，提高直播间人气。

2. 询问这款眼霜能不能消黑眼圈的观众，应该是自己有黑眼圈等相关问题的困扰，会比较关注这个产品的功效，主播需要抓住重点进行讲解。

3. 询问这款眼霜保质期是多久的观众，可能在日常生活中使用眼霜的频率不高，但又有需求且愿意消费高品质的产品，他们会比较关注眼霜的保存方法和使用期限，主播要理解他们的想法，再进行针对性介绍。

【主播互动演练】

主播：欢迎！欢迎所有新进我们直播间的朋友们，非常欢迎大家！

主播：我今天给大家带来的这款眼霜，是含有珍贵的鱼子精华成分的×××（品牌名）高端眼霜，咱们每一瓶眼霜都是经过国家权威机构检测和认证的，都有鉴定证书！

主播：我敢向大家保证，100% 官网正品！假一赔十！

弹幕1：鱼子精华成分是什么？

弹幕2：鱼卵？

主播：我看到×××宝宝在问鱼子精华是什么，我现在就给大家讲解一下这个美容知识点啊！

主播：鱼子精华就是从×××鱼卵中提取出来的一种珍贵的营养物质，它含有丰富的蛋白质、氨基酸、维生素、矿物质等成分。可以说，鱼子精华成分是近些年高端美容护肤品的新宠！

主播：这些成分可以有效地滋养和修复眼部肌肤，紧致眼部肌肤、提升肌肤的光泽！

弹幕3：能不能消黑眼圈？

弹幕4：淡化因熬夜导致的黑眼圈，效果好不好？

主播：看来有不少宝宝都很关心这款眼霜能不能去黑眼圈，我可以说，咱们可以放心，没问题！只要坚持使用，淡化黑眼圈的效果是很明显的！

弹幕5：真的假的？

弹幕6：我不信。

主播：为什么我敢这么说呢？其实黑眼圈大多数是由于眼部皮肤血管血流速度过于缓慢，造成眼部色素沉着，如果我们想要消黑眼圈，就要促进眼部血液循环和代谢。

主播：这款含有鱼子精华成分的眼霜正好可以做到这一点！它可以有效激活眼部皮肤微循环系统，通过促进血液流通和加速代谢帮助淡化黑眼圈，让眼睛更加明亮有神！

弹幕7：适合什么年龄段的人使用？

主播：我看有宝宝问这款眼霜适合什么年龄段的人使用。这款眼霜非常温和，不含任何刺激性的成分，所以无论什么年龄段都可以放心使用！

主播：年轻的宝宝们，你们可以用它来预防眼部老化，保持眼部肌肤的紧致和弹性；跟我一样成熟的姐妹们，你们可以用它来改善眼部问题，如黑眼圈、眼袋、细纹等，让眼睛更加年轻有活力！

弹幕8：保质期多久？

主播：咱们家这款眼霜的保质期是3年，主播建议大家在开封后的六个月内用完哟！因为这款眼霜是不添加任何防腐剂的，所以要注意保存，避免阳光直射和高温环境下存放。

弹幕9：看起来包装挺高级。

主播：那是肯定的！家人们，咱们这款×××（品牌名）眼霜是高端产品，不管你是自己用还是送朋友，都是十分拿得出手的东西！

主播：再过2分钟，咱们直播间会发放独家品牌优惠券，这是其他地方根本领不到的优惠，家人们抢券后可以直接去清空购物车！

主播：大家抓紧时间，2分钟后咱们准时开抢！×××（品牌名）高端眼霜×××元秒回家！

…………

⚠【互动误区提醒】

1. 主播在介绍美容知识的时候，一定要围绕眼霜产品进行软营销，不能绕了半天圈子，绕不回销售这个重点。

2. 主播在介绍眼霜时，不要夸大事实或虚构不实信息宣传眼霜的效果。

3. 主播在向观众讲解眼霜成分或回答观众问题的时候，不能信口开河，甚至为了销售做不合理承诺。

4.1.2　情景46：美容新趋势

【直播情景再现】

某美容护肤品直播间内，主播小兰正在向观众介绍一款爽肤水。她拿着爽肤水，向镜头展示瓶身的文字内容，然后倒出一些爽肤水在手心，轻轻拍打到脸上，向观众展示爽肤水的效果。公屏上大家都在讨论爽肤水的效果如何，有人问成分，有人问保质期，有人问香味，有人询问吸收度，有人询问上脸涂抹后的效果……

【直播弹幕分析】

1. 询问爽肤水成分的观众，他们一般比较注重护肤品的安全性和功效，需求更加细化，主播可以先了解他们的肤质和护肤需求，再提供针对性建议。

2. 询问保质期的观众，他们可能日常的使用量不大，但使用时间较长，也可能是想要囤货。

3. 询问吸收度和效果的观众，通常比较担心爽肤水上脸会不会油腻、干燥，可能有淡化肤色或改善肤质的需要。

【主播互动演练】

主播：大家好啊！直播间里有多少家人？大家发发弹幕，女生扣一波"1"，男生扣一波"2"让我看看！

弹幕1：111，今天卖什么？

弹幕2：我是男生，主播好漂亮。

主播：来我直播间的都是精致的男孩女孩，大家平时肯定都是美容达人，那家人们知不知道现在最新的美容护肤趋势是什么？

弹幕3：裸妆？

弹幕4：素颜？

主播：很接近了！美容护肤新趋势的关键词是"重视健康美"，这个词有很丰富的含义，比如"通过抗发炎来避免皮肤功能障碍""少即是多的皮肤护理概念""持续防晒"等。

弹幕5：白幼瘦还是主流啊！

弹幕6：我个人喜欢健康美，整天病殃殃，像个纸片人一样有什么好看的啊？

主播：是的，"重视健康美"这一美容新趋势其实是在逐渐推动人们改变以往的"白幼瘦"审美，要的是健康的白、健康的肤色，而不是惨白、弱白。

弹幕7：没错！！！

主播：大家要重视日常皮肤的健康，经常保养皮肤才能拥有健康美。今天我给大家带来一款爽肤水，帮你筑起保护皮肤健康的屏障！

主播：这款爽肤水含有高浓度的维生素C和透明质酸，可以有效抑制黑色素的生成，淡化色斑、提亮肤色，同时补充水分，保持肌肤水润光泽。

弹幕8：成分安全吗？

主播：这款爽肤水不含酒精、香精、色素等刺激性成分，适合各类肤质，敏感肌和干性肌也可以放心使用。

主播：这款爽肤水的成分都是经过严格筛选和检测的，没有任何添加剂和防腐剂，所以非常安全温和。家人们可以看一下我们的 1 号链接，里面有详细的成分表和说明书。

弹幕 9：保质期多久？

主播：我们家这款爽肤水的保质期是 3 年，建议在开封后 6 个月内使用完。如果你平时用得慢就拧紧盖子放置在阴凉干燥处，或者放在冰箱的低温环境中。

主播：想要自己囤货或者送朋友的家人们，我们直播间现在有限时优惠活动，买二送一、买三送二。需要的朋友请认准我们的 2 号链接，赶紧下单哟！

弹幕 10：香味怎么样？

弹幕 11：好不好吸收啊？

主播：这款爽肤水的味道是一种淡淡的果香，就像橘子一样。我自己特别喜欢这种香味，让人感觉很舒服、很放松。

主播：这款爽肤水的质地很轻薄，不会油腻也不会黏稠。它可以很快地被肌肤吸收，不会堵塞毛孔，也不会干燥。

弹幕 12：美白效果怎么样？

主播：这款爽肤水它不能让你立刻变白，只能让你的皮肤恢复到较好的状态，从而显得你白一点点啊。

主播：像主播自己就是用了一个月，现在皮肤的状态好多了！大家可以看一下我自己拍的使用前后对比照，你们会发现坚持用真的很有效果！

主播：喜欢的宝宝们不要错过！今天在我们直播间，×××元的品牌爽肤水，特惠价立减×××元，请点击 2 号链接！

…………

⚠【互动误区提醒】

1. 主播要熟悉美容新趋势相关的信息和知识，不要没话找话，更不能胡乱介绍，免得贻笑大方。

2. 主播在发表自己对于美容新趋势的看法时，不能贬低或者歧视其他观点，更不能攻击他人。

3. 主播向观众展示爽肤水的使用效果时，不能弄虚作假，更不能虚假宣传，否则容易引发消费者的不满和投诉。

4.1.3　情景47：美容新技术

【直播情景再现】

某美容护肤品直播间正在热卖几款新品面膜，主播小雅刚刚撕开一片面膜向观众展示。为了吸引大家积极参与互动，小雅特意讲起了一些娱乐新闻，并在带起直播间气氛后重新将大家的注意力引回到面膜上。

很多人在公屏上发弹幕有人问面膜用了会不会过敏，有人问面膜美白补水效果怎么样，有人问皮肤干燥适合用哪款……

【直播弹幕分析】

1. 主播想要增强与观众之间的互动，就要善于寻找共鸣点、兴趣点，在互动中不断提高观众对自己的认可，并在这种互动中加入美容新技术的相关内容，在层层铺垫下，便可以进行面膜产品的销售。

2. 对于关注面膜是否过敏、美白补水效果如何等问题的观众，他们一般比较关注面膜的成分、功效、安全性，主播要详细为大家介绍面膜的特点，同时可以邀请使用过此款面膜的消费者上镜来说服观众。

3. 对于关注面膜适用皮肤类型的观众，主播要给出正确、专业的推荐，同时可以引导大家讨论皮肤相关问题，不断活跃直播间的互动气氛。

【主播互动演练】

主播：哈喽哈喽，新进来的宝宝记得给主播点个赞哟！我看到好多新昵称，应该是今天第一次来直播间的宝宝吧！

弹幕1：新人报到。

主播：欢迎欢迎，欢迎×××宝宝！这两天大家看新闻了吗？就是号称"不老女神"的某张姓明星被曝出整容的那条新闻。

弹幕2：听说了，可热闹了。

弹幕3：怪不得那么多年还是那么年轻，原来是用科技了！

主播：是的！她能那么多年容颜不改，肯定是用了科技干预的，但是大家其实误会她了，她虽然使用了科技，但并没有整容哦！

弹幕4：那么多年不老还没整呢，骗谁呢？

主播：主播说的是真的，我给大家科普一下，她如果整容了，脸上的皮相和骨相都会改变的。但是很明显，她的长相没有变化，只是皮肤很好，显得很年轻，胶原蛋白很丰富。这是美容的技术，并不是整容噢！

弹幕5：对啊，她长得还是那个样子。

弹幕6：好像是那么回事。

主播：美容相对整容来说，更安全，对人体的伤害更小哦。像她打的就是最新的×××（美容技术名词）针，×万元一针呢！效果可好了，大家看她就知道了！

弹幕7：好漂亮，好羡慕，可就是太贵了。

弹幕8：普通人打不起啊！

主播：家人们，大家放心，咱虽然现在打不起明星一样的×××（美容技术名词）针，那我也给大家介绍一款平替的产品！

弹幕9：真的吗？

弹幕10：什么东西？

主播："不老女神"打的×××（美容技术名词）针，它的主要作用成分就是×××（美容技术名词），就是这个成分帮助她容颜不老，那咱们只要能够用到这个×××（美容技术名词）成分就行了！

弹幕11：说起来是这么回事。

主播：今天我给家人们带来的就是含有×××（美容技术名词）成分的×××（品牌名）面膜。

弹幕12：好用吗？我皮肤敏感怕过敏。

弹幕13：能不能提亮肤色？

主播：×××（美容技术名词）成分能让"不老女神"容颜不老，大家想一想，肯定是在美白、保湿、补水、提亮、紧致、抗老、祛斑等多方面都很优秀的！

主播：不管你是想提亮肤色还是想抗老、祛斑，这款面膜都可以解决，而且它里面还含有金缕梅、甘草、绿茶等天然植物提取物，能够缓解皮肤不适、修复皮肤屏障！

主播：更重要的是，×××（美容技术名词）成分本来就是欧洲最先研发并使用的美容技术产品，咱们这款面膜是通过了欧盟标准的皮肤敏感性测试的！

弹幕14：我的皮肤很干燥，秋冬天更是起皮，适合用吗？

主播：咱们这款含有×××（美容技术名词）成分的×××（品牌名）面膜，每一片都含有30ml的精华液,相当于一瓶精华液!

主播:敷完后轻轻按摩吸收剩余精华液就可以了,不需要再洗脸哦!这对于皮肤干燥的家人们,更是省了一笔钱!

弹幕15:可以冲!

主播:今天在我的直播间,含有×××(美容技术名词)成分的×××(品牌名)面膜,6盒一组,一组×××元,如此优惠,大家抓紧冲!

主播:来,姐妹们准备了,马上上车,主播倒数三个数,抓紧时间去拍!

…………

⚠ 【互动误区提醒】

1. 主播在与观众就美容技术进行互动时,难免会碰到唱反调的观众,主播对此不能情绪化,更不能说有攻击性的语言,可以通过先认可后否定的方式来推进话题深入讨论。

2. 主播抛出的互动话题一定要与面膜的产品卖点或美容护肤的痛点相关,不要与观众在一些无关紧要或无法引起购买欲望的问题上详聊,目标要明确。

3. 主播在与观众们讨论娱乐新闻或其他新闻话题时,不要指名道姓,更不能人身攻击,避免陷入法律纠纷。

▶▶ 4.2 美体话题

4.2.1 情景48:美臂

【直播情景再现】

某护肤品直播间内,主播小林正在销售一款身体乳。她一边拿着身体乳向观众们介绍,一边挤出一些乳液在手臂上,轻轻涂抹开,开始为观众展示身体乳的滋润效果。

很多人都对这款身体乳感兴趣,有人问涂抹的感觉怎么样、是否清爽,有人问好不好闻,有人问都有什么成分,有人问吸收效果怎么样……

【直播弹幕分析】

1. 活泼开朗、阳光大方的姑娘和小伙子更招观众们喜欢,介绍身体乳可以让他们做模特,主播身材条件好的情况下也可以自己做模特。

2. 对于询问身体乳涂抹感觉的观众,他们更注重身体乳的膏体质地以及涂抹后的肌肤感觉,主播要用专业知识解答。

3. 对于询问身体乳好不好闻和成分的观众,一般对于身体乳的气味和安全性比较关心,主播要注意抓重点进行介绍。

【主播互动演练】

主播:家人们,接下来我给大家介绍的是×××(品牌名)身体乳,主播生活中自己用的就是这一款。

主播:大家能看到吧,我的肤色还算比较白的,尤其是这双手臂,我最满意的身体部位就是我的手臂,白白直直的,哈哈哈哈哈,还不错吧!

弹幕1:我是男生,我喜欢。

弹幕2:姐妹真好看,我的手肘就是黑黑的,有色素沉积了,羡慕。

主播:×××姐妹,不要紧的,我今天介绍的这款×××(品牌名)身体乳正是美肤神器!

主播:这款身体乳含有天然植物精华和牛奶蛋白,可以有效滋润、紧致、提亮身体肌肤,让你的双臂更加光滑、细嫩、白皙!

主播:只要你每天坚持用,14天后手臂的肤色肯定会有明显改善,1个月后就可以见到白白嫩嫩的手臂,这谁不喜欢呢!

弹幕3:哈哈哈,真的吗?姐妹,我试试水。

弹幕4:抹到身上什么感觉?

弹幕5:会不会黏糊糊的?我最讨厌不清爽的身体乳了!

主播:咱们这款身体乳的膏体是绿色的,膏体不厚重、水性很好,涂抹到身上是很舒服的,感觉冰冰凉凉,轻盈补水不油腻!

主播:它适合各类人群使用,能够满足多种肌肤需求,不含酒精、香精、色素等刺激性成分,温和滋润。

弹幕6:都含有什么成分啊?

主播:这款×××(品牌名)身体乳含有3大成分:维C精华、烟酰胺、维E精华,经典的焕亮组合,多通路改善肤色暗沉,让肌肤焕然一新!

主播:这3大成分可以帮助提升肌肤光泽度,让肌肤光滑柔嫩、整体更透亮!

弹幕7:闻起来什么味?

弹幕8:好不好吸收啊?

主播:咱们家这款身体乳闻起来有一种淡淡的奶香,中间夹着一点花果香,很好闻。

主播:这款身体乳的质地很轻盈,它可以很快地被肌肤吸收,不会留下乳霜的痕迹,也不会干燥。我刚刚在手臂上涂抹的身体乳已经被吸收了,镜头给个特写,大家看一下效果!

弹幕9:真的能让手臂变白吗?

主播:姐妹,你放心,只要你坚持用,14天就会有很明显的变化,1个月就能养出透亮水润的双臂!我给你看看我以前的照片,以前黑黑的,真的很明显的!

主播:想要亮、匀、润、弹的皮肤,想要白白的美臂,就不能错过我手中的这款×××(品牌名)身体乳!直播间特惠价,×××元两瓶,错过今天,再等半年啊!

主播:来,姐妹们,7号链接,咱们赶紧抢,等会儿就没了!

弹幕10:下单了,速速发货。

…………

⚠️ 【互动误区提醒】

1. 主播在与观众互动时,要熟悉平台直播规则,不能做违规展示,否则面临封禁危险。

2. 主播如果自己做模特展示身体乳,表情和神态要亲和,不能高高在上,避免引起观众反感。

3. 主播在与观众进行互动时,不要做绝对性承诺,否则可能会涉及虚假宣传。

4.2.2 情景49:纤腰

【直播情景再现】

某时尚品牌直播间正在销售几款女士腰带,主播小莉换了一件驼色风衣,搭配一条细牛皮腰带,向观众展示这款腰带的收腰效果。

正值秋冬季之交,随着气温日渐下降,大家的衣服越穿越厚。不少观众准备挑选一些能够收腰显瘦的腰带,于是纷纷发弹幕询问有关腰带的问题,有人问尺寸,有人问材质,有人问款式,有人问搭配方式,有人问收腰效果……

【直播弹幕分析】

1. 询问尺寸、材质和款式的观众,他们比较关注腰带的长度、宽度、质感和设计细节,以及是否结实耐用、柔软舒适等方面的信息。

2. 询问搭配方式的观众,他们一般比较关注腰带能否与自己的衣服和身材相配,以及是否能提升自身气质和品位。

3. 询问收腰效果的观众,他们一般比较关注腰带能否修饰自己的腰部曲线,以及能否显瘦和增加魅力。

【主播互动演练】

主播:天气越来越冷啦,家人们要注意保暖,不要着凉喔!

弹幕1:衣服越裹越厚。

主播:哈哈哈,不要担心!我今天给大家带来一个收腰神器!让你在冬天也能在人群之中"纤腰夺目"!

主播:这款腰带有两个版型设计,一个细版、一个宽版,女孩子可以选细版的,男生选宽版的就好啦。

主播:冬天衣服外面搭配一条合适的皮带,可以有效地收紧腰部,让身材看起来更加匀称,曲线更加优美!

主播:这款腰带是用高品质的牛皮制作而成的,手感柔软、质感高级、耐磨耐用。它还有一个金属扣环作为装饰,增加了时尚感!

弹幕2:有没有其他颜色的?

主播:这款装饰腰带有黑色、白色、红色、棕色四种颜色可选,能够搭配不同风格和颜色的衣服。

主播:女生无论是穿裙子还是穿裤子都可以搭配,无论是穿厚外套还是穿薄上衣都可以。想要显出你的美丽腰线,这款收腰神器就是你的必备单品!

弹幕3:多长?

弹幕4：材质好不好？

主播：咱们家这款腰带的尺寸是100到120cm，适合绝大多数人的体型。它还有一个弹性橡胶带和一个金属扣环，可以根据个人喜好和舒适度进行调节，完全不用担心它会太紧或者太松。

主播：家人们，这是用牛皮制作而成的，不掉色、不变形、不发臭！它的金属扣环也是用优质的合金制作而成的，不生锈、不掉色、不怕被刮伤，完全可以放心使用！

弹幕5：款式好看吗？

弹幕6：搭配效果怎么样？

主播：款式很好看的，整体是一个韩版的设计，可以很好地修饰腰部曲线，让你看起来更加苗条、高挑。家人们看一下1号链接，里面有模特其他用户的搭配示范，真的很收腰显瘦！

主播：大家可以看到这款腰带的搭配效果是非常棒的，它可以与你的衣服和身材相配，让你的整体造型更加完美，更加有气质！

弹幕7：收腰效果怎么样？

主播：家人们看我今天的搭配就知道了，收腰效果真的是很明显了！

主播：冬天没有一条收腰显瘦的腰带，真的不太方便出街啊！今天主播给大家送福利，在我们直播间，×××元的牛皮腰带，特惠价×××元，需要的朋友请点击我们的3号链接下单！

弹幕8：试试。

…………

⚠ 【互动误区提醒】

1. 主播要尊重观众的个人喜好和审美，不要强行推荐不适合的颜色或者款式，也不要贬低其他品牌或者产品。

2. 主播要注意语气和表情，不要过于夸张或者做作，也不要过于冷淡或者无趣，要保持自然、亲切的态度，与观众建立信任和提升好感。

3. 主播要注意直播间的氛围和节奏，不要让观众感到无聊或者有压力，要适时引导观众参与互动和下单，也要适时给予观众奖励和优惠。

4.2.3 情景 50：瘦脸

【直播情景再现】

某美妆产品直播间正在销售一款修容盘，主播小瑜在与观众交流化妆小技巧，帮助他们学习使用修容盘以便快速打造瘦脸的上妆效果。

直播间慢慢涌进了不少观众，大家在公屏上讨论自己关心的问题，有人问修容盘有几个颜色，有人问修容盘搭配什么刷子，有人问修容盘是否持久不脱妆，有人问修容盘是否适合自己的肤色……

【直播弹幕分析】

1. 询问修容盘有几个颜色的观众，一般比较关注修容盘的颜色分区、选择范围，他们可能是在挑选适合自己的颜色，也可能是想选购多种颜色的修容盘。

2. 询问修容盘是否持久不脱妆的观众，会比较关注修容盘的质量和效果，他们可能是想要保证自己的妆容能够持久不脱妆，或者是之前用过其他品牌的修容盘，但持妆效果不满意。

3. 询问修容盘是否适合自己肤色的观众，可能比较关注修容盘的颜色搭配和适用人群，他们可能是想找到能够提升自己气色和能更好地修饰脸型的颜色，也可能是担心自身肤色不适合用修容盘。

【主播互动演练】

主播：欢迎所有新进我们直播间的家人们，欢迎大家！

主播：今天主播给大家带来的这款立体哑光修容盘，是专业彩妆师推荐的必备神器！它可以帮助你轻松打造出小V脸、高鼻梁等面部轮廓立体效果！

主播：化妆高手用着顺，化妆小白易上手！完全没有难度！

弹幕1：有几个颜色分区啊？

主播：我们家这款立体哑光修容盘有4个颜色哟，分别是浅棕、深棕、玫瑰金和香槟金，对比旧款，可以说是粉质升级、调色升级、分区升级！

弹幕2：有什么区别啊，姐妹？刚学化妆不太懂。

主播：浅棕和深棕是用来打阴影和修饰轮廓的，可以根据个人肤色和喜好选择。

玫瑰金和香槟金是用来打高光和提亮的,可以让你的脸部更加有光泽和立体感!

主播:刚学化妆的姐妹也不用担心,你下单的时候备注一下,咱们有教新手上妆的视频,一起送给你!

弹幕3:搭配什么刷子呢?

主播:下单这款哑光立体修容盘,直接就送一把专业的双头刷,一头是斜角刷、一头是扇形刷。

主播:该省省,该花花,在我的直播间绝对不让姐妹们花不该花的钱啊!家人们放心!

弹幕4:爱心,爱心,比心。

主播:咱们送的这把专业的双头刷,斜角刷这头可以用来打造阴影和轮廓,比如你可以用它在你的两颊、下巴、鼻梁等地方轻轻刷上一层浅棕或深棕的颜色,就可以让你的脸部看起来更加瘦小和立体。

主播:扇形刷这头可以用来打高光和提亮,比如你可以用它在你的眉骨、鼻尖、唇峰等地方轻轻刷上一层玫瑰金或香槟金的颜色,就可以让你的脸部更加有光泽!

弹幕5:会不会脱妆啊?

主播:姐妹们请放心,我们家这款修容盘是经过专业的配方和工艺制作而成的,质地细腻、上妆服帖,一般而言,12小时不会脱妆或掉色哟!

主播:这款修容盘还是防水防汗的,就算你出门遇到雨天或者出汗了,也不用担心你的妆会花哟!

弹幕6:我肤色有点黄,适合用吗?

主播:当然适合啦!这款修容盘适合所有肤色的仙女哟!如果肤色偏黄,我建议你可以选择浅棕和玫瑰金的颜色,这样可以让你的脸部看起来更加温柔甜美!如果肤色偏黑,我建议你可以选择深棕和香槟金的颜色,这样可以让你的脸部看起来更加健康、自然!

弹幕7:看着还不错,有没有优惠啊主播?

主播:这款哑光立体修容盘全新升级上市,专为亚洲人肌肤调制的冷暖色号,不假白、不显脏、不发灰、不发红,上妆更干净!

主播:关注主播,点点关注就能领取直播间专属优惠券,领券下单更优惠啊,姐妹们!

弹幕8:多少钱啊?

主播：立体哑光修容盘原价×××元，今天在直播间里超值价×××元就能秒回家！三分钟后咱们准时开抢啊！立体小V脸、挺拔高鼻梁，动动手就能有！

…………

⚠️ 【互动误区提醒】

1. 主播要具备一定的美妆知识，这样才能跟观众围绕瘦脸话题进行沟通交流，从关键点出发拉近与观众的距离，不要显得不专业，否则将会加深观众的不信任感。

2. 主播在介绍修容盘时，不能强行夸大产品的效果或者贬低其他品牌的产品。

3. 主播在与观众互动时，所表达的观点要符合主流审美观点，不要标新立异、特立独行。

4.3 美发话题

4.3.1 情景51：染发

【直播情景再现】

某美发产品直播间正在销售几款不同颜色的染发剂，主播小果在向观众展示其中一款草本精粹染发剂的使用方法和使用效果。

时值年末，不少观众准备换个新发色迎接新年，于是纷纷在公屏上讨论自己关心的问题，有人问染发剂会不会伤头发，有人问棕色适不适合亚洲人，有人问染发剂有没有异味，有人问染发后要怎么护理……

【直播弹幕分析】

1. 对于询问染发剂会不会伤头发的观众，他们可能比较关注染发剂的成分、安全性以及对头皮和头发的影响，主播应该围绕染发剂成分的安全性进行介绍。

2. 对于询问棕色适不适合亚洲人的观众，他们其实是询问棕色适不适合自己，并且有明显的购买意愿，主播可以根据他们不同的需求推荐相应颜色，引导观众下单。

3. 询问染发剂有没有异味的观众,他们应该是有过染发经历,因而比较关注染发剂的气味、刺激性以及是否会引起过敏反应。

【主播互动演练】

主播:大家好,欢迎来到小果的美丽变身直播间!很开心今天跟大家一起聊天!

弹幕1:主播晚上好啊!

主播:今天我给大家推荐的是一款超级火爆的染发剂,它是×××(品牌名)品牌最新推出的一款草本精粹染发剂。

主播:它不仅颜色鲜艳持久,还不伤头发。因为它里面包含了8大草本精粹成分,所以上色温和持久,无刺激,更安全!

主播:开播前我挑了一小撮刘海,用咱们这款草本精粹染发剂染了红色,大家能看到吗?

弹幕2:挑染的,还挺漂亮的!

弹幕3:棕红色,好看的!

弹幕4:我也想染棕色,可听说不太适合亚洲人的肤色。

主播:谢谢宝宝们哦,嘿嘿!这款草本精粹染发剂的颜色很正。我今天给大家推荐的这个系列有多个颜色可选,如果你很喜欢棕色的话,可以选可可棕色,这个颜色很适合亚洲人的肤色。我看到×××(某知名人士)前几天上节目的时候就是这个发色系列,可显白了!

弹幕5:会不会伤头发啊?

主播:不会的!你放心,这款草本精粹染发剂采用了最新的科学配方,它含有赤芝、当归、芍药、荔枝叶、侧柏叶、莲花、蔓荆果、何首乌等多种植物提取物和营养护理成分,在给头发上色的同时可以滋养头发和保护头皮,让你的头发更加健康、有光泽!

弹幕6:有没有异味啊?

主播:这名宝子是不是因为之前被劣质染发剂给坑怕了?因为那个味儿确实太冲了!但我可以保证,这款草本精粹染发剂没有刺激性味道,完全不会让你感到不舒服!

弹幕7:染发后要怎么护理啊?

主播:染发后要注意保湿和防晒,这样才能让头发的颜色更加持久不掉色。我们家也有专门的染发护理系列,包括洗发水、护发素、发膜、发油等,都是专门为染发后的头发准备的,可以给头发最全面的呵护和保养!

弹幕8:都有什么颜色啊?我想染红色的。

主播:这款草本精粹染发剂有棕色系、红色系、黑色系,还有白色系和紫色系,大家可以根据自己的喜好选择啊!

主播:想要在年末给自己换个发色的家人们千万不能错过啊!每年价格最低的时候就是年末,大家要抓住机会,给自己换一个新发色,迎接新一年!

主播:8号链接,来,我给宝宝们上链接!

…………

⚠【互动误区提醒】

1. 主播在销售染发剂的时候,要了解消费者群体,不能对染发的颜色发表个人负面观点,否则容易引起观众不满。

2. 主播要确保直播间的链接里有正确的染发效果照片,不要出现颜色和介绍不一致的情况,否则会使观众怀疑直播间的专业性。

3. 主播不能使用虚假内容来宣传染发剂的特点和效果。

4.3.2 情景52:烫发

【直播情景再现】

某美发产品品牌直播间正在销售一款弹力素乳液,主播小莎在向观众展示自己涂抹了弹力素乳液后头发的状态。

很多观众在公屏上提出了自己的问题,有人问弹力素乳液是什么,有人问能不能保持头发的弹性和光泽,有人问用了会不会伤头发,有人问适合什么样的发质……

【直播弹幕分析】

1. 对于询问弹力素乳液是什么的观众,他们会对弹力素乳液的用途更加好奇,主播可以从产品的特点和功效进行介绍。

2. 对于询问能不能保持头发的弹性和光泽的观众,他们可能比较关注产品的使用效果和持久度,主播可以根据自己的体验或消费者反馈进行具体展示和说明。

3. 对于询问用了会不会伤头发的观众,他们可能比较担心弹力素乳液的安全性或副作用,主播可以对产品的成分和质量进行详细介绍。

【主播互动演练】

主播:家人们,晚上好啊!欢迎大家光临我们的直播间!

主播:大家有没有发现主播今天有什么变化?天天来看我的老粉们,你们可千万别让我伤心啊!

弹幕1:口红!今天换了口红。

弹幕2:莎莎今天烫发了,大波浪发型!

主播:终于有姐妹看出来了,你们再猜不出来,我真的要伤心啦!我刚烫的卷发,怎么样,好看吗?

弹幕3:美的!

主播:今天也是很巧的,我将要给大家介绍的产品就是×××(品牌名)品牌的弹力素乳液,那我肯定是自己先买回去用过才敢推荐的呀,不久前刚烫了波浪卷,正好用这个来养护。

弹幕4:弹力素乳液是什么?还没用过。

主播:弹力素乳液是一种专业的美发产品,它可以在你烫发之后给你的头发提供深层护理,让你的头发保持弹性、光泽、柔顺、健康!

主播:你可以简单理解为能够让你的头发保持弹性盈润、为你修复受损头发的乳液。

主播:我给大家介绍的这款×××(品牌名)品牌的弹力素乳液主要是由天然植物提取物、水解蛋白、氨基酸等营养成分组成,含有高能弹力保湿因子,能够持续润泽养护发丝!

弹幕5:真的能保持头发的弹性和光泽?

主播:口说无凭,我现在给大家对比一下就知道了。我烫发后的头发状态明显比之前差不少,干枯、毛糙,问题不少。我在左边的头发上涂上这款弹力素乳液,右边不涂,等会儿一看就知道了!

弹幕6:效果好我就下单。

主播：怎么样家人们，是不是可以明显地看出左边的头发比右边的头发柔顺不少，看起来光泽也好很多，还有一定的塑型度？我现在左边的头发摸起来就是很柔软、很顺滑，没有任何干枯或者打结的感觉！

弹幕7：会不会伤头发啊？

主播：这个问题，我相信也是很多家人都担心的问题。我可以负责任地告诉大家，这款弹力素乳液不会伤头发！

主播：因为它里面含有天然植物提取物、水解蛋白、氨基酸等营养成分，不含刺激性或者有害物质，不会对你的头发造成伤害！

主播：营养成分渗透到发丝内部，修复受损的毛鳞片，提升头发的弹性和光泽，让你的头发更加健康美丽！

弹幕8：适合什么样的发质啊？

主播：不管是直发、卷发、染发、烫发，还是干性、油性、中性、混合性的头皮，都可以使用这款弹力素乳液来护理！它可以根据你的头发状况，调节你头发的水分和油分平衡，让你的头发更加柔顺和有光泽！

弹幕9：链接呢？

主播：今天的价格绝对是超低价，只要××元，就可以到手200毫升的弹力素乳液！这个价格在市面上是绝对找不到的哦！

主播：6号链接，来给家人们上链接！

…………

⚠【互动误区提醒】

1. 主播一定要对弹力素乳液这类产品的成分和功效有深入了解，不要随意夸大或者虚假宣传，否则可能会引起消费者的不满或者投诉。

2. 如果主播要通过展示自己或者其他消费者的使用效果来吸引观众的注意，一定要确保展示的效果是真实可信的，不要使用修图软件或者其他手段来美化或者篡改图片或者视频，否则可能会损害直播间的信誉。

3. 对没有使用过弹力素乳液的观众，主播要耐心热情，不能态度恶劣，更不能有歧视的态度。

4.3.3 情景53：护发

【直播情景再现】

某美发产品品牌直播间正在热卖几款护发精油，主播小雅在向观众介绍其中一款近期销量比较火爆的护发精油，主要展示护发精油的润发、护发效果。

很多观众在公屏上讨论他们关心的问题，有人问这款护发精油怎么用，有人问护发精油能不能改善头皮问题，有人问护发精油适不适合染、烫发的人用，有人问这款护发精油是油状的还是乳状的，有人问毛糙、干枯、易断的头发能不能用……

【直播弹幕分析】

1. 对于询问护发精油怎么使用的观众，一般来说多是新手，主播要耐心细致地讲解，给他们留下较好的印象。

2. 询问护发精油适不适合染、烫发的观众，可能是刚刚烫、染过头发，或者是有这方面的想法，他们更关注护发精油对于烫、染发的影响和能够起到什么养护效果。

3. 对于询问护发精油是油状的还是乳状的观众，他们可能有自己特定的使用偏好，主播可以介绍多款产品给他们选择。

【主播互动演练】

主播：家人们，大家今天赶巧了，主播今天直播间优惠好物送不停哟！

主播：下面我要给大家介绍的是一款重磅好物，×××（品牌名）家的护发精油！

主播：好用的护发精油对于女孩子们的长发来说，实在是太重要了！谁也不想天天顶着一头毛毛糙糙的头发，像个金毛狮王！谁不想做个长发如瀑布的仙女呢？

弹幕1：金毛狮王，说的是我没错了。

主播：柔顺健康的头发是保持美丽的第一步，也是重要的一步！大家一定要好好护发！

弹幕2：没错！

弹幕3：逛街看到的帅哥靓女很多都是靠一头秀发成为"背影杀手"的，真正看到脸的倒没有多少！

主播：如果你深受头发干枯、毛糙、脱发、分叉、头皮屑、头皮瘙痒等问题困扰，还怎么潇洒出街？

弹幕4：不洗头我都不敢上街，别说头皮屑了，想想都想逃！

主播：所以家人们一定要好好养护自己的头发，选择一款适合自己的高品质护发精油，才能让头发更柔顺、更亮泽、更强韧啦！

弹幕5：这个精油怎么用？洗完头发擦干再抹？

弹幕6：不用擦干。

主播：×××（品牌名）家的护发精油使用起来很方便的，干发、半干发都能直接用，按压几泵到手心，涂抹到头发上，抹匀形成护发膜，轻轻揉搓使之吸收就行了。

主播：这款护发精油还是特殊调香的，前中后调都不一样，有花香、果香，持久清香！

弹幕7：能不能让头发更柔顺？

弹幕8：能不能改善头皮问题？

主播：×××宝宝问到点上了！我给家人们推荐的这款护发精油主打的就是一个柔顺润发！

主播：头皮环境直接影响头发的质量，这款护发精油的主攻点之一其实就是头皮，毕竟改善了头皮环境，头发的问题自然就迎刃而解了！

主播：×××（品牌名）家的这款护发精油含有天然的植物精华，比如迷迭香、薰衣草、椰子油等，这些植物精华都有很好的抗菌、抗炎、平衡油脂的作用，可以有效地清洁头皮、减少头皮屑、预防头皮瘙痒和发炎，让头皮更健康！

弹幕9：刚烫了头发，能不能用？

弹幕10：我刚染的头发，用这个会不会掉色？

主播：家人们，这款护发精油非常适合染、烫发的人用哟！大家都知道染、烫发会对头发造成一定的损伤，让头发变得干枯、暗淡、毛糙、易断。烫发、染发之后，要坚持护发！

主播：我给大家推荐的这款护发精油可以有效地补充头发缺的水分和营养，提升头发的弹性和光泽感，保护染、烫效果，让染、烫发更持久、更美丽！

弹幕11：这个是油状的还是乳状的啊？我不喜欢油的。

主播：这款护发精油是油状的喔，喜欢乳状护发精油的家人们可以看下3号链接，等会儿主播给大家一一讲解！

弹幕 12：对头皮有什么伤害？有没有副作用？

主播：家人们可以对这款护发精油放心，供应商提供了全面的安全测试和品质检验的相关证书，全部都符合甚至超过国家标准的要求，我们都替大家检查过了。

主播：当然了，如果有家人对某些植物精华过敏或不适应，建议使用前在手腕上做个小试验，看看有没有不良反应再使用哈！

主播：×××（品牌名）家的护发精油，今天直播间特惠价 ××× 元，家人们需要的注意了，7 号链接，上链接！

…………

【互动误区提醒】

1. 主播要储备护发的相关知识和经验，能给观众专业的建议，这样才能建立一定的信任，不要显得很业余。

2. 针对有自己特定使用偏好的观众，主播不要强硬推荐，这样不仅促不成订单，反而会引起他们对于销售的反感。

3. 主播如果要向观众展示护发精油的实际效果，就不能只是口头讲解，要通过实物展示或者真人示范让观众产生直观的感受。

4.4 美肤话题

4.4.1 情景 54：防晒

【直播情景再现】

某美妆护肤品直播间正在销售一款防晒喷雾，主播小玥在向观众展示这款防晒喷雾的使用方法。主播边喷边为大家讲解这款防晒喷雾的卖点，一时间直播间涌进了不少观众。大家纷纷发弹幕提出自己的疑问，有人问防晒喷雾的 SPF 值是多少，有人问防晒喷雾会不会油腻，有人问防晒喷雾会不会刺激皮肤，有人问防晒喷雾适合什么肤质……

【直播弹幕分析】

1. 询问防晒喷雾 SPF 值的观众，他们可能比较关注防晒效果，希望选购到能有效抵挡紫外线的防晒产品，并且很可能把这一指标作为选购的核心要求。

2. 询问防晒喷雾会不会油腻的观众，他们可能比较关注防晒产品的质地和肤感，希望选购到不堵塞毛孔、不增加皮肤负担的防晒产品。

3. 询问防晒喷雾会不会刺激皮肤的观众，他们可能比较关注防晒产品的成分和安全性，希望选购到温和无刺激、适合敏感肌肤的防晒产品。

【主播互动演练】

主播：大家晚上好啊！我是小玥，欢迎大家来到我们的直播间！

主播：夏天来了，防晒可是大事喔！姐妹们都准备好防晒了吗？男孩子也要好好做防晒噢！

弹幕 1：每年都是夏天晒黑，冬天再捂回来。

弹幕 2：防晒很重要，夏天紫外线太强了！

主播：今天我给大家带来的是一款超级好用的防晒喷雾，它是×××（品牌名）家出的，他们家这个系列的防晒喷雾都很好用，轻盈清爽、持久保湿、高效防晒！可以让你在炎炎夏日里也能轻松拥有白皙无瑕的肌肤！

弹幕 3：SPF 值是多少？

弹幕 4：我想要！

主播：家人们能看到吗？来来来，镜头给一个产品细节的特写。家人们仔细看啊，这款防晒喷雾的包装上写着防晒指数为 SPF50+，PA 值为 PA++++，这可以说是目前市面上较高级别的防晒产品了！

主播：它可以有效地隔离 UVA 和 UVB，让你在阳光下也不怕晒黑、晒伤！今天咱们直播间买一瓶送一瓶，买两瓶送两瓶，买三瓶送三瓶！

主播：数量有限哦！先买先送，3000 瓶送完为止！大家抓紧时间下单！

弹幕 5：喷上油腻吗？

弹幕 6：我是油性皮肤，可以用吗？

主播：家人们放心啊，这款防晒喷雾完全不会油腻！它不仅质地水润，非常清爽，不会给皮肤带来任何负担，还不会堵塞毛孔，让你的皮肤呼吸自由！

主播：不管你是油性皮肤、干性皮肤、中性皮肤、混合性皮肤还是敏感性皮肤，都可以放心使用!它可以根据你的肤质调节水油平衡,让你的皮肤保持水润光泽。

弹幕7:会不会刺激皮肤?

弹幕8:我是敏感肌,可以用吗?

主播:完全不会刺激皮肤,这款防晒喷雾是防养合一的,内含茶叶、红参、石榴皮等纯天然植物成分,温和无刺激,适合所有肌肤类型。

主播:它还有抗氧化的功效,可以抵抗自由基的侵害、延缓皮肤老化,让你的皮肤年轻有弹性。

弹幕9:链接呢?

主播:高倍防晒、清爽不油腻、透明不泛白,全方位防晒的×××(品牌名)防晒喷雾,买一瓶送一瓶,买两瓶送两瓶,先买先送,3000瓶送完为止啊!

主播:家人们抓住机会,来15号链接,上链接!

…………

【互动误区提醒】

1. 主播要具备防晒方面的专业知识和相关经验,要能够解答观众提出的专业性问题,不能磕磕绊绊、一问三不知,显得很业余。

2. 防晒是一个全民性的问题,女性无疑是这一产品的消费主力,但主播也不能忽视男性观众。

3. 主播要紧紧围绕防晒喷雾的卖点和优势,抓住防晒这一核心功效进行介绍,不要将直播间观众的关注点引到次要的功效上。

4.4.2 情景55:祛痘

【直播情景再现】

某美容护肤品直播间内,主播小岚正在介绍一款祛痘凝胶。她将祛痘凝胶拿在手中,一边向观众展示凝胶的外观,一边挤出一些轻轻涂抹到自己的脸颊上。

公屏上的弹幕飞快地滚动,大家都对这款祛痘凝胶很感兴趣,真的能有效祛痘?能不能祛除红色、黑色的痘印?有没有敏感肌适用的?多少钱一支……

【直播弹幕分析】

1. 积极发言的观众,他们可能正面临着痘痘、痘印的困扰,对祛痘凝胶有真实需求,主播要注意与他们互动来增加信任感,从而带动更多人下单。

2. 询问祛痘凝胶效果的观众,他们可能是对凝胶有疑问或者不信任,主播要用事实和证据来说服他们,比如展示自己或者其他用户的使用效果。

3. 询问祛痘凝胶是否适合敏感肌的观众,他们可能是对凝胶的安全性有顾虑,主播要用专业知识来解答,比如介绍产品的成分和安全性。

【主播互动演练】

主播:欢迎大家来到我们的直播间,我是你们的好物推荐官小岚!

主播:今天我给家人们推荐的是这款十分好用的祛痘凝胶,它是×××(品牌名)家生产的,这个品牌是做医疗相关产品起家的!

弹幕1:那应该比较靠谱。

主播:直播间里有多少受痘痘、痘印困扰的家人啊?大家发发言,让我看看。我给大家解决问题!

弹幕2:脸上的红色痘印,一直没下去!

弹幕3:孩子现在高中,青春痘挺多的。

弹幕4:有效吗?能不能去痘印啊?

主播:我给大家推荐的这款祛痘凝胶含有15%壬二酸成分,消痘痘、去黑头、去痘印,都没有问题!它可以有效消除你脸上的痘痘和痘印,让你再现清爽无瑕的肌肤!

弹幕5:真的吗?

弹幕6:我脸上的痘痘泛滥成灾了。

主播:痘痘问题过于严重的家人,请遵医嘱搭配使用喔,咱们科学祛痘。

弹幕7:有没有敏感肌适用的?

主播:这款祛痘凝胶的质地是透明的啫喱状,清爽不油腻。它里面含有15%的壬二酸,还含有天然植物提取物和抗菌成分,可以有效消灭引起痘痘的细菌,同时也可以舒缓肌肤红肿和发炎!凝胶装在这根小管子里面,很方便携带和使用。

弹幕8:用起来怎么样?黑色痘印能消吗?

主播:我现在给家人们示范一下怎么用这款祛痘凝胶。首先要洁面,然后取适量的祛痘凝胶涂在长痘的部位，轻轻按摩让它吸收。就这样每天早晚各一次，坚持使用几天就可以看到明显的效果啦！

　　主播：黑色的痘印属于时间较久的痘印了，要坚持使用一段时间后才能见到效果喔！

　　主播：我自己其实就是这款祛痘凝胶的忠实用户。我以前脸上也有不少痘痘和痘印，因此那时很没有自信，走在街上都是躲躲闪闪的。同事给我推荐了×××（品牌名）家的这款祛痘凝胶，我用了两个多月，痘痘和痘印都淡化了很多，皮肤也变得越来越好！

　　主播：我给大家看看我之前的照片，大家就能看到明显的效果了，这是我用前和用后的对比照片。

　　弹幕9：哇，效果真的好明显啊！

　　弹幕10：我也要买！

　　弹幕11：敏感肌可以用吗？

　　主播：敏感肌可以用的，如果你有特殊的皮肤状况，可以先建立耐受，也就是先少量薄涂，视情况增大用量和停留时间。

　　主播：这款祛痘凝胶真的是我用过的效果比较好的祛痘产品！今天在我们直播间，大家先点点关注，领取一张满100减20的优惠券，多满多减、上不封顶！

　　主播：想要祛痘的家人们，准备了啊，来，9号链接，三、二、一，冲！

　　弹幕12：开冲！

　　…………

⚠【互动误区提醒】

　　1. 主播销售祛痘凝胶时，不能只是简单地介绍祛痘凝胶的功效和特点，一定要结合自己或者其他用户的使用体验和效果，让观众看到产品的真实价值。

　　2. 主播要全面地讲解祛痘凝胶的使用注意事项，不能为了销售业绩而把祛痘凝胶推荐给明显不适合使用的观众，否则将带来后续的问题。

　　3. 主播在使用或者展示祛痘凝胶时，要提前试用，不能出现失控的意外情况。

4.4.3 情景56：卸妆

【直播情景再现】

　　某美妆护肤品直播间正在热卖几款卸妆油，主播小黎在向观众介绍产品。小黎在直播间里安排了一名化妆师，让化妆师给自己的半边脸化了一个复杂的妆容，包括粉底、眼影、眼线、睫毛膏、口红等，然后再用推荐的卸妆油来卸妆，展示卸妆油的效果。

　　小黎考虑到购买卸妆油的消费者多是爱美女性，就通过一些美容护肤的知识来展开话题。一时间，直播间人气不断上涨，观众在公屏上踊跃发言，有人关心卸妆油的成分，有人讨论美妆品牌相关话题，还有些人在问关于卸妆油的用法、功效、价格等方面的问题……

【直播弹幕分析】

　　1. 化妆是一个很好切入的话题，很多女性观众都对这方面内容感兴趣，主播可以穿插一些化妆小知识，借机引导观众关注卸妆油的卸妆效果。

　　2. 对于询问卸妆油成分的观众，他们可能对于卸妆油的安全性和卸妆效果比较关心，主播要用专业知识来以打消其顾虑。

　　3. 对于关注卸妆油用法、功效、价格等方面的观众，他们应该处于一个货比三家的过程，主播需要通过介绍和讲解给予他们信心，帮助他们做出选择。

【主播互动演练】

　　主播：欢迎各位家人来到小黎的直播间！感谢大家前来捧场！

　　主播：水感清爽、活力焕亮、轻松卸妆、呵护肌肤，×××（品牌名）卸妆油今天活动大促！全场8折！

　　弹幕1：来了来了！

　　弹幕2：怎么才8折啊，我之前买的比这个价还低一些。

　　主播：夏天到了，化妆成了一件让人又爱又恨的事了，哪个姐妹不想每天美美地出门呢？

　　主播：直播间里有多少能坚持每天上班化妆的姐妹？发发弹幕让我看见优秀的你们！

弹幕3：我我我！

弹幕4：虽然不是给谁看，但上班必化妆！

弹幕5：只有懒女人，没有丑女人！

主播：姐妹们卸妆的时候感觉麻烦吗？卸得干净吗？

弹幕6：有时候不太好卸，得使劲擦。

主播：大家卸妆的时候不要太用力喔，不然会损伤皮肤的。今天我给大家推荐的卸妆油可以帮助姐妹们轻松卸妆，好用又温和，轻轻一擦就能卸妆！

弹幕7：真的假的？感觉每次都卸得不是很干净，这个好用吗？

主播：姐妹们卸妆一定要卸干净，如果不彻底卸干净，就会对肌肤造成伤害，比如堵塞毛孔、长痘痘、过敏、皮肤老化等。现在是夏天，这种情况还有可能加重，所以一定要卸干净。

主播：要选择一款能够有效清除彩妆和污垢，同时不刺激肌肤，又能保持肌肤水润的卸妆产品，那就是小黎今天给大家推荐的×××（品牌名）卸妆油啦！

弹幕8：这个卸妆油有什么成分啊？

主播：我给姐妹们推荐的这款卸妆油含有绿茶的茶多酚、白芍药的提取物、精纯椰子油、栀子花提取物等多种植物精华成分，能够有效洁净毛孔，实现清爽控油、动态锁水！

弹幕9：卸妆油不会油吗？

主播：不会的，这款卸妆油是水溶性的，它能够轻松溶解彩妆和污垢，轻轻揉搓后用水一冲脸就干净了，不会有任何油腻感。它里面的植物精华，能够滋润肌肤、解决毛孔堵塞和闭口闷痘等问题，让肌肤变得柔软光滑哦！

弹幕10：用过觉得还行！

主播：现在是夏季促销，卸妆油全场都是8折优惠，姐妹们要抓住机会哦！现在可以囤一批货，早晚都要用到，下次8折优惠可就不知是何时了！

弹幕11：冲！

…………

⚠【互动误区提醒】

1. 主播要从卸妆油这个点出发，扩大其辐射范围。美容护肤是一个不错的话题，主播可进行扩展，但要注意不要输出不正当的价值观，重点要体现卸妆油的效果和优势，尽快将话题带到促成交易上来。

2. 主播在通过美容护肤话题来展示卸妆油效果时，注意不要夸大其词，以免引起观众反感。

3. 主播在与观众互动时，对于一些不方便直接回答的、敏感的、不友善的问题，不要直接回应，更不能因此影响直播工作状态，可以冷处理。

4.5 美妆话题

4.5.1 情景57：面

【直播情景再现】

某彩妆品牌直播间正在热卖一款粉底液，主播小兰通过将粉底液涂抹到自己的脸颊上来向观众展示遮瑕效果，同时给大家讲解了一些化妆时面部修容的小知识。

很多观众在公屏上积极发言，有人问粉底液的色号，有人问好不好用，有人问干皮能不能用，有人问暗不暗沉，有人问是否脱妆严重，有人问有没有试用装……

【直播弹幕分析】

1. 询问粉底液是否好用的观众，他们可能关心粉底液的遮瑕效果和是否对皮肤有刺激或容易过敏，主播对上述问题要解释清楚。

2. 询问粉底液色号的观众，他们一般有自己的惯用色号，或者对某些色号有偏好，主播要展示不同色号的效果，并给出选择建议，帮助观众挑选适合自己肤色的粉底液。

3. 询问粉底液是否暗沉和脱妆问题的观众，他们更关心粉底液的使用效果，主播要有针对性地进行解答。

【主播互动演练】

主播：大家晚上好啊！欢迎来到小兰的"美妆小课堂"！今天我给大家推荐一款非常好用的粉底液，也就是×××（品牌名）家的粉底液，大牌子，好用！

弹幕 1：用过他们家的，是不错，就是不太平价。
弹幕 2：兰兰好美！
弹幕 3：没用过，怎么样，好用吗？
主播：谢谢姐妹们夸奖！我最近都在用他们家的这款粉底液哦，真的非常好用，推荐给大家！
弹幕 4：看起来很自然啊！
弹幕 5：干皮能不能用啊？
主播：干皮当然能用啦！这款粉底液可是号称能打造"水光肌"哦！它是一款专门针对亚洲女性肌肤研发的粉底液，不但遮瑕力强，而且质地轻薄，不会堵塞毛孔，同时还有保湿和抗氧化的功效哦！不管你是干性、中性还是混合性皮肤，都可以用的！
弹幕 6：会不会过敏啊？
主播：这款粉底液里面含有天然植物萃取物和维生素 E 等成分哦，不含刺激性成分，经过了皮肤敏感性测试，获得了权威机构出具的化妆品检测报告，姐妹们这一点绝对放心！
弹幕 7：有几个色号啊？
弹幕 8：怎么选色号啊？
主播：这款粉底液有 4 个色号哦，分别是 01 号玉瓷白、02 号亮肤色、03 号柔纱色和 04 号瓷肌色。
主播：一般来说，01 号适合皮肤白皙的宝宝们，02 号适合皮肤中等偏白的宝宝们，03 号适合皮肤中等偏黄的宝宝们，04 号适合皮肤偏黑的宝宝们。
主播：当然，这也要看个人喜好，如果想要提亮肤色，可以选浅一点的色号；如果想要肤色自然一点，可以选接近自己肤色的色号。
弹幕 9：兰兰你用的哪个色号啊？
主播：我用的是 02 号亮肤色哦，这个色号比较适合我，既不会显得太白也不会显得太黄，遮盖了我脸上瑕疵的同时又不会显得妆感厚重。
弹幕 10：会不会显得很暗沉啊？
主播：不会，你看我选的 02 号亮肤色就很棒，完全是水光奶油肌的感觉，我已经带妆一天，妆效完全没有什么变化！
弹幕 11：脱妆严重吗？

主播：×××宝宝不用担心，不会脱妆，我靠近镜头点给你看看，看到了吧！

主播：夏天出油出汗也不怕，无惧暗沉，昼夜持妆！

主播：水润到底，服帖水光肌，让你的底妆时刻水润！

弹幕12：主播能不能比较一下不同色号的效果看看？

主播：当然可以啊，我现在就给大家分别试一下01号、03号和04号的效果，大家可以看看哪个色号更适合自己哦！

…………

【互动误区提醒】

1. 主播不要过分夸大粉底液的功效，要实事求是地介绍产品特点和优势。

2. 主播不要忽略观众的合理要求，要及时回答观众的问题，尽量满足观众的需求。

3. 主播要具备彩妆的专业知识，对待女性观众更要耐心细致、态度亲和，不要显得业余，更不能出现服务态度差的情况。

4.5.2 情景58：眼

【直播情景再现】

某彩妆品牌直播间内，主播小澜正在向观众介绍自家的眼影盘。主播拿出一款粉色系的眼影盘，并用手指蘸取了一些眼影粉，轻轻在手背上画了一道，然后把手背靠近镜头，让大家看清楚眼影的颜色和质感。

有很多观众在公屏上发言，有人问哪个色号最火，有人问带不带刷子，有人问会不会过敏，有人问是不是正品……

【直播弹幕分析】

1. 询问眼影盘色号的观众，他们可能更关心潮流美妆的内容，主播可以有针对性地引导他们了解更多关于眼影色彩的流行趋势和搭配技巧。

2. 询问眼影盘带不带刷子的观众，他们可能更希望能够赠送配套的刷子，合适的赠品更能打动他们,也是他们消费决策的重要影响因素之一。

3. 询问是不是正品的观众,他们对眼影盘的质量和品质有疑问,主播要展示出不容怀疑的证据,打消他们的顾虑。

💬 【主播互动演练】

主播:直播间人气到×××的时候,我就给大家送一波福利!大家等一会儿提醒我给你们送福利啊!

主播:下面要向大家介绍的这款眼影盘可是我们家的明星产品,粉色系的樱花眼影盘,有9色和12色盘,从淡粉到暗红、从珠光到哑光,全都有!

弹幕1:哪个卖得最好,哪个最火?

主播:9色九宫格的这款樱花碎冰是最火的,销量已经超过10万件了!网红美妆单品,火爆断货盘!

主播:这款眼影盘非常适合春夏季节使用,可以打造出清新甜美的妆容!我自己就超爱这款眼影盘,每次出门都会用它化个简单的日常妆。

弹幕2:这款眼影盘多少钱?

弹幕3:喜欢主播的眼睛,好美。

主播:谢谢姐妹们的夸赞,哈哈哈,大家都很美!

主播:给大家说一个小秘密,我当初撩到我男朋友,就是眼睛立了大功!现在他还经常跟我说,当初就是被我的眼睛吸引了才追求我的,哈哈哈!

主播:那我肯定是故意的啊,傻孩子,还以为是他追到的我,实际早就被我拿捏了!

弹幕4:高端的猎手,总是以猎物的形式出场!

主播:眼睛是心灵的窗户,也是最能表达情感的器官。姐妹们,眼妆一定要化好!我们说"媚眼如丝",就是眼神的交流,现在也流行说"眼神拉丝"!

弹幕5:这款有没有配刷子啊?

主播:这款没有配刷子,需要刷子的姐妹可以把2号链接的刷子添加到购物车里进行超低价换购,或者看我们直播间的14号链接,那款眼影盘是送刷子的喔!

弹幕6:会不会过敏啊?

主播:不会过敏的,这款眼影盘是经过权威机构检测并出具检测报告的!

弹幕7:是不是正品啊?

主播：100%是正品，咱们家是自营店，可以保证绝对没有假货。大家可以放心，我们承诺假一赔十！

主播：今天直播间特惠价，这款眼影盘原价×××元，特惠价只要××元，姐妹们点点关注，关注主播再领优惠券，下单更优惠！

主播：化妆是一种态度，不仅是为了让自己更美丽，更重要的是为了让自己更自信和快乐。

主播：有时候我们想要温柔，有时候我们想要热情，有时候我们想要神秘，有时候我们想要活泼，这款眼影盘都能满足我们的需求！

…………

【互动误区提醒】

1. 主播要具备一定的彩妆专业知识，不要面对问题时难以应对，更不能一问三不知，这样会让观众产生质疑。

2. 主播在展示眼影盘的时候，不能踩一捧一式宣传。

3. 主播在上手或上脸展示时，不能衣着过于暴露，不能做不雅动作等。

4.5.3 情景59：唇

【直播情景再现】

某彩妆品牌直播间正在热卖一款新品口红，主播小圆不断在自己的嘴唇上给观众们试色，展示不同色号口红的上唇效果。不一会儿直播间内进来了不少观众，有化妆小白，也有化妆达人，一时间，公屏上不断弹出各式各样的问题。

有的问题比较简单，如"这款口红持久吗？""这款口红会不会干？""这款口红适合什么肤色？"；还有些问题看起来较为专业，比如"这款口红是什么质地？""这款口红是什么色系？""这款口红有没有香味？"等。

【直播弹幕分析】

1. 有观众问口红的持久度、滋润度、适用肤色等，说明她们买口红更加注重实用性，日常使用更多的场景是上班、约会等。

2. 问口红质地、色系、香味等问题的观众，很可能是化妆达人，她们的需求更加细致，更加在意口红与妆面整体的搭配。

3. 发言互动的不论是化妆小白还是化妆达人，主播都需要引导、调和这两类人之间的互动氛围，控制直播间的气氛。

【主播互动演练】

主播：欢迎各位来我们直播间！我们现在给家人们展示的新品口红是×××品牌的"花漾"系列，"花漾"系列是一款专为亚洲女性设计的产品！

弹幕1：哇，好漂亮的颜色！

弹幕2：主播你涂了哪个色号？

主播：谢谢×××宝宝，今天我是不是比昨天好看！

主播：我涂的是"花漾"系列的01号色，樱花粉，这是一款非常温柔的粉色调口红，很适合在春天使用。

弹幕3：喜欢粉色调的口红！但是我皮肤比较黄，感觉不太适合。

主播：×××宝宝别担心！"花漾"系列一共有12个色号，每个色号都经过了专业的色彩分析和调配，可以满足不同肤色和妆容的需求。

主播：如果肤色较黄的话，姐妹可以选择04号色，这是一款偏橘调的粉色，可以提亮肤色，让你看起来更加活泼可爱！

弹幕4：主播你能不能给我们试试其他色号啊？

主播：当然可以啊家人们！我现在就给大家试色，大家想先看哪个色号？

弹幕5：02、05号。

主播：02号色，玫瑰粉，这是一款偏紫调的粉色，很适合成熟优雅的姐妹；05号色，牡丹粉，这是一款偏红调的粉色，很适合热情开朗的姐妹；03号色，莲花粉，这是一款偏蓝调的粉色，很适合清甜可爱的姐妹……

弹幕6：主播你说的这些我都喜欢，好难选！

主播：哈哈哈，没错，我也觉得每一个色号都好看！直接下手礼盒好了，12个色统统拿下！

主播：这款"花漾"系列口红不仅颜色美，质地也很好，哑光雾面的质地，涂抹在嘴唇上，不油腻、不拔干，持久度高，可以保持一整天的精致妆容！

弹幕7：主播这款口红有没有香味啊？

主播：有香味的喔！家人们，"花漾"系列的口红都添加了天然植物精油，涂在嘴唇上有一种淡淡的花香，让人忍不住想尝一口！

弹幕8：直播间有优惠吗？

主播：当然有了，今天×××品牌的口红两支一起买就可以享受9折优惠。数量有限，先买先得，大家抓紧下单吧，链接已经上了！

…………

⚠【互动误区提醒】

1. 主播要清楚地知道自己适合什么色号的口红，不能在上唇试色的时候给观众留下口红"太挑人""颜色丑"的印象。

2. 主播要提前熟悉口红相关知识，不要显得业余，要避免因为自己缺乏相关知识而导致冷场，更不要就有关专业问题和观众争论。

3. 不论是专业的还是比较简单的问题，主播都要耐心解答，不能顾此失彼。

▶ 4.6 美甲话题

4.6.1 情景60：美甲知识

【直播情景再现】

某美妆用品直播间正在热卖几款美甲片，主播小萱根据自己的美甲经验与观众交流美甲知识。不少女性观众反映美甲片往往有不好卸、不持久、不自然、不健康等问题。

小萱为了解答观众的困惑，同时对美甲片做最全面的展示，现场用直播间的美甲片给自己做了一次美甲，但引发了观众的一些其他疑问，有人说都是直播效果，有的人说家里没有这样好的灯光效果，还有人说演示的东西和实际发的货不一样……

第 4 章 勤互动

💻【直播弹幕分析】

1. 有观众反映美甲片常有不好卸、不持久、不自然、不健康之类的问题,她们可能使用过其他品牌的美甲片,又或者看了相关的测评视频。主播应用事实说话,让观众相信直播间销售的美甲片是质量上乘、经得住考验的产品。

2. 观众对直播效果质疑是正常的现象,主播要通过一些手段进行佐证,让观众相信美甲片的品质,也相信主播的诚意和专业水平。

3. 公屏上的弹幕既有善意发言,也有猜忌性的恶意发言,主播不用在意。

💬【主播互动演练】

主播:欢迎家人们,有没有最近想换新美甲的姐妹?大家发发言,让我看到。

弹幕1:我想啊!考虑要不要去店里,就是去美甲店太麻烦了。

弹幕2:我也想!只能去店里,自己搞不好。

主播:是的,去美甲店花钱又花时间,自己涂指甲油不仅容易掉色还容易干裂。所以我今天给姐妹们推荐一个好东西,×××(品牌名)家的新款美甲片!

弹幕3:美甲片啊,我没有用过诶,效果咋样?

主播:美甲片的效果当然好啦!最主要的就是方便快捷,只要撕下来贴上去就行了,一分钟搞定!

弹幕4:好像美甲片一般很难卸吧,而且对指甲不好。

弹幕5:好像很多美甲片也不持久啊。

主播:放心吧姐妹们,这款美甲片我已经用过,不管是卸除还是持久度,都非常Nice。只要用温水泡一泡就能轻松卸掉,而且能保持两周以上不脱落!

弹幕6:都有什么颜色啊?

主播:看颜色就要看款式啦,这款美甲片有多种样式可选,有简约的、复古的、时尚的、甜美的,总有一款适合你!

弹幕7:什么材质的啊?我之前买过,说是仿真指甲,结果只是一层塑料片,看着可假了!

主播:放心哦姐妹们,这款美甲片是实打实的仿真指甲。大家看(打开美甲片给观众实际演示),美甲片的效果非常自然,一点都不假,非常逼真!

弹幕8:假的吧,发货不是一样的东西。

主播:这款美甲片还采用了无毒无味的环保材料,不会对指甲造成伤害,也不会有刺鼻的味道。除此之外，还有防水防油的功能，可以防止指甲被污染或者脱落！

弹幕9：贵不贵，多少钱？

主播：原价确实有点小贵，不过本场直播拿到了平台的特殊补贴，直接减免50元！同时还申请到了8折优惠，这两者是可以叠加使用的，也就是先减免，再打折！综合算下来，是非常实惠的哦！这个优惠力度，"双十一"都不一定有啊！而且只限本场直播专享，要是错过了，就没有这个优惠了哦！

弹幕10：几号链接？

…………

【互动误区提醒】

1. 主播在用美甲片给自己做美甲的时候，要注意手部动作的清晰度和速度，不要太快或太慢，要让观众看清楚操作过程和使用效果。

2. 面对多数观众关心的问题，主播不要只在口头上解答他们的疑问，要拿出"干货"，让观众信服。

3. 主播不要因为一些不友好发言而受其影响，更不能与观众发生冲突。

4.6.2 情景61：美甲色系

【直播情景再现】

某美妆用品直播间正在热卖一款12色美甲油套装，主播小洁将套装打开后，一一向直播间的观众进行展示。

为了吸引观众的注意力，小洁想到了最近网络流行的美甲色，以此为话题与观众聊了起来。许多爱美的观众也加入了讨论，直播间人气渐渐升温，小洁适时地向观众推荐起了美甲油套装。观众对美甲油套装也有兴趣，纷纷询问是哪个牌子的，还问里面有什么颜色，小洁抓住机会，做了波广告，美甲油套装很快销售一空。

【直播弹幕分析】

1. 直播间观众的活跃可能是对网络流行美甲色感兴趣，因此主播要抓住机会，适时开始推荐产品。

2. 观众询问美甲油套装的品牌，更多的是对质量和安全性的担心，主播要深入了解他们的需求。

3. 观众关注美甲油套装里面的颜色，这是一种需求信息，主播要了解她们的喜好，适当推荐适合她们的美甲油套装。

【主播互动演练】

主播：姐妹们，大家好啊！又跟大家在一起了，好开心！

主播：大家最近做指甲没有啊？这两天×××（社交平台）上都在做果冻粉色的指甲！好好看啊！

弹幕1：是的！

弹幕2：被狠狠种草了！

弹幕3：什么色，我没刷到啊？

主播：我看很多大网红都在秀她们新做的美甲，好多都是果冻粉色的，真的好漂亮！我几个闺密都做了，本来约好了，结果我有事没有一起去。

弹幕4：我做了，而且还贴上了闪钻！

弹幕5：要挑美甲师！很多美甲师做不出网上果冻粉色的那个质感！

主播：没错，那个果冻粉色的质感还蛮不容易做出来的，我刷到很多"翻车"的案例！

弹幕6：要找专业的美甲师！

弹幕7：想自己做，看起来挺简单的，就一个单色！

弹幕8：颜色不正宗的，做不出那个粉色。

主播：不用那么麻烦了，我给姐妹们找到了！这款×××美甲油就能做出和网上一样的果冻粉色！

弹幕9：真的吗，是那个果冻粉色吗？

主播：我先给大家现场做一个果冻粉色的网红美甲看看，让姐妹们放心！

主播：姐妹们，能看清楚吗？这个做出来的质感，我找一找网上的图片给大家对比一下色差。

主播：姐妹们，没有多少色差，不用担心会"翻车"！

弹幕10：真的哇！可冲。

弹幕11：色差极小，不太容易看出来。

主播：这款美甲油套装除了这个爆款果冻粉色，还有其他11个网红色，是一款12色的套装！

弹幕12：咋是套装啊，还有啥色？

主播：还有醉酒红、蔷薇红、流砂红、西柚红、牛油果绿、落日橙、烟灰紫、香槟金、芥末绿、鲑鱼粉、樱花粉。

主播：这款12色美甲油套装还送全套工具，矿物色粉，无味指彩，免烤快干！

弹幕13：好，樱花粉！

主播：今天在我们直播间，×××元就可以买到喔！姐妹们，抓紧时间，网红美甲色，没有色差的果冻粉色，其他地方找不到的！来，上链接！

弹幕14：冲！

……

【互动误区提醒】

1. 主播在利用网络流行美甲色打开话题时，要注意个人言论，不要站到观众喜好的对立面。

2. 从网络流行美甲色讨论过渡到美甲油套装销售时要自然，不要生拉硬扯，主播可以用一些幽默的语言引出所推荐的产品。

3. 主播要真实展示美甲油的效果，不能弄虚作假，进行虚假演示。

4.6.3　情景62：美甲工具

【直播情景再现】

某美妆用品直播间正在销售几款美甲贴纸，主播小瑜在向观众推销其中一款热卖的美甲贴纸，她一边介绍这款美甲贴纸，一边展示自己贴了同款贴纸的美甲。

不少观众发弹幕询问，有人问美甲贴纸会不会掉色，有人问美甲贴纸会不会伤指甲，有人问美甲贴纸怎么撕下来，有人问美甲贴纸有没有不同的款式……

【直播弹幕分析】

1. 询问美甲贴纸是否掉色的观众,她们可能对美甲贴纸的颜色和图案比较关注,主播可以结合自己手指上的同款美甲贴纸展示不同的效果,并强调颜色的持久度。

2. 询问美甲贴纸是否伤指甲的观众,她们可能比较关注美甲贴纸的材质和使用方法,主播可以讲解美甲贴纸是采用环保无毒的材料制作的,不含任何化学成分,不会对指甲造成任何伤害,使用起来也非常简单,只需要剪裁、粘贴、修剪就可以了。

3. 询问美甲贴纸怎么撕下来的观众,她们可能比较关注美甲贴纸的撕除方法,主播应采用简单的方式,展示美甲贴纸撕除的方便性。

【主播互动演练】

主播:姐妹们,欢迎大家来我的直播间,大家最近都做美甲了吗?你们都多久换一次美甲呀?

弹幕1:手上的快没了,等掉了找个时间再去做一次。

弹幕2:不经常做,主要太花时间了。

主播:看来大家主要是没有时间啊!谁不想要美美的指甲呢。

弹幕3:没时间,也不太方便。有时候指甲太长。

主播:没时间、不方便,这都不是问题,我都能帮家人们解决!

弹幕4:真的假的?那我都可以一天换一种美甲了。

主播:今天我给家人们推荐的就是这款超火的美甲贴纸,一个快捷方便的美甲神器!

主播:你们看我的指甲是不是很漂亮?这个就是用这款美甲贴纸做出来的效果哦!

弹幕5:还不错,挺好看。

主播:要想拥有同款美甲,只需在家里备一套美甲工具,或者也可以用指甲刀代替,整个粘贴过程无需任何特殊技巧,就能做出专业级别的美甲!

主播:不管你是新手还是老手,都能轻松搞定!更重要的是,还能随心更换不同风格的美甲,想换就换、想撕就撕,一点都不麻烦!

弹幕6:会不会掉色啊?

主播:×××宝宝,你问到关键了!家人们是不是担心这款美甲贴纸颜色和图案会慢慢掉色啊?

主播：家人们，尽管放心！这款美甲贴纸采用高品质的进口油墨，颜色鲜艳、持久不褪色。这款美甲贴纸还有一个特殊的防水防油层，可以有效防止水分和油脂的侵入，让你的美甲保持新鲜亮丽！

弹幕7：美甲贴纸会不会伤指甲啊？

主播：这款美甲贴纸采用环保无毒的材料制作而成，不会对指甲造成任何伤害。使用起来也非常方便，只需要剪裁、粘贴、修剪就可以了，不需要去美甲店花费时间和金钱，就能在家里自己动手做出漂亮的美甲！

弹幕8：怎么撕下来啊？

主播：这款美甲贴纸撕除也非常方便，只需要用温水浸泡一下指甲，然后轻轻一撕就可以了，不会留下任何痕迹，也不会伤害到指甲表面。

主播：我现在就给大家演示一下，先把手指放在温水里泡一泡……好了，现在轻轻地把这个美甲贴纸撕下来……你们看是不是很干净呀？一点残留都没有哦！

弹幕9：有没有不同的款式啊？

主播：有多种图案和颜色可选，可以根据自己的喜好和着装搭配不同的风格。我给大家展示一下……

弹幕10：美甲贴纸多少钱一套？

主播：今天这场直播主要是为了迎接新粉、回馈老粉，直播间的宝宝花一秒钟给主播点点关注、点点收藏，马上就给大家秒杀这款美甲贴纸，一套只要××元，包邮到家哟！还没点关注的宝宝们记得左上角点点关注！

主播：家人们准备好了吗？秒杀活动马上开始，没有关注、收藏的家人们抓紧时间啦！

…………

⚠【互动误区提醒】

1. 主播互动时要围绕美甲贴纸的优点和特色，构造出自己动手做美甲的日常化场景，要通过引发粉丝的兴趣和好奇心从而促成下单，不要只是单纯地介绍美甲贴纸。

2. 主播要在直播间不断告诉粉丝"你值得拥有"，刺激粉丝消费欲望，不要一味地压低价格或者送赠品，反而要提升产品的价值感。

3. 主播要注意控制直播节奏，不要让秒杀活动时间持续太久或者时间太短，要根据观众的反馈调整秒杀活动的持续时间和库存数量,保持直播间的气氛和热度。

▶ 4.7 美睫话题

4.7.1 情景63:美睫知识

【直播情景再现】

某美妆品牌直播间正在热卖几款睫毛膏,主播小佳在向观众展示一款纤长持久睫毛膏。正值盛夏,天气炎热易出汗,不少观众都希望买到一款不易晕染的睫毛膏。大家纷纷在公屏上提出自己的疑问,有人问睫毛膏是否防水,有人问睫毛膏是否易卸,有人问睫毛膏会不会晕染,有人问哪个颜色更适合夏季……

【直播弹幕分析】

1. 关注睫毛膏是否防水的观众,她们可能比较关注睫毛膏的持久性,主播可以结合防水测试等实验进行详细讲解。
2. 关注是否易卸以及晕染问题的观众,她们可能比较在意睫毛膏的卸妆难度和对眼部皮肤的影响。
3. 关注颜色问题的观众,她们可能比较注重睫毛膏的美感和搭配效果。

【主播互动演练】

主播:大家好,欢迎来到×××品牌直播间,我是主播佳佳。今天我给大家带来了一款非常适合夏季使用的纤长持久睫毛膏!

主播:夏天到了,大家是不是都想出去赏赏美景呢?夏天是一个非常适合旅游的季节,出游时也要注意保护好咱们的眼睛哟!眼睛是心灵之窗,也是美丽之源。如果想要让眼睛更加有神、更加迷人,那么就一定要试试今天给大家介绍的这款纤长持久睫毛膏啦!

弹幕1：这款睫毛膏是不是防水的啊？

弹幕2：防水就怕卸不掉啊！

主播：这款睫毛膏最大的特点就是它采用了独特的防水配方，可以有效地防止汗水、泪水、雨水等对眼妆造成的影响。无论你是在户外运动、游泳还是在雨中漫步，都不用担心睫毛膏会掉色、晕染。

主播：这款睫毛膏的防水性能非常强，可以持续24小时不掉妆！为了给大家证明这一点，我现在就给大家做一个防水测试。我先给自己涂上这款睫毛膏，然后用喷壶喷一些水到我的眼睛上，你们看，我的睫毛是不是还很完美，没有任何变化？

弹幕3：哇，真的好神奇啊！

主播：有些宝宝可能会担心，既然这么防水，那么卸妆会不会很难呢？

主播：其实不用担心，这款睫毛膏虽然防水性能很强，但是卸下来也非常容易。我现在就给大家演示一下卸妆的过程，首先用这块卸妆棉沾一些卸妆液，然后轻轻地在我的眼部按摩一下，你们看，我的睫毛膏是不是完全卸掉了？

弹幕4：好厉害啊！

主播：很方便对不对？这样就可以保证咱们的眼部皮肤健康了。除了防水和易卸之外，这款睫毛膏还有一个很重要的功能，那就是使睫毛增长浓密！

主播：这款睫毛膏采用了专利设计的纤维刷头，可以将睫毛膏均匀地涂抹到每一根睫毛上，让睫毛变得更加浓密、纤长、卷翘。它还含有多种植物萃取物和维生素E等成分，可以滋养和保护睫毛，让睫毛更加健康、强韧、有光泽。

主播：我现在就给大家看一下涂抹前后的对比效果，这边是我没有涂抹任何东西的眼睛，你们看我的睫毛是不是很短、很稀疏并且下垂呢？而这边是我涂抹了这款睫毛膏的眼睛，你们看我的睫毛是不是变得非常浓密、非常纤长、非常卷翘呢？简直就像戴了假睫毛一样！

弹幕5：哇塞！太美了！

主播：这款睫毛膏真的可以让你的眼睛变得更加有神、更加迷人！

主播：这款睫毛膏还有多种颜色可供选择，有经典的黑色、时尚的棕色、浪漫的紫色等。不同的颜色可以给你的眼妆带来不同的效果，比如黑色可以让你的眼妆更加深邃，棕色可以让你的眼妆更加温柔，紫色可以让你的眼妆更加神秘。

主播：你可以根据自己的喜好和妆容来选择合适的颜色。夏天是一个非常适合多巴胺穿搭的季节，你可以用这款睫毛膏来搭配你的服饰和妆容，让你的整体造型更加完美!

弹幕6：我喜欢紫色的!

弹幕7：我想要黑色的!

主播：宝宝们，不要着急，这款睫毛膏现在有限量优惠活动哦，只要在直播间下单，就可以享受到超低的折扣价，而且还有赠品送给大家!

主播：赠品是什么呢？就是这款睫毛膏的专用卸妆液！这款卸妆液也是×××品牌的，非常温和，可以轻松地卸掉这款睫毛膏，还可以给眼部皮肤补水保湿，让眼部皮肤更加柔嫩光滑!

主播：这样一来，你就不用再另外购买卸妆液了，直接一套搞定，多划算呀！宝宝们，数量有限，赶快下单，先到先得哟！来，上链接!

…………

⚠ 【互动误区提醒】

1. 主播在与观众交流分享美睫知识时，不要主次不分，要记得推销睫毛膏这一核心目标。

2. 主播介绍睫毛膏的卖点和演示内容要真实，不要弄虚作假，呈现不实信息。

3. 主播不要自说自话，要积极与观众互动，要做观众的朋友，而不是把自己当作一个推销员。

4.7.2 情景64：假睫毛

【直播情景再现】

某美妆品牌直播间正在销售几款假睫毛，主播小婷在向观众展示其中一款自然款的假睫毛。这款假睫毛的特点是长度和密度都比较适中，不会显得太夸张或太浓密，适合日常妆容或者清新风格的妆容。小婷为了让观众们更好地了解这款假睫毛的特点，特意请嫁接了睫毛的模特小姐姐现身做效果对比。

直播间里有不少观众对这款假睫毛感兴趣，纷纷发弹幕询问，有人问假睫毛怎么粘贴，有人问假睫毛会不会掉，有人问假睫毛会不会影响眼部卫生，有人问假睫毛有没有不同的款式……

💻【直播弹幕分析】

1. 询问假睫毛怎么粘贴的观众，她们可能是新手，不常使用假睫毛，比较担心假睫毛的操作难度和使用技巧。

2. 询问假睫毛会不会掉、会不会影响眼部卫生等问题的观众，她们可能比较看重假睫毛的质量、卫生和安全性，是一些较为谨慎的观众。

3. 询问假睫毛款式问题的观众，她们应该有着丰富的假睫毛使用经验，想要追求更好的化妆效果。

💬【主播互动演练】

主播：欢迎大家来到我的直播间，我是你们的美妆推荐官婷婷，各位宝宝好！

主播：今天我给大家带来了几款超级好用又好看的假睫毛，你们看看我现在戴的这款是不是很自然、很漂亮啊？

主播：这款是咱们今天要重点推荐的自然款假睫毛，它的长度和密度都非常适中，不会让你看起来像戴了两把扇子一样夸张，也不会让你看起来像戴了两块假发片一样尴尬！

主播：它可以完美地融合在你的真睫毛里，让你的眼睛更加有神、更加有魅力！看上去就像是你嫁接的睫毛一样！我把我们直播间的一个大美女叫过来，她刚做了嫁接睫毛，给大家比较一下就知道了！

主播：新进来直播间的家人们，没有给主播点关注的，赶紧给主播点一下关注哈，有什么问题可以随时问我！

弹幕1：这款假睫毛怎么粘贴啊？

主播：这款自然款假睫毛简单易用，只需要三个步骤就可以完成。

主播：第一步是先用眼线笔或者眼线液画好眼线，这样可以让你的眼型更加明显，也可以遮盖住假睫毛的根部。

主播：第二步是先用手指或者镊子轻轻地把假睫毛从盒子里取出来，然后在根部涂上适量的专用胶水。

主播：第三步是等胶水变成半透明状后，把假睫毛贴在眼线上，从中间开始，再调整两边，让它跟你的真睫毛贴合得更紧密。就这样，一只眼睛就完成了，再重复一遍另一只眼睛的就可以了!

弹幕2：假睫毛会不会掉啊？

主播：我给家人们推荐的这款自然款假睫毛的胶水是非常牢固的，不会因为你眨眼或者流泪就掉下来，你可以放心地戴一整天都不用担心。

主播：当然，如果你想要卸下来时，也很容易，只需要用温水或者卸妆水轻轻地擦拭一下，就可以轻松地取下来，不会伤害到你的眼皮或者真睫毛。这款假睫毛还可以重复使用哦，只要你每次用完之后把它放回盒子里保存好，下次还可以继续戴。

弹幕3：假睫毛会不会影响眼部卫生啊？

主播：这款自然款假睫毛是用优质的人造纤维制作而成的，非常柔软舒适，不会刺激眼睛或者引起过敏反应。

主播：这款假睫毛都是经过严格消毒处理的，出厂时没有细菌或者灰尘残留。所以你不用担心假睫毛会影响你的眼部卫生，只要你按照正确的方法使用和保存，就可以保持你的眼睛清洁和健康。

弹幕4：假睫毛有没有不同的款式啊？

主播：除了自然款之外，还有其他几款不同风格的假睫毛供大家选择。比如说这款浓密款的假睫毛，它的长度和密度都比自然款要高一些，适合那些想要打造浓郁妩媚眼妆的姐妹们。

主播：这款纤长款的假睫毛，它的密度比自然款要低一些，适合那些想要打造清纯甜美眼神的姐妹们。

主播：这款猫眼款的假睫毛，它的长度和密度都是从内向外逐渐增加的，适合那些想要打造迷人眼妆的姐妹们。大家可以根据自己喜欢的风格和穿搭来选择合适的假睫毛哦！

…………

⚠【互动误区提醒】

1. 主播不要只是滔滔不绝地讲，自夸再多不如效果演示，可以向观众们展示戴上假睫毛前后的对比效果，让观众们更直观地感受到假睫毛带来的妆面变化和妆效提升。

2. 主播在推荐假睫毛时，不能使用过于夸张或者虚假的描述，比如说戴上假睫毛就能变成明星或者网红之类的话语。

3. 主播要具备假睫毛相关的美妆知识，要有实际的使用经验，不要不懂装懂。

4.8 美的话题

4.8.1 情景65：颜值

【直播情景再现】

某珠宝首饰直播间正在热卖一款水晶耳钉，主播小裴见开播后观众不多，便先开启了一轮抽奖，然后跟观众聊女性的美，一步步引导到耳朵、耳饰等话题。

直播间观众越来越多后，小裴开始介绍水晶耳钉，这引起不少观众提问，有人问有没有其他颜色，有人问耳钉是什么材质，有人问适合什么样的脸型……

【直播弹幕分析】

1. 询问水晶耳钉颜色的观众，她们可能不喜欢传统的银白色款式，主播要仔细了解他们的需求，引导他们选择自己喜欢的颜色和款式。

2. 询问水晶耳钉材质的观众，他们可能对水晶耳钉的材质比较关心，主播要展示重要证明资料以打消观众的疑虑。

3. 询问适合什么脸型的观众，他们可能有自己的搭配心得，或者对自己的外貌条件不是十分满意，主播可以重点介绍水晶耳钉的装饰作用。

【主播互动演练】

主播：好了，本轮抽奖已结束，恭喜各位中奖的家人！大家赶紧联系我们的客服领取中奖礼品！再等一会儿，咱们下一轮抽奖马上开始！

主播：家人们有没有看到最近很火的男女颜值打分对照表啊？我今天刚看到，也太严格了，按照这个标准我只能得6分！大家都能得几分啊？刷刷评论让我看看直播间家人们的颜值高不高！

弹幕1：8分！

弹幕2：8分就跟明星×××一个水平了，9分属于倾国倾城，10分是天外飞仙！

弹幕3：普通人就是5分最多了。

主播：×××宝宝给自己的评分不低啊！那这么严格的话，我是不是给自己打分太高了？哈哈哈，看来只能得5.5分了。

弹幕4：裴裴很美，可以打7分！

主播：谢谢×××宝宝！爱你！咱们普通人也不用灰心，颜值不够，装备来凑！人靠衣装，佛靠金装嘛！

主播：今天我给家人们推荐的好物是×××家超级好看的水晶耳钉！耳朵可是影响我们颜值的一个重要部分！绝对不能平常对待！

弹幕5：耳朵？怎么说？

弹幕6：好像没怎么注意过自己的耳朵。

主播：耳朵不仅是我们听声音的器官，也是我们展示个性和气质的重点部位。你们想想看，如果一个人戴着一对漂亮的耳饰，是不是会让人觉得更有魅力呢？

弹幕7：多吃水果、多运动、好好睡觉，就是最好的美容。

弹幕8：是的，在街上看到有的姐姐超级吸引人！

弹幕9：我也觉得耳饰很重要。

主播：我跟家人们聊这些，就是想给大家推荐这款超级好看的水晶耳钉！我现在戴的这款也是他们家的产品！是不是很好看啊！

弹幕10：果然啊，又来了！

主播：嘿嘿，咱们家是珠宝首饰直播间，当然要为大家推荐美丽好物啦！

弹幕11：这款耳钉是不是银的？

主播：这款水晶耳钉主要有两个特点，一个是造型，一个是材质！大家看（拿出水晶耳钉展示），这款耳钉设计非常精致，采用了高品质的天然水晶，工艺精湛、色泽鲜亮，可以媲美钻石的璀璨夺目，非常适合各种场合佩戴！

主播：基底是标准925银，采用了意大利纳米电镀工艺，镜面光泽，持久亮丽！

弹幕12：哇！好漂亮！

弹幕13：有没有其他颜色的款式啊？

主播：除了银白这一款，还有粉色、紫色、蓝色、绿色和黑色，每种颜色都有不同的寓意！

主播：银白代表纯洁和平静，粉色代表浪漫和甜蜜，紫色代表神秘和高贵，蓝色代表清新和自信，绿色代表生机和健康，黑色代表稳重和保护。大家可以根据自己的喜好和需要来选择哦！

弹幕 14：喜欢粉色的。

弹幕 15：适合什么脸型啊？

主播：我给家人们推荐的这款水晶耳钉不挑人的，它的造型设计就有修饰脸型的作用，家人们可以随心搭配。

主播：喜欢的家人点击 5 号链接下单哦！

弹幕 16：买几个，换着颜色戴。

……

【互动误区提醒】

1. 主播要求同存异，充分尊重观众不同的审美倾向，不要与观众发生争执。

2. 主播介绍水晶耳钉颜色、材质时，不可夸大其词、虚假宣传，要实事求是。

3. 主播与观众讨论颜值话题，务必谨记主要任务在于销售水晶耳钉，不要错失良机，消耗观众耐心。

4.8.2　情景 66：美丽

【直播情景再现】

某珠宝首饰直播间正在热卖一款水晶项链，主播小薇把项链戴在脖子上向观众展示，不少观众都夸她好美，但也表示害怕遇到假货、质量差、颜色不正、划痕多等问题。

为了解答观众的困惑，小薇对水晶项链进行了全面展示。利用直播间的专业设备现场向观众演示了如何进行水晶项链的真假鉴别和光泽度、折射率、划痕等的测试。但这又引发了一些观众的其他疑问，有人说都是直播效果，有人说家里没有专业设备，还有人说演示的东西和实际发货的不一样……

第4章　勤互动

【直播弹幕分析】

1. 部分观众反映水晶项链常有假货、质量差、颜色不正、划痕多之类的问题，他们可能买过其他品牌的水晶项链，又或者看了相关的测评视频，主播应用事实说话，让观众相信直播间销售的水晶项链是真品，是品质优良、颜色正宗、耐磨耐用的好东西。

2. 很多观众是有实际需求的，但是他们害怕受骗，主播要注意帮他们建立信心，打消顾虑。

3. 有观众质疑直播效果的真实性，这是一种常规情况，主播可以通过一些方法进行佐证，让观众相信水晶项链的品质，也感受到主播的诚意。

【主播互动演练】

主播：家人们，大家晚上好啊！最近天气渐渐变热了，大家的减肥事业怎么样啦？减肥要适度啊，可不能只顾美丽、不顾健康哦！

主播：美丽和健康从来都不是二者只能选其一的哦！

弹幕1：不减肥，美丽不起来啊！

弹幕2：健康美！女孩子也可以有肌肉线条美！

主播：家人们有没有什么小妙招，能成为人群中一眼出众的美女？大家来分享一下。

弹幕3：化妆啊！

弹幕4：戴首饰啊！

主播：化妆感觉皮肤好闷啊，尤其是夏天就更闷了，天气热我还是习惯淡妆或者素颜。化妆对于我来说有点麻烦了，每天化妆、卸妆，我可没有大美女那种毅力啊！

主播：戴首饰可以的，简单涂个口红，再挑选一款适合自己的首饰，整体气质马上提升几个级别，个人风格也突出！

弹幕5：没错，我有几副耳环，真的超级喜欢，戴上就感觉自己是大美女了，哈哈哈。

主播：今天小薇就给大家推荐一款好物，×××家的新款水晶项链！×××水晶搭配999国标足银，优雅呈现，浪漫感受！

弹幕6：水晶项链啊，我喜欢诶，看起来很高级。

弹幕7：水晶项链啊，我不敢买诶，怕买到假的。

主播：家人们可以放心，这款水晶项链我戴过了，各方面都非常有保障！

主播：不信你们看（拿出专业设备给观众实际演示），这款水晶项链采用天然水晶制作而成，这可以通过专业的仪器检测出来。大家看，这里显示的是水晶的成分和密度，都符合标准。

主播：这款水晶项链是天然的紫色，没有经过任何染色或加工。大家看，这里显示出来水晶的光泽度和折射率都非常高，说明水晶的纯净度和透明度都很好！

弹幕8：超喜欢紫水晶！

主播：另外，这款水晶项链还非常耐磨耐用，不会因为日常的摩擦而产生划痕，大家看（拿出硬币给观众实际演示），我用硬币在水晶上划了几下，水晶上一点痕迹都没有，还是光滑亮丽的。

主播：这款水晶项链的设计非常精美，水晶的形状和大小都很匀称，链子的长度也可以自由调节，适合不同的颈围和服装搭配。

弹幕9：这么好，不便宜吧？

主播：这款项链平时的价格确实有点贵哈，那我肯定不能按那个价格给大家啊，原价×××元，今天我直接给你们7折！

主播：本场直播还拿到了平台的特殊补贴，可以直接减免200元，也就是先减免，再打折！这个优惠力度，一年都没有几次的！今天错过，哪怕还是我们的直播间，都很难有这个优惠了哦！

弹幕10：我喜欢！

主播：来，家人们，18号链接，三、二、一，咱们上链接！

弹幕11：冲！

…………

⚠【互动误区提醒】

1. 主播在用专业设备给观众演示时，要提前做足功课，了解专业知识和技巧，不要出现操作错误或数据错误的情况，要能解释清楚数据代表什么意思。

2. 主播在与观众讨论"美丽"这一话题时，不要把自己的观点强加给观众，更不要试图说服持不同意见的其他观众，甚至与其发生冲突，要营造良好的交流环境。

3. 主播要注意强调优惠活动的稀缺性，不要只是平淡地念出优惠规则，要给观众营造一种"现在不买后面就没这么便宜"的感觉。

4.8.3 情景67：形象

【直播情景再现】

某腕表品牌直播间正在热卖一款机械腕表，主播小岩将腕表戴在自己的手上向观众展示。为了活跃直播间气氛，小岩便跟观众聊起了"形象管理"这个最近网络上热门的话题。

许多想要提升自己形象的观众加入了讨论，一时间直播间人气迅速上涨，小岩适时地向观众推荐起了机械腕表。很多男性观众对机械腕表有兴趣，纷纷询问是哪个牌子的、什么型号的机芯、有什么功能等，小美抓住机会，做了波广告，完成了不错的销量任务。

【直播弹幕分析】

1. 观众活跃可能是因为对形象管理感兴趣，因此主播要抓住机会，适时开始推荐产品，因为这种热度不会持久。
2. 观众关心机械腕表的品牌，一方面是有品牌偏好，更相信知名的品牌；另一方面，说明他们担心品质保障等问题。
3. 观众关心机械腕表的机芯和功能，可能是他们对机械腕表有一定的了解，对此有自己的心得和见解。

【主播互动演练】

主播：家人们，大家好啊，我是小岩！大家最近有没有看那个很火的电视剧《×××》啊，里面的反派真帅！每次出场的时候都让人眼前一亮！

弹幕1：没错，反派的光彩都压过主角儿了！

弹幕2：演员有演技，角色有魅力。

主播：八块腹肌，自律高效，穿衣品位还好！要不说呢，现在因为他，多了一个热搜词条，叫"×××的形象管理要点"，家人们看到了吗？

弹幕3：网友已经把他的形象管理要点做成自律十条了。

弹幕4：在学了，在学了！

弹幕5：我也是。

主播：大家觉得，提升形象最重要的是什么？

弹幕6：最重要的当然是自信了！

主播：那我换个说法，大家说又快又好的提升形象的工具是什么？

弹幕7：是衣服！

弹幕8：不，是鞋子才对！

弹幕9：配饰不错。

主播：哈哈，衣服、鞋子当然很重要，不过不管是衣服还是鞋子都需要搭配合适的配饰才能更加出彩！

弹幕10：我闻到了带货的味道！

主播：哈哈，没错，家人们，小岩今天向大家推荐的就是这款经典机械腕表！

弹幕11：咋是手表啊，手表能提升形象吗？

主播："一劳永逸"大家都听过吧，这个"劳"可不是劳动的劳，而是劳力士的劳。"没有人能拥有百达翡丽表，只不过为下一代保管而已"，这句话让我印象深刻，我想这就是机械腕表的魅力！

弹幕12：机械表确实帅！

弹幕13：你这款表什么牌子的，怎么没听说过？

主播：这款表是一个有近百年历史的老牌子了，现在更是成了国内销量增速最快的品牌！

弹幕14：什么型号的机芯啊？

主播：这款机械腕表用的是TXS2023机芯，这是一款经过时间检验的可靠机芯，品质很好！

弹幕15：有什么功能啊？

主播：平常功能有月、周、日显示，4小时长效夜光；户外功能有GPS定位和潜水级防水，不管你是出去爬山、野营，还是潜水、滑雪等都没有问题！

…………

⚠【互动误区提醒】

1. 主播在用形象管理打开话题时，要注意不要与观众讨论他人形象的负面问题，要尽快将话题转移到手表上来，开展后续销售工作。

2. 主播要巧妙地将话题从形象管理转移到机械腕表，不能生硬地跳转话题，以免引起观众反感。

3. 主播展示机械腕表的功能时,要注意突出其与形象管理的关联性,塑造一个成功的社会角色,不要盲目讲解。

4.9 饰品话题

4.9.1 情景68:饰品材质

【直播情景再现】

某时尚饰品直播间正在销售一款吊坠,主播小庆在向观众展示吊坠的设计细节,准备作进一步介绍。

通过小庆的话题引导,观众互动越发积极,很多人都在询问自己关心的问题,有人问吊坠是什么材质的,有人问吊坠会不会掉色,有人问吊坠有没有包装礼盒,有人问适不适合送人……

【直播弹幕分析】

1. 询问吊坠材质的观众,他们可能比较关注吊坠的质感、光泽度、耐久性等,主播可以结合吊坠的材质、工艺、证书等详细讲解。

2. 询问吊坠掉色问题的观众,他们可能比较关注吊坠的保养方法和佩戴注意事项,主播可以向观众示范如何正确佩戴和收纳吊坠,注意避免接触化妆品等容易导致吊坠腐蚀的物品。

3. 询问吊坠有没有包装礼盒或适不适合送人的观众,他们可能近期有送礼需求,但是暂时拿不定主意,主播可以根据吊坠的价格、定位、风格等引导其下单。

【主播互动演练】

主播:宝宝们,欢迎大家来到我们直播间,咱们今天是一整期的饰品专场直播!

主播:最近不是有很多节日马上要到了嘛!情人节、女神节、母亲节……送妈妈、送女友、送自己，大家应该都有想送的人吧！挑礼物是不是件麻烦事呢？

弹幕1：打算挑件送妈妈的礼物。

弹幕2：正在给女友选礼物！

主播：我来帮大家挑选礼物啦！今天首先要给大家介绍的就是这款轻奢高级的项链吊坠，不仅时尚大气还简单百搭！

主播：这款吊坠采用了高品质的锆石和925银作为主要材料。锆石是一种人造宝石，具有很高的折射率和色散率，比钻石还要闪亮哦！不仅如此，锆石还有很多种颜色可选，这款吊坠就有红色、蓝色、紫色、白色四种颜色供大家选择！

弹幕3：这个锆石是什么材质啊？

主播：×××宝宝，你问到点子上了哦！锆石其实就是锆氧化物，是一种非常稳定和耐用的材料，在自然界中很少见。因此，人们就用高温高压的方法人工合成了锆石，让它具有和钻石一样的光彩！

主播：锆石还有一个好处就是它的硬度很高，达到了8.5级，比一般的水晶、玻璃等材料的硬度都要高很多，所以不容易被划伤或者磨损哦！

弹幕4：这款吊坠会不会掉色啊？

主播：宝宝们，这款吊坠的链子是用925银制作的。925银就是含有92.5%银和7.5%其他金属的合金，这样可以保证银饰的质量和硬度。除此之外，还采用了电镀白金的工艺，让它更加光滑亮泽，不容易氧化变黑！

弹幕5：这个吊坠戴在脖子上会不会使皮肤过敏啊？

主播：这款吊坠经过了严格的皮肤测试，它的材质是无镍无铅无铬的环保材料，不会对人体造成任何伤害或者刺激，适合任何肤质哦！大家可以放心大胆地佩戴，给自己或者给你们心爱的人增添一份美丽和幸福！

弹幕6：有没有包装礼盒啊？

弹幕7：送人够不够档次啊？

主播：这款吊坠是有礼盒包装的喔，想要送人的话就不用另外再买礼盒了！原价×××元的轻奢高级项链吊坠，下单送礼盒，送人完全没有问题！

主播：今天在咱们直播间下单，主播除了送你们一个精美的首饰盒，还送大家一块擦银布，直接给大家福利拉满！还没点关注的宝宝们记得在左上角点点关注！咱们马上开始！

…………

【互动误区提醒】

1. 主播在向观众介绍吊坠材质时,不能虚构事实以欺骗观众。

2. 主播要在直播间不断告诉粉丝"你值得拥有""你需要购买"等来刺激粉丝欲望,不要一味说"快来抢购"或者"数量有限"等套路话术。

3. 主播在介绍饰品材质时要专业、流畅,不要断断续续,以免让观众觉得主播专业能力十分业余。

4.9.2 情景 69:搭配技巧

【直播情景再现】

某珠宝首饰直播间正在热卖一款时尚耳环,主播小冰在向观众展示这款以四叶草为设计灵感的耳环。正值秋季,不少观众决定购买一些新款的耳环来搭配自己的衣服,于是纷纷在公屏上提出自己的疑问,有人问耳环有几个款式,有没有不同的颜色,有人问耳环是否适合自己的脸型,有人问耳环是否会引起过敏……

【直播弹幕分析】

1. 询问耳环款式、颜色的观众,她们可能比较关注耳环的搭配技巧,主播可以结合不同的肤色、发色、服装等因素进行详细讲解。

2. 询问是否适合自己脸型的观众,她们可能有购买的意向,但不能确定是否能够搭配自己的脸型,主播可以结合不同的脸型特点进行详细讲解。

3. 询问是否会引起过敏的观众,她们可能比较在意耳环的品质和安全性,主播可以结合品牌的信誉和质检报告进行详细讲解。

【主播互动演练】

主播:大家好,欢迎来到我们的直播间,先欢迎一下新进直播间的宝宝们,欢迎我们的××宝贝进入咱们直播间,还有咱们的××宝贝是老粉了对不对?我经常看到这个昵称!

主播:欢迎大家!没点关注的可以先点点关注哈,今天我们直播间有惊喜福利送给大家。宝宝们千万不要轻易退出去哦，以免错过了惊喜福利环节！这次的惊喜福利不会让你们失望的！

弹幕1：来啦来啦！

主播：又到"停车坐爱枫林晚"的季节了，大家该加衣服的要加衣服哦，千万不要着凉了！

主播：今天给大家带来一款非常适合秋季搭配的时尚耳环！这款耳环是×××品牌最新推出的一个新品，非常精致优雅，无论是日常还是聚会都能轻松驾驭！

弹幕2：都有什么颜色啊？

弹幕3：我喜欢这个金色的！

主播：这款耳环有3种颜色可选，分别是金色、银色和玫瑰金色。金色是经典永不过时的颜色，可以很好地提升气质和气场，特别适合皮肤偏黄或者发色偏暖的宝宝们；银色是清新简约的颜色，可以很好地凸显肤色和发色的亮度，特别适合皮肤偏白或者发色偏冷的宝宝们；玫瑰金色是浪漫温柔的颜色，可以很好地平衡肤色和发色的色调和饱和度，特别适合皮肤偏红或者发色偏中性的宝宝们。当然，这3种颜色都是非常百搭的，大家可以根据自己的喜好和服装来选择哦！

弹幕4：还有没有其他款式的啊？

主播：除了这款以四叶草为设计灵感的耳环，咱们还有繁星、花朵、天鹅等系列款式可供选择。喜欢的宝宝们把链接号码发到评论区，待会儿主播会一一向大家介绍喔！

弹幕5：这款耳环适合什么脸型啊？

弹幕6：我是方脸，能戴吗？

主播：这款耳环的设计充分考虑了不同脸型的宝宝们，整体是四叶草的造型，下半部分搭配了一个圆形的小吊坠，还有一些小珠子和水晶点缀，非常有层次感和灵动感。

主播：这种形状的耳环可以很好地修饰脸型，让脸看起来更加柔和圆润。像×××宝宝说的方脸，就可以用这款耳环来修饰脸部的棱角，让脸部的线条感和立体感更加明显。

主播：当然，其他的脸型也都可以戴这款耳环，比如圆脸可以用这款耳环来拉长脸部的线条，让脸看起来更加瘦小；椭圆形脸可以用这款耳环来平衡下巴的尖锐，让脸看起来更加自然。总之，这款耳环能够搭配各类脸型，宝宝们不用担心！

弹幕7：耳环戴上后会不会引发过敏啊？

弹幕8：我之前买的耳环戴了就发炎！

主播：这款耳环的材质是优质且安全的，它采用的是 925 银镀金工艺，不含任何有害物质，不会导致皮肤过敏或者发炎。

主播：更重要的是，这款耳环还通过了国家权威机构的质检，具备相应的质检报告，证明了它的品质和安全性。所以大家不用担心戴了会有什么不良反应，完全可以放心！

主播：像×××宝宝说的，之前买的耳环戴了就发炎了，可能是因为买到了一些劣质或者假冒伪劣的产品，所以大家一定要注意辨别，提高警惕，咱们×××品牌是有专业的售后服务和保障的，大家可以放心购买！

…………

【互动误区提醒】

1. 主播在通过脸形搭配话题与观众互动时，要尽量给出具体的建议和示范，让观众产生信任感，不要模棱两可、乱说一通。
2. 主播在介绍耳环的相关卖点时，不能弄虚作假，更不能欺骗观众。
3. 主播在向观众推销介绍耳环的过程中，不能使用违规违法词汇。

4.9.3　情景 70：饰品风格

【直播情景再现】

某珠宝首饰直播间内，主播小周正在向观众介绍一款黄金转运珠，这款转运珠采用了 Au9999 足金材质，既可以买来当饰品佩戴，也可以用作投资。小周热情地向观众们讲解黄金的好处，还举了背房贷和买黄金的例子来帮助大家理解。很多人询问了心中关于转运珠的问题，能不能回收？怎么回收？买了运气真的会变好吗？

【直播弹幕分析】

1. 询问转运珠能否回收和如何回收这类问题的观众，他们可能有购买转运珠的意向，但是在回收价值这一方面还有顾虑。
2. 询问买了能不能转运、会不会带来好运这类问题的观众，他们更多是需要一种心理暗示,而转运珠这类饰品本身就是这一定位、这一风格,主播可以说一些漂亮话,满足观众的心理需求。

3. 对主播提出的背房贷和买黄金这两个例子持反对意见的观众,他们可能只是想发表意见,逞口舌之快,也可能是因为利益对立从而故意唱反调,主播对此保持理智即可。

【主播互动演练】

主播:家人们,龙年来了,新的一年,新的好运!今天我给大家带来了龙元宝转运珠,不管你去年过得怎么样,今年一定得是好运的一年!

弹幕1:去年别提了,失业加生病,丧极了,急需要转运!

弹幕2:我本命年,买来图个安心。

弹幕3:去年好不容易上车了,结果反而站在了房贷利率的高点附近,现在想提前还款也还不进去,真是倒霉。

主播:我看很多家人都说房子的事,房贷利率现在是降了,可以说是近年来最低水平。但前几年高点利率上车的家人们确实让人心疼啊!大几十万元的贷款,多几个点,30年就多出至少一辆C级车来啊!

弹幕4:我背的是6开头的,看到现在3开头的,人都傻了。

主播:今天买个转运珠,诚心诚意地戴着,说不定明年就出台政策可以调整贷款利率了!

弹幕5:关键现在房价还降,双重打击啊!

主播:这两年房价是略微下降了,现在买房子已经不如买黄金保值了!疫情这几年,黄金单价涨了不止100块,房贷利率呢,绝大多数地方再也没靠近过高点。100万元的资金,要是选择先买黄金晚两年买房,这两年后可就直接变成一百二三十万元了!

弹幕6:唉,是啊。

主播:我们家这款转运珠的材质是Au9999足金,糅合了3D硬金工艺,打造出一个可爱软萌的小龙形象。时尚吸睛、闪耀动人,带着满满的正能量!

弹幕7:可爱。

主播:这款转运小金龙,不仅可以当饰品佩戴,还可以用作投资。明年到了,好运转了,咱还可以卖掉,小赚一笔。

弹幕8:能回收?

弹幕 9：怎么回收？

主播：家人们如果家里有金饰想要回收的，可以直接前往我们的线下门店，我们安排了专业的回收人员，会按照最新金价给您回收。

主播：嫌麻烦的家人们，也可以去你们家附近的金店，他们有回收业务就能回收。

主播：喜欢这款转运小金龙的家人们千万不能错过，送家人送朋友送自己，转运投资都可以！来，家人们，看咱们的 6 号链接，咱们直接改价！

…………

【互动误区提醒】

1. 主播如果希望观众深刻理解转运珠的概念，就不要生硬地推销，要学会使用条分缕析的技巧，从而达到说服目的。

2. 主播要保持宽容平和的心态，不能因为某些观众的发言而情绪失控，但也要掌握直播流程、把握直播节奏，不能被弹幕干扰了正常的直播工作。

3. 主播在利用房贷这一话题来推销转运珠时，切忌不懂装懂，更不能曲解国家相关政策法规。

4.10　互动话题 7 类经典语句

4.10.1　产品功效类

【经典语句 1】
高倍防晒力，清透好肤感，撑起夏日肌肤防护伞！

【经典语句 2】
让肌肤喝饱水，打造健康透润水光肌！

【经典语句3】

温和去角质，还肌肤弹性光彩！

4.10.2 说服认同类

【经典语句1】

用美丽武装自己的人，岁月也不是对手！

【经典语句2】

把彩虹画在嘴上，心就会放晴喔！

【经典语句3】

让年龄成为你的勋章，而不是你的硬伤！

4.10.3 宣传广告类

【经典语句1】

披上唇间丝绒华服，成就自信优雅女性！×××，一支口红，一次新生！

【经典语句2】

永远不要低估一个女人变美的决心！×××，用性感武装自己。

【经典语句3】

真正持妆，聚光灯下也无瑕！×××，底妆高手，瑕疵隐匿！

4.10.4 知识普及类

【经典语句1】

×××精华露,从肌底改善肤色与肤质,从而提升肌肤光泽度,透射珍珠般润白光芒。

【经典语句2】

三重玻尿酸,强舒缓,深修护,细致毛孔,提拉紧致!

【经典语句3】

×××精华乳,灌注多重美白精粹,改善皮肤暗沉,透现亮白光彩!

4.10.5 专业讲解类

【经典语句1】

蕴含水解胶原、弹性蛋白等多种营养成分,持续补充肌肤所需营养,对日常受损肌肤有优异的呵护作用,令肌肤保持柔滑幼嫩、水润莹亮的状态!

【经典语句2】

夜间帮助修护受损的肌肤,补充肌肤营养,滋润肌肤。次日肌肤呈现细、滑、透、亮。独特配方,不含色素、不含矿物油、不含防腐剂!

【经典语句3】

植物精粹提取物,显著减少干燥泛红!修护由外界或内因产生的肌肤问题,抑制肌肤氧化因子;根源抗老,改善毛孔粗大,抑制老化因子,肌肤更紧致细腻。

4.10.6　比喻说明类

【经典语句 1】

×××爽肤水,让肌肤有种刚做完桑拿的润透感!

【经典语句 2】

肤若凝脂,肌如白雪!吹弹可破,冰肌赛雪!×××,让女人美丽如诗!

【经典语句 3】

像红粉知己,更是美白专家。柔美肌肤,从×××开始!

4.10.7　数据事实类

【经典语句 1】

每一瓶都含有超 90% 的×××成分,现在、未来,肌肤每刻晶莹剔透!

【经典语句 2】

0.21mm 薄如蝉翼,拒绝闷痘;满满 25g 精华,只吸收不流失!

【经典语句 3】

×××弹嫩肌肤养成方案,泛红改善提升 90%,肌肤耐受提升 80%,舒缓修护提升 90%,改善屏障提升 85%。

4.11　互动话题 3 类句式总结

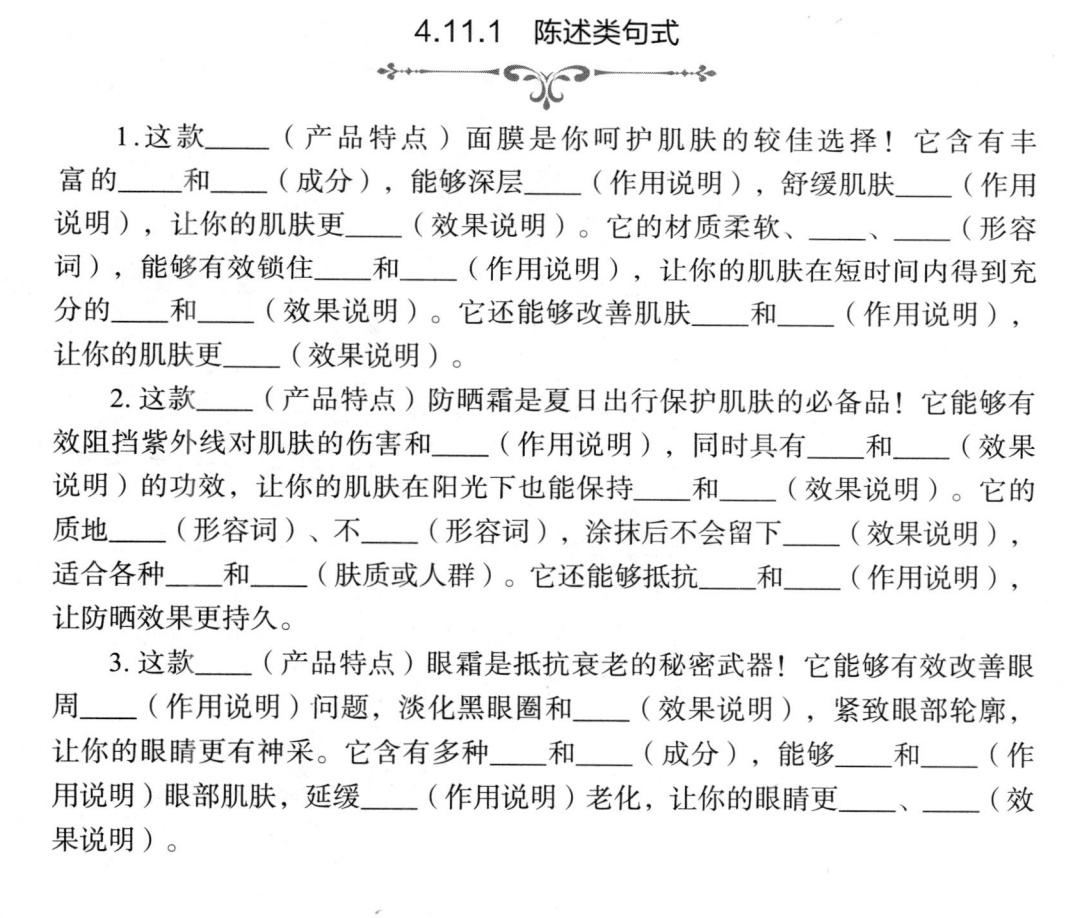

4.11.1　陈述类句式

1. 这款____（产品特点）面膜是你呵护肌肤的较佳选择！它含有丰富的____和____（成分），能够深层____（作用说明），舒缓肌肤____（作用说明），让你的肌肤更____（效果说明）。它的材质柔软、____、____（形容词），能够有效锁住____和____（作用说明），让你的肌肤在短时间内得到充分的____和____（效果说明）。它还能够改善肌肤____和____（作用说明），让你的肌肤更____（效果说明）。

2. 这款____（产品特点）防晒霜是夏日出行保护肌肤的必备品！它能够有效阻挡紫外线对肌肤的伤害和____（作用说明），同时具有____和____（效果说明）的功效，让你的肌肤在阳光下也能保持____和____（效果说明）。它的质地____（形容词）、不____（形容词），涂抹后不会留下____（效果说明），适合各种____和____（肤质或人群）。它还能够抵抗____和____（作用说明），让防晒效果更持久。

3. 这款____（产品特点）眼霜是抵抗衰老的秘密武器！它能够有效改善眼周____（作用说明）问题，淡化黑眼圈和____（效果说明），紧致眼部轮廓，让你的眼睛更有神采。它含有多种____和____（成分），能够____和____（作用说明）眼部肌肤，延缓____（作用说明）老化，让你的眼睛更____、____（效果说明）。

4.11.2　说明类句式

1. ×××精华乳能够有效抑制____和____（作用说明）生成，帮助对抗色斑、____和____（作用说明），使肌肤透现白皙无瑕光彩。____（种类）植物来源的活性成分，能够预防____和____（作用说明），帮助焕白肌肤，并建立屏障，防止外界侵袭引起的肌肤____（效果说明）。

2.×××爽肤水，独特的水乳精华质地，为肌肤注入____、____（成分）因子，温和调理____（作用说明），显著提高肌肤____、____与____（作用说明），令肤色更____、更____、更____（效果说明）。

3.×××卸妆油，水感质地、浓妆速溶、乳化体系、水润肤感、活力焕亮、精油养肤，卓效清爽净卸，养护皮脂膜，卸时____（效果说明），卸后____（效果说明）。

4.11.3 讲解类句式

1.____（成分）提取物、____（成分）精华和玻尿酸组成的强大组合，可以在角质层、表皮层、____（生物名词）层发挥作用，将提拉、紧致、保湿、____、____（效果说明）功效五效合一，卓效改善肌肤问题。

2.富含维生素____、____（成分）、透明质酸等滋润成分，能缓解眼周肌肤干燥不适和____（作用说明），可减少细纹、干纹和____（生物名词）的形成，改善黑眼圈，让双眸呈现奕奕神采！

3.独特小分子活力____（成分），深层修护肌肤____（作用说明），有效淡化____（作用说明），提升肌肤____（作用说明），预防____（作用说明）生成，保护肌肤____（作用说明），建立肌肤____（作用说明），肌肤更显无瑕润白、____（效果说明）。

第 5 章

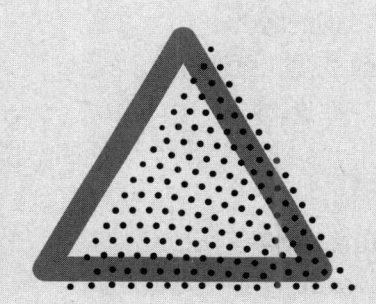

强信任

5.1 强化认同

5.1.1 情景 71:强调品牌

【直播情景再现】

某护肤品品牌直播间正在热卖一款男士控油洗面奶,主播小李一边向观众展示洗面奶的瓶身设计,一边讲解着洗面奶的功效。直播间人气很高,弹幕刷新很快,小李注意到观众对于洗面奶最为关注的就是控油能力。除此之外,公屏上也有不少关于洗面奶的清洁能力、保湿能力、价格等问题的弹幕。

为了解答观众的问题,小李着重介绍了洗面奶的品牌,通过大品牌的知名度提升了洗面奶在解决相应问题上的说服力,获取了观众的信任,最终本场直播取得了不错的销售业绩。

【直播弹幕分析】

1. 观众最为关注洗面奶的控油能力,说明"控油"对于观众而言是痛点,主播要重点介绍洗面奶的控油能力。

2. 观众还比较关心洗面奶的清洁能力和保湿能力,说明此次直播间里的不少观众都是混合性肌肤,主播可结合不同的肌肤类型推荐不同功效的洗面奶。

3. 还有些观众比较关注价格等方面的信息,说明他们买洗面奶更在意性价比,主播要体现出洗面奶的价值,让观众觉得这款洗面奶价格合理、性价比高。

【主播互动演练】

主播:家人们!×××(品牌名)品牌新款男士控油洗面奶正在直播间热卖哦!这次的新款产品进行了全方面升级,功能划分更加详细,瓶身设计更加时尚,容量也更大哦!

弹幕1:×××(品牌名)的洗面奶我一直在用!

弹幕2：这个牌子听说过，但没用过。

主播：家人们，×××（品牌名）诞生于19××年，是享誉全球的知名护肤品品牌，30多年来一直致力于解决面部皮肤问题，以天然精粹助力全球用户活出自己的节奏，真实诚恳地展现自己。×××（品牌名）推出的30多个面部护理系列畅销世界150多个国家和地区。俗话说得好，"一个品牌就是一个市场"，在面部清洁这块市场，×××（品牌名）可谓当之无愧的领头羊！

弹幕3：主播，我脸上油光满面，这款洗面奶的控油能力怎么样？

弹幕4：能清洁毛孔吗？我是黑头多。

主播：今天推荐的这款洗面奶是×××（品牌名）今年的新款哦，这款洗面奶专攻面部控油领域，里面加入了全新的"清爽因子"，能够有效调节皮脂分泌、持久控油，深层清洁毛孔，去除黑头，预防痘痘，保证肌肤24小时的清爽！

弹幕5：能保湿吗？我是干油皮。

弹幕6：能抗衰老吗？

主播：家人们，如果您是干性肌肤，可以选择我们今天同步销售的同系列保湿款，另外还有平衡款适合混合性肌肤的家人们。不管您是什么性质的肌肤，不管您有什么样的护肤问题，×××（品牌名）的产品都可以为大家提供解决方案哦！

弹幕7：真有那么好？

主播：家人们，从本质上来说，销量高的就是大品牌！大家可以去各大购物平台看看，这个牌子绝对是面部清洁领域的销量王者！

弹幕8：666。

弹幕9：这个一瓶能用多久啊？多少钱一瓶？

弹幕10：直播间里买有优惠么？

主播：家人们，这款洗面奶经过包装升级后，每瓶的净含量都在×××ml以上，是可以用很久的！目前直播间所有洗面奶都是以8折的优惠在销售哦！另外，本场直播还有第二瓶半价的活动！大家不要错过了哦！

弹幕11：那我来两瓶试试！

…………

⚠【互动误区提醒】

1. 主播要抓住观众最核心的需求，然后据此来重点介绍洗面奶对应的功能——

控油，不要避重就轻，花费太多时间和精力去介绍洗面奶的瓶身设计、容量等内容。

2. 主播要强调品牌的优势和特色，让观众对该品牌增加信任和好感；但要注意不能过度吹嘘或在数据上弄虚作假，更不能通过贬低竞争对手来抬高自己所说品牌的地位。

3. 主播切记不可赋予洗面奶完全不存在的功能（如抗衰老），虚假宣传会影响直播间声誉，甚至还可能带来经济、法律方面的纠纷。

5.1.2 情景72：强调效果

【直播情景再现】

某洗发护发品牌直播间正在热卖一套去屑洗发水，主播小阳一边向观众展示洗发水的全新包装，一边讲解着洗发水的功效。直播间人气很高，弹幕刷新很快，小阳注意到观众对于洗发水最为关注的就是去屑能力。除此之外，公屏上也有不少关于去油能力、剂量、价格等问题的弹幕。

【直播弹幕分析】

1. 观众最为关注洗发水的去屑能力，说明"去屑"对于大部分观众而言是痛点，主播要重点介绍洗发水的去屑能力。

2. 观众还比较关心洗发水的去油能力，说明此次直播间里的不少观众都是油性头皮，主播可结合不同类型的头皮推荐不同款式的洗发水。

3. 还有些观众比较关注容量、价格等方面的信息，说明他们买洗发水更在意性价比，主播介绍时要注意体现出洗发水的价值，让观众觉得洗发水价格合理、性价比高。

【主播互动演练】

主播：家人们！×××品牌新款洗发水正在直播间热卖哦！这次的新款洗发水进行了全面升级，功能划分更加详细，包装更加精美，容量也更大哦！

弹幕1：×××的洗发水从小用到大！

弹幕 2：老看到这个牌子的广告，也不知道具体咋样。

弹幕 3：主播，我头皮屑太多了，这款去屑能力怎么样？

主播：大家是不是都经历过这样的情形，比如刚洗完头发，一吹干，头皮屑立马就有；或者早上洗完头，晚上就有很多头皮屑了？我知道头皮屑是困扰很多人的问题，所以今天小阳就来给大家帮帮忙。

主播：×××品牌这么多年主打的就是去屑，今天推荐的这套洗发水，里面有一款就是专门为头皮屑较多的家人们准备的哦！去屑款洗发水里面加入了全新的水溶液态去屑因子，能够深入毛囊、持久去屑，保证头皮 72 小时的清爽！

弹幕 4：能去油吗？我是油头。

弹幕 5：能防脱发吗？

弹幕 6：能改善头发枯燥问题不？

主播：家人们，常见的头皮类型有油性头皮、干性头皮以及中性头皮，油性头皮一般是最麻烦的，不仅油多，头皮屑也多。油性头皮的家人们，就选我们洗发水套装的去油款，内含"小磁吸"黑科技以及柠檬精粹，不仅可以强效去屑，还可以主动吸走油脂，为头皮做深层清洁，让头皮干净又清爽！

主播：干性头皮的家人们，可以选择柔顺补水款，中性头皮的家人们可以选择生姜护发款！不管您是什么类型的头皮，不管您有什么样的头皮问题，×××的产品都可以为大家提供解决方案哦！

弹幕 7：这一瓶能用多久啊？多少钱一瓶？

弹幕 8：直播间里买有优惠么？

主播：家人们，这款洗发水经过包装升级后，每瓶的净含量都在 1000 ml 以上，可以用很久哦！

主播：目前直播间所有洗发水都是以 9 折的优惠在销售哦，另外，本场直播还有第二瓶半价的活动！大家不要错过了哦！

弹幕 9：那我来两瓶试试！

…………

⚠【互动误区提醒】

1. 主播要抓住观众最核心的需求，然后据此来重点介绍洗发水对应的功能——去屑，不要避重就轻，花费太多时间和精力去介绍洗发水的包装、款式之类的内容。

2. 主播切记不可赋予洗发水完全不存在的功能（如治疗脱发），虚假宣传会影响直播间声誉，甚至还可能带来经济纠纷。

3. 对于直播间的其他款洗发水，主播也可顺带销售，不要只推去屑洗发水而忽略其他潜在的销售机会。

5.1.3 情景 73：强调材质

【直播情景再现】

某珠宝品牌直播间正在热卖一款纯金的尾戒，主播小丽在向观众展示戒指的外观，同时讲解戒指的设计细节。

随着直播流程的推进，观众越来越多，小丽发现公屏上询问戒指材质的弹幕是最多的，同时也有不少关于戒指的尺寸、价格、寓意等内容的弹幕。

【直播弹幕分析】

1. 很多观众关注戒指的材质，可能是因为戒指不仅仅是一种装饰品，有时还是身份的象征，高档材质的戒指会更受欢迎。

2. 观众还比较关心戒指的尺寸、价格，这说明不少观众可能从未买过戒指或者是想买来送礼，主播可介绍一下如何测量尺寸的方法。

3. 还有些观众比较关注戒指的寓意，说明他们买戒指更在意戒指所蕴含的情感和文化，主播的介绍要体现出戒指的文化价值，让观众觉得戒指不仅是饰品，更是情感的象征。

【主播互动演练】

主播：欢迎大家来到小丽的直播间！××（戒指品牌名），圈住自己的幸福！今天给大家推荐的××系列尾戒，正是来自××（戒指品牌名）家的新款哦！

弹幕 1：××（品牌名）的戒指我买过一枚，质量很好！

弹幕 2：啥是尾戒？有啥寓意？

弹幕 3：主播，这个戒指是什么材质啊，会不会掉色啊？

弹幕 4：是纯金的吗？

主播：家人们，尾戒就是戴在小拇指上的戒指哦，这是近年来非常流行的戒指款式。戒指闪耀的是内心的宣言，相比于传统戒指，尾戒象征着单身、独立、自主，非常适合喜欢时尚的家人们。

主播：我看大家最为关心的就是戒指的材质哈，这款尾戒是足金的哦，采用了 5D 硬金工艺，兼具硬、韧、纯、轻、亮 5 大特点，设计简约不简单，线条流畅，一体成型，时尚大方。喜欢尾戒或想要展现自我的家人们，千万不要错过了哦！

弹幕 5：我手指有点粗，怎么测尺寸？

弹幕 6：能刻字吗？我想送给我女朋友。

主播：刻字我是不建议的哈，这边也不支持哦！因为这是比较高档的戒指，有自己独特的设计语言，刻字的话可能会破坏戒指的美感哦。

主播：我看有家人不知道怎么测量尺寸是吧？我教大家一个最简单的方法，大家准备一张宽度小于 1cm 的小纸条，然后用纸条在手指上绕一圈，不要太紧哦！接着用签字笔在纸条首尾重合处做一个标记，再用尺子量一下标记的纸条长度，就可以知道自己的指围啦！再对照着"戒指尺寸对照表"选择自己适合的尺寸就行。"戒指尺寸对照表"大家可以扫屏幕上的二维码查看哦，里面还有更加详细的尺寸测量视频！

弹幕 7：学到了！

弹幕 8：多少钱一枚？

弹幕 9：直播间里买有优惠么？

主播：家人们，当然有优惠啦！目前直播间所有戒指都是以 9 折的优惠价在销售哦，折后价 ×××元一枚，不过库存不多，先抢先得，售完即止，大家想买的话就要赶快了！

…………

⚠【互动误区提醒】

1. 主播不能胡乱介绍戒指的寓意，戒指佩戴在不同的手指上有不同的寓意，主播要提前做好功课，弄清楚尾戒的真实寓意。

2. 主播介绍戒指的材质时，要客观真实，不能弄虚作假，欺瞒观众。

3. 对于观众提出的问题，哪怕不合理，主播也要耐心解释，不能在直播过程中出现不尊重、不礼貌、不耐烦的表情、语言、动作。

5.1.4　情景74：强调研发

【直播情景再现】

　　某个人护理类产品直播间正在热卖一款护发素，主播小美在向观众介绍护发素的基本信息，观众纷纷在公屏上询问护发素的成分、功效、容量、价格等信息。

　　小美发现，观众最为关注的是护发素的护发功效，因此着重讲解了这款护发素的"黑科技"，从成分、工艺等角度来回答观众问题，还宣传了该护发素品牌在产品研发方面的投入情况。最终，小美赢得了观众的信任，本场直播的销售情况十分理想。

【直播弹幕分析】

　　1. 观众最为关注护发素的功效，主播可从护发素的前期研发投入、实际使用效果、用户后期评价等方面来说明护发素具有很好的护发效果。

　　2. 观众关注护发素的成分，说明观众比较担心护发素的品质，主播要强调这款护发素采用的是对人体无害的天然成分。

　　3. 观众还关注护发素的容量与价格，说明观众在意性价比，希望购买物美价廉的护发素，主播可从品牌价值、研发投入、产品效果等方面来回应护发素的定价策略。

【主播互动演练】

　　主播：欢迎各位新老朋友进入直播间！咱们接着说今天推荐的护发素哈。家人们，这款护发素是国际知名品牌××（品牌名）的经典产品，这款护发素连续销售12年了！12年来变的只有工艺技术，护发素的包装、容量、设计语言等都没有发生太大变化。目前这款护发素在护发领域同价位产品里基本没有对手，经典受得住市场检验。

　　弹幕1：××（品牌名）的护发素我用过一次，效果不错！

　　弹幕2：牌子确实是大牌子，就是贵了点。

第5章　强信任

弹幕3：主播，这护发素成分是天然的吗，对人的身体没坏处吧？

主播：家人们，××（品牌名）的护发素一直坚持用××（某种天然成分）护发，绿色天然无添加，相比其他成分的护发产品，更易涂、更抗糙、更清爽、更顺滑、更闪耀！彻底拯救你的每个"炸毛"时刻，补水滋润发芯，秀发焕然一新！

弹幕4：××（某种天然成分）的效果确实好一些。

主播：家人们，我看刚才有人说价格贵了点，这款护发素的价格是有点贵，那是因为"更易涂、更抗燥、更清爽、更顺滑、更闪耀"的背后是庞大的研发投入，××（品牌名）坚持"用现代科技让秀发更靓丽"，每年对护发产品投入的研发经费占其企业总支出的××%！正是这种"重研发、做实事"的经营理念，才让××（品牌名）的护发产品风靡全球。

主播：××（品牌名）是全国统一定价的，不管是线上还是线下都是统一价格，很少会打折。这次咱们直播间能拿到他家护发素的推广机会，也是因为咱们直播间目前在平台上是分区内排名前三的直播间哦。

弹幕5：那今天也是原价？

弹幕6：不会吧，没有优惠的话买这个还不如去买×××（竞品品牌）家的呢。

主播：家人们别急，今天既然是第一次向大家推广这款护发素，该有的福利还是有的。今天在直播间下单的家人都可以享受8折优惠哟，这是小美能争取到的最大优惠力度了，而且仅限本场直播，所以家人们千万别错过咯！

弹幕7：我反正先买了，我一直用他家的，我多买几瓶囤着。

弹幕8：主播快上链接！

主播：家人们，链接已经上了哦，是9号链接，链接选9，祝大家快乐常有！

…………

⚠️ 【互动误区提醒】

1. 主播介绍护发素的研发情况时，要事先做好功课，不得弄虚作假、胡编乱造。

2. 主播拿竞品做比较时，注意做好隐私保护的同时要公正客观，不能恶意贬低、抹黑竞品，给直播间带来不利影响。

3. 若有折扣福利，主播要在适当时机告知观众，以吸引观众购买。不可过度营造护发素价格贵、降价难的气氛，否则会直接影响观众的留存率。

5.2 体现专业

5.2.1 情景 75：意见领袖

【直播情景再现】

某美发产品直播间正在推荐一款发蜡,为了获取观众的信任,提升直播间的专业度和知名度,主播小山邀请了一位著名的发型设计师托尼来到直播间,让托尼以专业人士的视角来对发蜡进行介绍。

由于小山提前为托尼老师的到来进行了预告,因此许多观众慕名而来。直播时,小山充当起了模特,让托尼老师一边用发蜡给小山做造型,一边对发蜡的使用体验进行介绍。观众被这种新颖的直播方式深深吸引,也被托尼老师精湛的技艺折服,纷纷发出赞叹。

【直播弹幕分析】

1. 由于直播间推荐的产品是发蜡,观众必然会询问关于发蜡的成分、定型效果、使用方法等方面信息,主播在托尼老师做造型的过程中注意做好补充即可。

2. 由于提前预告了托尼老师的到来,直播间未开播时就会聚集一些观众,他们可能是托尼老师的个人粉丝,主播要注意准时开播,并在向观众问好时提到托尼老师的粉丝群体。

3. 当直播间观众认为托尼老师的造型技术惊艳时,就是促成观众下单的最佳时机,主播要在此时强调一款好发蜡对造型方面的帮助,营造出"有了这款发蜡观众也能轻易做出好造型"的氛围。

【主播互动演练】

主播:欢迎大家来到小山的直播间!想必大家知道了,今天我们请到了托尼老师来共同推荐一款发蜡。托尼老师是时尚造型领域的专家,从业十余年,其个人造型工作室为多位明星、"网红"做过造型设计,得到了业内的一致好评。家人们,让我们欢迎托尼老师!

托尼：哈喽大家好，我是托尼。

弹幕1：终于开播了！

弹幕2：又能看到托尼老师了！

弹幕3：我也是来看托尼老师的。

弹幕4：主播加油！

主播：哈哈，我不仅看到了直播间的老粉，还看到了不少托尼老师的粉丝，你们好！我也是托尼老师的粉丝哦。今天小山不仅可以和托尼老师当面交流，还有当托尼老师模特的机会！待会儿托尼老师就会给我的头发做造型，使用的就是今天我们要推荐的××（品牌名）牌新款发蜡！

托尼：是的，希望我今天能做出让大家满意的造型。

弹幕5：哇，托尼老师本人也蛮帅的。

弹幕6：快开始吧！

主播：好的家人们，大家可以看到，我的头发提前洗好了，是没有烫染过的哦。刚才我把头发吹到快干了，这是最适合用发蜡做造型的状态，接下来就让托尼老师来一展身手吧！

托尼：是的，大家注意哦！头发洗完似干未干时是最适合做造型的状态，吹得蓬松一点效果会更好！大家看，小山的头发略长，脸型略圆，平时留的也是一个简单的三七分发型。今天我用发蜡给他做一个碎盖发型，把额头露出来，刘海做出前刺效果，相信会让小山满意的！

主播：我拭目以待！

弹幕7：没有烫过也可以做？

弹幕8：快让我们看看！

托尼：各位，这款发蜡是××（品牌名）家的产品，号称"反重力造型大师"，这个品牌我自己工作室也在用，确实不错。现在我开始做造型吧！

（托尼老师做造型中）

主播：看到了吗家人们，这款发蜡上头后一点也不显得油腻。其实这款发蜡是软硬发质通用的，适合70%以上的常见造型，内含高强度定型因子，能够实现整体快速塑性，保持××小时以上的持久定型。

弹幕9：我也没眨眼啊，怎么感觉小山悄悄变帅了很多。

弹幕10：就是啊，到底怎么弄的。

托尼：各位，我换个角度让大家看清楚。这款发蜡带有自然哑光的效果，很容易做纹理，大家只需要……（介绍手法），就可以轻松给头发做出好看的纹理，做完之后发型不僵硬、不油腻，效果非常棒！

弹幕 11：哇，原来这样就能给头发捏出纹理！

弹幕 12：不愧是造型师，这简直是"换头术"！

弹幕 13：确实帅。

主播：哈哈，家人们，托尼老师的技术你们还不信啊！

托尼：好了，造型基本完成了，小山，你凑近点让大家看看效果。

主播：好的，家人们，快好好看看（近距离展示），我的头发就是平时随便剪的，没烫染过，没想到用发蜡做下造型就有这样的效果！刚才托尼老师还教大家手法了，家人们，还等什么？大家记住，时尚不是天赋，是选择！

弹幕 14：女生能用吗？

弹幕 15：这么好用，这个发蜡很贵吧？

托尼：各位，这个发蜡女生也能用的，因为女生也需要造型，其实某种程度上比男生更加需要发蜡。刚才大家也看到了，这款发蜡质地非常干爽，不用担心用完后会油腻，也适合女生做各式造型哦！

主播：是的家人们，这款发蜡男女通用，原价是×××元，目前直播间给到的是"托尼老师推荐心动价"——××元一瓶！正常的话一瓶能用两个月左右，很划算哦！

弹幕 16：我发蜡快用完了，买来试试。

弹幕 17：就冲托尼老师我也要买来试试！

托尼：谢谢大家！

…………

⚠【互动误区提醒】

1. 主播选择嘉宾作为意见领袖共同直播前，要对嘉宾做好调查，不要请有劣迹、口碑差、声誉差的人员，避免给直播间带来不良影响。

2. 主播在托尼老师做造型的过程中，不能全程一言不发，注意要自己把握好直播节奏，并适当对托尼老师讲解的内容进行补充。

3. 主播要事前和嘉宾做好沟通，确认直播的节奏、流程、注意事项，不要在直播过程中做出不合时宜的举动。现场做的造型要符合大众审美，不能过于标新立异。

5.2.2 情景76：专业讲解

【直播情景再现】

某知名化妆品直播间正在推荐一款卸妆水，主播小洁为了提升直播间的专业度，特意邀请了一位知名美妆博主小雅来讲解卸妆水的作用和使用方法。经过小雅专业的讲解，观众纷纷表示学到了很多知识，夸赞小雅人美、化妆技术高超。观众的关注点从卸妆水的作用、用法转移到了卸妆水的质量、价格等方面。

【直播弹幕分析】

1. 观众一开始关注卸妆水的作用、用法，说明大部分观众平时不使用或者不会使用卸妆水，此时主播要着重介绍卸妆水的作用和用法。

2. 经过专业讲解后，观众的关注点转向卸妆水的质量、价格等方面。此时卸妆水的卸妆功能关注点已被淡化，只被作为一个纯粹的商品对待，因此观众更想要买到性价比更高的产品。

3. 另外，弹幕还有针对小雅的评价，评价中有好奇、有赞赏、有肯定，还会有质疑，出现上述情况时，主播要把握好直播节奏，做好控场。

【主播互动演练】

主播：欢迎大家！刚才跟大家说过了，今天要推荐的产品是一款卸妆水。这是我第一次向大家推荐这类产品，所以为了防止我说得不专业，我特意邀请了一位专业人士作为今天的直播嘉宾，让我们欢迎知名美妆博主——小雅老师！

（小雅老师出现在直播间）

弹幕1：欢迎欢迎！

弹幕2：哇，是小雅老师！

主播：大家只要自己在网上学过化妆，想必一定看过小雅老师的教程。小雅老师现在全网有超过×××百万的粉丝，帮助过数千万名爱美人士打造自己的妆容，是美妆领域的行家，所以作为我们本场直播的嘉宾再合适不过了。让我们再次欢迎小雅老师！

弹幕3：主播你为什么不自己说，你不会化妆吗？

弹幕4：就是，不就是卸妆水吗，用得着请人讲？

主播：哈哈，家人们，主播是一名典型的"女汉子"。平时大大咧咧的，讲其他的我在行，但是讲化妆品哪里有小雅老师厉害，专业的事情就交给专业的人去做！我相信，经过小雅老师的讲解，你们买得会更加放心，用得会更加安心！

小雅：呵呵，小洁过奖了，术业有专攻而已，我会毫无保留地向大家分享我的经验！

弹幕5：其实我没有用过卸妆水诶，卸妆水有啥用？

弹幕6：怎么用的？直接像洗脸一样往脸上抹？

主播：哈哈，家人们，问得好！那么，我们就请小雅老师来解答一下吧！

小雅：是这样的家人们，卸妆水是一种用来清除脸部彩妆的护肤产品，主要由水和表面活性剂组成。相信大家只要化过妆都知道，有些化妆品，仅用清水洗是很难洗净的，此时就需要卸妆水出动咯！

主播：有多少家人像我一样以为卸妆时直接用水洗就完事了的？

弹幕7：别瞎说啊，我没有！

弹幕8：哈哈，我确实不知道。

弹幕9：这个我还是知道的。

小雅：呵呵，看来还是有部分朋友平时不使用卸妆水哈。不过这很正常，尤其是还未进入社会的学生朋友们，平时很少化妆，自然也就不需要卸妆水啦。不管是男士还是女士，在工作或在大学校园里，画个得当的淡妆都是不错的选择，这样显得有礼貌、尊重他人。只要大家化过妆，那么卸妆时我都推荐使用卸妆水。卸妆水的优点是清爽不油腻，不需要进行二次清洁，适合日常淡妆或者敏感肌肤使用！

主播：那么请小雅老师给我们讲解一下具体如何使用卸妆水吧！

小雅：好的，家人们，今天我就自己当模特给大家现场演示一下吧，刚好今天我也画了个淡妆。大家记住了，使用卸妆水，一般分为6步，分别是做好准备、湿润化妆棉、卸眼妆、卸唇妆、卸面妆、全脸清洁。接下来具体为大家演示一下……

（小雅一边演示一边讲解细节中）

主播：天呐！小雅老师太敬业了！现场卸妆，相当于在直播间素颜！家人们，这足以证明小雅老师对这款卸妆水的信赖！

小雅：其实这个牌子的卸妆水我用了很多年，没出过问题，因此十分信赖，也强烈推荐给大家！

弹幕10：看着是不错，小雅老师素颜也好看！

弹幕11：主播主播，这个卸妆水多少钱？打折吗？

弹幕12：我感觉她本来就没咋化妆，看不出来效果。

弹幕13：主播有优惠没？

主播：哈哈，家人们，第一次给你们推荐卸妆水，当然打折啦！今天直播间下单可享受8折优惠！×××（卸妆水品牌名）专注卸妆××年，用心呵护你的皮肤！

…………

⚠【互动误区提醒】

1. 主播要注意事先与直播嘉宾进行充分沟通，向其介绍直播过程中的注意事项，不能在直播过程中出现主播与嘉宾互动不积极、不和谐等情况。

2. 主播要注意筛选弹幕，及时处理不相干、不礼貌的弹幕，避免此类弹幕影响嘉宾心态和直播效果。

3. 主播要注意做好控场，不要将直播时间全部交给嘉宾老师，导致自身作用被弱化，降低了观众对直播间的黏性。

5.2.3　情景77：产品专家

【直播情景再现】

某知名化妆品直播间刚刚开播，主播小丝今天要推荐的产品是一款保湿霜。为了获得更多观众的信任，小丝特意邀请了一位深耕面部护肤领域数十年的产品经理小王作为直播嘉宾，请其从专业角度来说明保湿的重要性以及保湿霜的见效原理、使用方法等。

随着主播和小王的讲解越来越深入，观众询问的问题也越来越多，主要集中在保湿霜的成分、容量、价格等方面。

【直播弹幕分析】

1. 观众关注保湿霜的成分,说明他们可能担心保湿霜含有对皮肤有害的物质,主播要强调直播间推荐的保湿霜对皮肤是完全无害的,在质量和安全上经得起考验。

2. 观众关注保湿霜的容量,是因为保湿霜属于每天使用的消耗品,观众更希望用同样的价格买到更大容量的保湿霜。

3. 观众关心价格是人之常情,主播可以在介绍价格时给出一些福利,促进观众下单。

【主播互动演练】

主播:家人们,今天特别荣幸请到了小王老师来到直播间做客。小王老师深耕面部护肤领域数十年,目前是一家著名美妆品牌的产品经理,让我们热烈欢迎小王老师!

(小王老师出现在直播间)

弹幕1:欢迎小王老师!

弹幕2:哟,今天还有嘉宾啊。

小王:谢谢大家。

主播:家人们,刚才已介绍,今天给大家推荐的是一款来自××(品牌名)家的保湿霜,有的观众可能还没意识到保湿的重要性,也不知道保湿霜这类产品的见效原理。接下来,就让小王老师给大家介绍一下吧!

小王:好的小丝。家人们,保湿对人体面部肌肤来说非常重要,因为水分是皮肤健康和美丽的基础。保湿的作用主要体现为三个方面:一是可以帮助皮肤保持角质层的正常代谢,避免角质层过厚或过薄,导致皮肤出现干燥、粗糙、敏感等问题;二是保持角质细胞的水润、饱满、排列整齐,提高皮肤的光泽度和屏障功能;三是保持皮肤的柔韧性和弹性,防止皮肤出现细纹、松弛、龟裂等老化现象。

弹幕3:原来如此。

弹幕4:有理有据,条理清晰。

弹幕:那么保湿霜是怎么发挥作用的呢?

小王:各位,保湿霜的作用也主要有三点:一是可以补充皮肤表面和角质层的水分,增加皮肤的含水量;二是可以在皮肤上形成一层保护膜,防止水分流失,锁住水分和养分;三是可以阻隔外界环境中的不良物质对皮肤的刺激,舒缓肌肤、降低敏感度。简单来说,保湿霜是通过补水和锁水两个机制来达到保湿目的。

小丝:那请小王老师再详细介绍一下这两个机制吧,让直播间的家人们充分了解保湿霜的见效原理,这样大家可以买得放心,用得安心!

弹幕5:是呀是呀!

弹幕6:讲得不错,小王老师继续说!

小王:好的,谢谢大家的支持。保湿霜的见效原理也是分为三个层面哦,第一,保湿霜内含吸水性强的成分,如甘油、透明质酸等,可以从空气或角质层吸收水分,增加皮肤表面的含水量;第二,保湿霜内含油性成分,如矿物油、植物油等,覆盖在皮肤表面,可以形成一层隔离层,减少水分蒸发,锁住水分和养分;第三,保湿霜还含有天然保湿因子或类似物质,结合角质细胞内部的水分,可以提高角质层的含水量和稳定性。

弹幕7:原来如此!

弹幕8:不愧是产品专家!

主播:家人们,"滋润有我,自在有你",今天推荐的这款保湿霜能够24小时锁水保湿,所有成分都是纯天然提取物,能够有效解决皮肤粗糙问题,增加肌肤含水量、修复肌肤屏障,保持肌肤"年轻态"!这款保湿霜包装升级,容量升级,正常使用的话,一罐最少可以用两个月!

小王:××(品牌名)是大品牌,全球闻名,值得信赖!

…………

⚠【互动误区提醒】

1. 主播要注意做好对直播嘉宾的介绍,最好提前做一下直播预告,不能让观众没有心理准备,因为观众对于新认识的人的信任度往往是不够的。

2. 主播要注意与直播嘉宾做好配合,在不干扰嘉宾解说的同时做好对直播节奏的把控。

3. 主播不要只说原理不说效果,介绍完保湿的重要性、原理等知识后,就要开始强调直播间推荐的保湿霜的优势,促使观众下单。

5.3 提供证据

5.3.1 情景78：用数据说明

【直播情景再现】

某化妆品直播间内，主播小静在桌子上摆了一排新款睫毛膏，这些睫毛膏旁边还有一些纸板，分别用醒目的颜色写着"4大特点""4种滋养成分""好评率高达××%""月销××支"等数字式宣传语。她一一拿起纸板向观众介绍，公屏上弹幕飞快刷新，什么牌子的? 防水吗? 容易晕染吗? 浓密还是纤长? 好卸吗?……

【直播弹幕分析】

1. 睫毛膏作为美妆产品，绝大多数观众在意的点一定是好不好用、划不划算。主播要理解并善于利用从众心理，帮助观众更好地做出消费决定。

2. 对于询问睫毛膏防水、晕染、卸妆等问题的观众，主播要注意介绍睫毛膏的配方、质地、效果等特点，强调持久不掉色、不晕染、易卸的优点。

3. 对于询问睫毛膏浓密还是纤长的观众，主播要从二者的不同特点出发，为不同需求的人提供购买建议。

【主播互动演练】

主播：家人们，××（品牌名）家的热卖产品，上个季度美妆区的销量王——××系列卷翘睫毛膏来啦! 一个季度××万支的销量神话，现在就在你们眼前! 睫毛膏纤长款浓密款都有。纤长卷翘，一刷动人; 浓密卷翘，一刷有神!

主播：这款睫毛膏不仅卖得好，大家买了都说好! 目前这款睫毛膏在各大电商平台的好评率达到了99%，回购率超过了90%，可以说即使是闭眼下单也绝不会错!

弹幕1："手残党"福音。

弹幕2：信你一次,省得我再选。

弹幕3：都差不多,试试吧。

主播：当然要试试了家人们，这款睫毛膏具有持久不晕、一刷纤长/浓密、温和易卸、多重呵护4大特点，内含山茶籽油、野玫瑰油、×××坚果油、蜂王浆提取物4种滋养成分，"睫"出滋养，"睫"然不同!

弹幕4：我之前就用的这个，确实不错。

弹幕5：不晕染真是太好了!

主播：这款睫毛膏主播自己也在用，真心推荐大家都去试试。

弹幕6：要是不行，我找你退。

弹幕7：已拍。

主播：好的没问题，从主播手里卖出去的货，不说百分之百让大家满意，但是好评率绝对在95%以上! 真实有效，评论区都看得见!

…………

【互动误区提醒】

1. 主播用数据说话时，要选择简明易懂的数据，不要选择复杂难懂或者没有说服力、冲击力的数据。

2. 主播须提前熟悉数据，不能在直播时用过时的、错误的数据欺骗观众。

3. 主播还要注意数据的性质，谨慎选择数据，不能将涉及商业秘密的数据公之于众。

5.3.2　情景79：用事实证明

【直播情景再现】

某珠宝首饰直播间正在热卖一款手链，主播小玲在向观众展示手链的外观和细节，并公布了价格。不少观众听完价格后，表现得比较犹豫，纷纷发弹幕表示价格太高、不知道质量如何。小玲见状，决定用事实说话，向观众介绍了手链的制作工艺，展示了手链的质地以及来自权威机构的检测报告。

经过小玲的努力，公屏上的弹幕内容发生了改变，观众纷纷表现出购买欲望，有不少观众在向主播询问是否有优惠。

【直播弹幕分析】

1. 观众在知晓价格之后反应变犹豫,说明价格是观众最在意的因素,同时也说明主播之前介绍的外观和细节,观众没有仔细看甚至根本不相信,主播要注意强调手链的各项成本,使观众觉得价格虽贵,但品质值得。

2. 观众没有仔细看甚至根本不相信外观和细节,可能是不在意,也可能是怀疑真假,主播要用更加直观可信的方式证明手链的品质。

3. 主播得到观众信任后,大部分观众仍不会直接下单,还在询问是否有优惠,此时已经到了成单前的"临门一脚",主播可在此时抛出一系列优惠条件,促使观众下单。

【主播互动演练】

主播:好了家人们,刚才向大家介绍完这款小金刚手链的外观和细节了,目前手链的购买通道已经在5号链接打开了哦,直播间活动价×××元一条,赶紧上车!

弹幕1:什么?×××元?太贵了。

弹幕2:×××元真的有点贵了,一条手链为啥要这么贵。

弹幕3:我在网购平台看那些差不多的好像便宜三四百呢!

主播:家人们,这款手链×××元确实看上去有点贵,但贵不贵是要相对来看的,大家想想,这款手链是××(品牌名)家的最新款,××品牌是国际知名品牌,首先从做工上就已经是别的品牌不能比的了。

弹幕4:但其实这些所谓的"大牌"也溢价严重啊!真心觉得不值。

主播:理解你的心情,×××元,要是买一款普通的手链,当然不值,但是这款绝对值。小玲自认为不会说漂亮话,就用最朴实的方法告诉大家为什么这么值。

主播:首先是材质,家人们,这款手链是纯银镶嵌天然水晶制成的哦!纯银是一种高级金属材料,具有良好的光泽感、延展性和导电性。天然水晶是一种稀有宝石材料,具有美丽的色彩、光泽和透明度。这两种材料结合起来就形成了这款手链高端大气上档次的气质!

弹幕5:纯银镶嵌天然水晶?听起来不错啊。

弹幕6:那怎么证明是真的纯银和天然水晶呢?

主播:好问题家人们!小玲为了让大家放心购买,在每一条手链上都有刻上"××"品牌标志和"S925"标志。"S925"就是表示这款手链是纯银制成的,大家可以放心。至于水晶,小玲也有办法证明给大家看。

主播：大家看（拿起一张纸），这是我们手链的检测报告，是由国家权威机构出具的，证明了我们手链上的水晶是天然水晶，不是人造水晶或者玻璃。大家可以看到（放大报告），这里有检测机构的名字、印章、编号、日期等信息，都是真实有效的。还有（指着报告），这里有水晶的成分分析、硬度测试、折射率测试等数据，都符合天然水晶的标准。大家可以放心，我们手链上的水晶是真正的天然水晶！

弹幕7：哇，这么专业！

弹幕8：看来是真的啊！

主播：是的家人们，这款手链所用材质真的很良心，在手链圈子里也是热卖款，大家要是比较关注的话，最近一定刷到过这款手链。

弹幕9：确实，纯银加天然水晶，这个搭配确实不错了。

主播：家人们，×××元，你在别家买不到比这款手链材质更好的；比这款手链材质更好的，×××元您也拿不下来。小玲还是那句话，贵不贵，要看内在，这款手链就是属于"外有颜，内有料"的类型！

…………

【互动误区提醒】

1. 主播向观众展示手链的检测报告等证明类资料时，不能只展示大概内容，给观众留下怀疑空间。只要不涉及商业秘密，最好是展示相关资料的具体内容，不然观众无法理解手链具体好在哪里。

2. 即使观众没有明确提出，主播也要把手链的优点全部说出来，不能观众不问就不提，要抓住一切机会为手链做宣传。

3. 主播展示手链相关证明时，切忌虚假宣传，也不可盲目承诺，在展示手链时，可以将其和竞品进行比较，但不能恶意攻击、诋毁竞品。

5.3.3 情景80：用对比表明

【直播情景再现】

某美妆产品直播间正在销售某品牌的唇釉系列，主播小月在向观众展示一款持久不脱色的唇釉,不少观众纷纷在公屏上发出自己的疑问,有人问唇釉有多少种颜色,有人问涂完后能不能喝水吃饭,有人问唇釉会不会拔干,有人问适不适合淡妆……

【直播弹幕分析】

1. 观众关注唇釉的颜色,主播可直接告知其唇釉有多少种颜色,还可说明不同颜色唇釉的特点。

2. 观众关注涂完后可不可以吃喝,主播可讲解一些使用唇釉的注意事项,并明确告知其涂了唇釉之后不耽误吃喝,只是需要稍微等一会儿,待唇釉成膜即可。

3. 观众关注唇釉是否适合淡妆,主播可向其说明"唇釉不适合淡妆"是一个误区,适不适合具体要看选择的唇釉颜色是否与整个面部妆容以及全身穿搭风格相匹配。

【主播互动演练】

主播:家人们,×××(品牌名)传奇××(系列名)来啦!××系列,生而瞩目,披红上场,一抹惊艳!

弹幕1:啊,这个牌子好贵的。

弹幕2:××系列我听过!

主播:家人们,××系列是经典中的经典哦!这个系列有番茄红、陶土红、山楂红、玫瑰红、裸雾粉等多种颜色可选哦!

弹幕3:我就想知道持不持久,掉不掉色!

公婆4:对啊,这些颜色弄得花里胡哨的,不知道真正上唇效果咋样。

主播:大家放心啦,主播现在就请模特小姐姐上唇给大家看效果!为了让大家看得更清楚,我今天特意准备了几款其他品牌同价位的唇釉给大家做对比,让大家心服口服!

弹幕5:好好好,这个可以有。

弹幕6:其他的都是啥牌子的?

主播:哈哈,这当然不合适说呀。好了,我们开始吧,先让模特小姐姐选一支玫瑰红涂上看看整体效果吧!

(模特涂抹好唇釉)

主播:大家看,模特小姐姐涂了这款唇釉之后,是不是整个人都亮了起来?这是因为小姐姐选的这支玫瑰红是经典色,多年来为万千爱美人士定格惊艳瞬间,聚焦红唇诱惑!

　　弹幕7:不是要对比吗?

　　弹幕8:是啊,快开始吧!

　　主播:好的,家人们,刚才是给大家看看唇釉的整体效果嘛,现在就开始对比!不过即使想要对比得公平,我们也不可能找得到一模一样的小姐姐对不对?因此对比时,咱们就不在嘴上涂了,清洗起来也麻烦,咱们就在小姐姐的手臂上试色好了。

　　弹幕9:可以,我主要想看看掉不掉色。

　　弹幕10:我也是。

　　主播:好的,那就让模特小姐姐在手臂上涂抹咱们推荐的××系列唇釉以及同价位的其他品牌唇釉。

　　(模特涂抹中……)

　　主播:大家看,差别很明显对不对?咱们推荐的××系列唇釉,不仅颜色很正很好看,而且用纸巾轻轻擦拭都不会掉色,持妆效果非常好!这样的持妆效果,大家吃饭喝水什么的只要稍微注意点,根本都不需要补妆!一次涂抹就可以保持一整天的美丽!

　　弹幕11:这个唇釉看着颜色饱和度有点高,会不会不太适合淡妆?

　　主播:家人们,问得好!其实适不适合淡妆,还要看整体的面部妆容甚至全身穿搭的哦!你们看,今天我化的就是浓妆,模特小姐姐化的是淡妆,但我们用的是同一个颜色的××系列唇釉,是不是看起来也很和谐?那是因为我们在面部其他位置的妆容以及全身搭配上做了不同处理。没有哪一款唇釉或者哪一个色系可以适合所有妆容哦。化妆嘛,其实有时候和画画一样,讲究的就是色彩、明暗等方面的搭配!

　　…………

⚠【互动误区提醒】

　　1. 主播用对比的方法来获取观众信任时,不能透露竞品的品牌名,有明显标识的,要提前进行遮挡或去除。

　　2. 主播要保证对比的公平,注意对比角度的统一性,不能模糊、混淆两款唇釉的对比维度、程序等,要控制变量,使用同样的参照物。

　　3. 主播不要忽视观众的问题。另外要注意,如果是没有标准答案的问题就不要轻易下判断,可结合实际情况真诚地向观众分享自己的亲身经验。

5.4 建立信任 2 类经典语句

5.4.1 专业讲解类

【经典语句 1】
××（成分名）增添活力，××（工艺或品牌名）还原美丽！

【经典语句 2】
每一瓶 ×× 霜／液／露／水／精华，都来自 ××（地点），天然的，更健康！

【经典语句 3】
×× 工艺的精髓，××（成分或功能）与 ××（成分或功能）的完美结合，每一滴都是美妆产品的顶级智慧！

5.4.2 证据证明类

【经典语句 1】
连续 5 年全国销量领先，这就是 ×× 面膜最大的自信！

【经典语句 2】
×× 美妙护颜，闪耀绽放 8 年！累计销量达 ×××× 万份！

【经典语句 3】
×××（产品名），10 年来为 ××× 多万名爱美人士提亮容颜，美丽不打折，好评百分百！

5.5 建立信任 2 类句式总结

5.5.1 佐证类句式

1. ＿＿＿（对观众的称呼）们，欢迎来到＿＿＿（直播间简称），今天我给大家带来了一款超级好用的＿＿＿（化妆品产品），这款产品是我试用过的，效果非常棒！你们看我的皮肤多么光滑细腻（展示自己的脸部），这都是这款产品的功劳。这款产品是＿＿＿（品牌）的经典产品，也是＿＿＿（明星）代言的产品，你们可以看看他/她的＿＿＿（社交平台），他/她就是用的这款产品（展示相关图片）哦！

2. 各位＿＿＿（对观众的称呼）们，我推荐的＿＿＿（化妆品产品）都是经过严格筛选的高品质产品。别的我就不多说了，＿＿＿（品牌名）是大品牌，电视上经常播放他们家的广告。很多年长一些的观众可能从小就在电视上看过他们家的广告，这么多年了，一直很用心在做优质产品。

3. ＿＿＿（观众昵称）好久不见了！上次你在我们这里下了10单＿＿＿（化妆品产品），我记忆犹新，你还说把产品介绍给你的朋友们了，反响很不错，＿＿＿（主播昵称）听到后非常开心。今天您又需要什么化妆品呢？

5.5.2 事实类句式

1. ＿＿＿（对观众的称呼）们，这款＿＿＿（化妆品产品）不仅我一个人说好，我们的销量也证明了它的好。你们看我们的销量榜（展示销量榜），我们卖出了＿＿＿（销量数字）件，这个销量在全网都是名列前茅哦。我们的消费者评价也非常好，你们看评价截图（展示评价截图）都是五星好评，这些都是真实的用户反馈哦。

2. ＿＿＿（对观众的称呼）们放心吧，直播间卖的都是正品，有品牌方的官方销售许可的（展示授权书），＿＿＿（对观众的称呼）不放心可以来查，同时我们都是给＿＿＿（直播平台）交了消费者保证金的，如果是假货，我们会被封店封号，所以我们也不会做这样的低级傻事。

3. ＿＿＿（对观众的称呼）们你们知道吗，这款＿＿＿（化妆品产品）是经过了____（机构）的权威认证的，符合国家标准，不含任何有害成分，对皮肤没有任何刺激。你们看我们的认证证书（展示认证证书），这可是权威机构认证的哦，不是随便可以拿到的。这款产品还获得了____（奖项）的荣誉，你们看我们的奖杯和证书（展示奖杯和证书），这可是行业内最高的荣誉哦，说明了这款产品的高品质和好口碑。

第 6 章

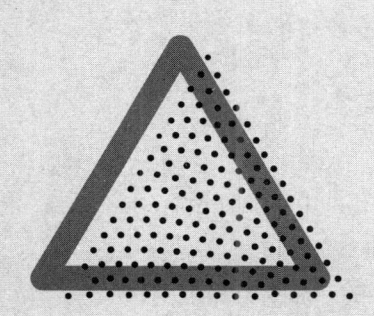

巧回答

6.1 专业问题要"专"

6.1.1 回答有关产品的问题

1 问：现在的产量是多少？产量大吗？

答：为了保证咱们家××的品质，我们的原材料提取物所用的××，精选的是10年以上精心种植的××，万中选一，以确保××质地和功效，所以现在的产量不是很大，每一支××都是精品中的精品哟！

2 问：供应是否充足？

答：目前只有××号链接里的面膜还有××单库存了，其他都售罄。想尝试咱家补水面膜的可以拍××号链接，美白面膜和去皱面膜要等周一补货！咱家所有的产品都是先到先得哦！

3 问：哪里生产的？有没有资质？

答：这个是在××地三号工厂，××品牌原产地直接发货！我们家是××品牌协会的会员，有××官方授权的商标，大家可以仔细看一下证明材料哟！所有××产品都有资格认证，且有××官方品牌以及平台的核实，经过严格的手续后才能上架！

4 问：有没有酒精、防腐剂？

答：××宝子，你说的什么酒精、防腐剂、添加剂，在××（产品）中通通都没有的，用在皮肤上的东西怎么能加这些东西呢！ 我知道大家网购害怕××产品里含有一些不健康的东西，但是你们放心，主播敢拿职业生涯作保证，咱家的产品不会添加有害物质！

第6章 ▶ 巧回答

5问：是无菌生产的产品吗？该不会是小作坊吧？

答：我带大家看一下咱们品牌生产车间的实景，工人在进入生产岗位前都做了消毒处理，车间环境也是无菌全封闭的！产品原料都经过了严格的过滤、灭菌、密封等工序，保证每一款产品都是纯净无杂质、无添加剂、无防腐剂的！

6问：产品生产规模多大？

答：大家跟随主播的镜头看下咱们生产车间情况哟。工厂车间的规模一目了然，每个工厂有××个生产车间，每个车间是××条生产线，这样的工厂全国有××个！我们的产品就是在这样专业化、规模化、高效化的条件下生产的，绝对保障我们的生产和供应需求！

7问：什么时候生产的？

答：大家在本店购买的所有产品都是本月生产的，新鲜发货，绝对不存在过期、变质的情况！主播郑重承诺，观众在收到货后发现任何产品品质问题，联系在线客服，我们将在48小时内给您一个满意的答复！

8问：产品保质期多久？

答：这款产品不开封的保质期是××年，如果您目前想要趁着优惠囤货，您××年内开封使用都是没有问题的，产品开封后建议您××月以内用完！精华水早晚都用，这样皮肤才会更好呢。

9问：运输过程中防晒喷雾会不会受污染？

答：辛苦运营小哥将镜头推进，大家仔细看下主播手上的这个包装盒，包装得非常封闭、扎实，不会受外界的影响哟，我们每一张快递单都会备注"轻拿轻放"，保障运输，确保各位收货时产品是完好无损的。

10问：你们的产品有权威检测吗？

答：有的，主播现在手上拿的这个，是国家权威机构发放的资质认定证书，咱们家的化妆品都是在国家监管下安全、卫生生产的！这个产品是今年×月刚进行检测的，大家可以看下这个证书的颁发日期，我们都会定期更新检测结果，确保每批次都符合国家和行业标准！

6.1.2 回答有关材质的问题

💬 1问：材质品质好不好？

答：买××，请认准××品牌，款式新颖、轻奢而不失个性，质感细腻，享誉全国！咱们家的品控严格，具体到每一个设计、制作的细节，品质方面必须杠杠的！

💬 2问：材质防水吗？

答：防水的，咱们精选优质××制作，材质具有硬度高、不易受水腐蚀的特性，长时间佩戴都不会掉色！要是掉色，主播承诺免费换新。无论何时，只要你发现咱家饰品掉色，都可以免费给您换一个全新的！

💬 3问：这种材质怎么清洁？

答：咱们每一款都配备了擦银布，您定期用小苏打泡水后擦拭护理即可，记得要先擦干耳环的水渍，然后再用擦银布擦拭下就可以了。温馨提示您，擦银布里含有一些药水，记得不要水洗擦银布哟！

💬 4问：我听说原材料很多造假的！

答：×××，看来您也是非常懂行的朋友。不过，家人们放心，咱家做了这么多年，产品都是由正规、专业的工厂生产，不是什么小作坊，饰品的原材料都有权威机构的检测和认证，假一罚十，品质是第一位的。

💬 5问：原材料是从哪里来的？

答：原材料采用的是××地天然××，草本植物萃取的浓缩精华，能有效改善皮肤暗沉。大家也知道××是常见的药用草本植物，修护皮肤的能力非常强，让你用了就说好！

第6章 ▶ 巧回答

💬 6 问:原料健康吗?

答:这个染发剂的原料里只含有××(数字)种草本精粹,配方非常干净健康,经过多重检验和测试,还通过了权威机构××(数字)项毒理性评估,是实力认证的符合特殊化妆品行业标准的健康产品!

💬 7 问:材质有没有检测?

答:咱们的材质会定期接受相关机构抽检,出现任何问题我们都会被处罚的,主播不敢拿这种事情开玩笑!这个是最近一次的检测结果,仔细看下这个证书编号和公章,大家可以去官网核实哟!

💬 8 问:买到手的材质跟你直播间一样?

答:主播不敢拿卖了××年饰品的招牌和大家开玩笑!所见即所得,你们在直播间看到啥样,到手就是啥样。大家可以点击链接里的评论区看看,买家秀和卖家秀一模一样!咱们直播间大家可以随意录屏录播,假一罚十!

💬 9 问:材质出现问题怎么办?

答:这款产品老顾客的评价都非常高,家人们,购买咱家产品有售后客服××小时在线响应,如果有任何质量问题,客服将在第一时间给您处理,保证解决到您满意为止!

💬 10 问:不喜欢这个材质能不能退货?

答:××宝宝,下方购物车链接都带有品牌黑标认证,已加入假一赔三、七天无理由、退换货等平台服务保障条例中,可以放心下单!咱家出品的每一款××产品都有品质保障,你们收到货后但凡有一个不满意、不喜欢的,你都可以给主播退回来!

6.1.3 回答有关效果的问题

💬 1 问：效果真有你说的那么好？

答：家人们，××可是有草本植物的"××××"称号的。早在多年前，我们国家就有一部中药专著《×××》里标注，它能够有效深入皮肤内部，保持皮肤分子的高活性，不断促进细胞的新陈代谢，同时还能有效抑制××生成，真的是美白产品中很不错的选择。

💬 2 问：祛痘淡斑，真的假的？

答：比珍珠还真哟！咱们××品牌研究皮肤问题也有××年的历史了。众所周知，咱们××品牌是国货老字号，对原料的来源筛选严格，在产品工艺制作上从不含糊，祛痘淡斑效果排名××，从不说假话，从不欺骗每一位用户！

💬 3 问：听说××有清热消炎功效？

答：在中国传统民间，××很早就被作为美容和治疗皮肤疾病的天然草本药物，在××地的少数民族中，××药用记载很多。《××××》这本书里就记载了××的主要功效，用于清热消炎、治疗烫烧伤等创伤。现代研究也表明，××具有提高机体免疫力、杀菌抗炎等作用。

💬 4 问：经常涂抹会不会容易长痘？

答：家人们，皮肤长痘的深层原因是长期使用化妆品却对皮肤清洁不彻底，导致一些化妆品的残留物会阻塞皮肤毛孔，皮肤开始长痘、红肿，甚至引发皮肤炎症。大家一定要认真卸妆，按照正确的清洁步骤，将皮肤清洁干净后再涂抹这款面霜。只要保证皮肤清洁，每天涂抹面霜是不会导致长痘的。

💬 5 问：这个对晒伤有用吗？

答：这款产品中含有××成分，××主要的功效就是能在皮肤上形成一层无形的膜，可以有效修护因日晒引起的皮肤红肿、灼热感。当皮肤被晒伤时，这款产品里的××因子对皮肤的保湿效果特别好，能够快速补充皮肤中流失的水分和胶原蛋白！

6问：××美白不是谣言吗？

答：是不是谣言，主播现在解释给你听！××中含有丰富的××，还含有矿物元素××、氨基酸等，这些都是能够促进皮肤保持活力的基本营养素。××对人体机体的细胞免疫和体液免疫水平有调节作用，能够进一步增强皮肤局部的免疫功能和修复功能，增加皮肤的弹性，所以说它的美白效果当然不是谣言啦！

7问：每天用这个会不会功效退减，有没有副作用？

答：不会的，当你们已经出现这种肌肤问题的时候，就要赶紧弥补皮肤中缺失的××营养了，一定要每天坚持用××进行高效补水。长期坚持使用××，维持肌肤水分的稳定，基本不会有副作用的。

8问：这个效果是你们瞎编的吧？

答：××宝宝，如果靠瞎编乱造，这个××品牌怕是也走不了这么长远吧？我如果靠瞎编乱造，平台也不会容忍我每天给大家直播吧？如果靠瞎编乱造，这个××产品也不能截至目前卖到××行业第一的水平吧？讲多无谓，用过最实际。主播承诺的效果，只有用了才知道好坏，主播说再多也不如你试一试！

9问：怎么用才更有效果？

答：坚持用就会有美白效果的，至于用多久能变白，相信任何一个直播间都不能给你准确答案。想要皮肤好，一定要不熬夜和多运动，辅以这款护肤乳，保持健康的作息生活，并长期坚持下去，皮肤状态想不好都难！

10问：17岁用有效果吗？

答：本款××产品主打抗衰老、除皱纹，更适合××岁以上有相关需求的家人们，×××宝宝，如果你想要用护肤面霜的话，我推荐你看一下直播间下方小黄车的××号链接，毕竟你现在年纪还小呢，××号链接的面霜可能更适合你，那款主要有针对痘痘肌的镇静消炎功效。

6.2 疑难问题要"巧"

6.2.1 回答有关确定和确保的问题

1 问：你能确保寄过来不会碎吗？

答：家人们，我们的××采用高品质材料和工艺制作，非常坚固和耐用，我们在包装和运输的过程中也会采取严格的防摔、勿压措施，保证每一个××产品都能完好无损地送达到您的手中。如果您在签收时有任何问题，可以直接原路退回，我们都会提供无理由退换货的服务，让您放心购买！

2 问：你能确保我用了不过敏吗？

答：咱家的××产品经过专业的皮肤测试和权威机构认证，不含任何有害或刺激性的成分，适合各种肤质的人使用。我们也有很多真实的用户反馈，证明了××产品是安全和有效的，详情请看下方链接中的详细说明噢！

3 问：你确保用这个清洁皮肤不会导致皮肤更油吗？

答：××号链接产品是专门针对油性肌肤设计的，可以有效地清洁毛孔，去除皮肤表面多余的油脂和污垢，平衡水油，让你的皮肤清爽不油腻。其中含有天然的植物提取物×××精华，其含量高达百分之××，可以为皮肤补充水分，防止出现干燥和紧绷感，让您的皮肤更加柔软和光滑。

4 问：假一罚十主播说了算吗？

答：我们的产品都是经过严格的品控和检验的，绝对是正品，不会有任何假货或次品。假一罚十不是主播说了算，而是法律说了算，平台说了算，消费者说了算！我们家是诚信和专业的店铺，不会做任何损害消费者利益和品牌信誉的事情！

5 问：你确定 3 天能到我们家吗？

答：产品都是现货，下单后立即发货，早买早享受，大家抓紧时间下单！收到订单后仓库会选择高效的快递公司和合适的物流方式,保证您的产品尽快送达。一般情况下,快递 3 天就能到达您的地址,如遇特殊情况,我们也会及时跟踪和沟通,及时提醒和告知您。

6 问:你确定不满意还能退吗?

答:产品都是正品正货,品质把控一级棒,绝对让您爱不释手。咱家也是遵守国家法律法规和××平台规则,如果您对我们的产品不满意,我们也有七天无理由退换货的服务,让您买得放心、用得舒心。

7 问:你确定之后不会再降价了吗?

答:亲爱的××宝子,我可以很负责任地告诉你,这个××的价格非常低了,咱们承诺全年保价,全年价格都是稳定的。如果说您下单没有用优惠券或发现价格有下降,您可以私聊客服退差价,咱们家一定让您满意!

8 问:你确定你们是便宜的吗?

答:我可以很自信地告诉你,我们的价格在同类商品中相对是非常便宜的,今天还有很多独家的秒杀和满减活动给到你们,各项优惠下来真的是白菜价!这个××产品的品牌和口碑都是非常好的,很多明星和网红都在用它!

9 问:你确定怀孕的人能用吗?

答:可以的,护肤品能穿透皮肤的量很少,其实我们日常用的护肤品基本上就停留在表层皮肤,能够深层次作用到真皮层的是非常有限的,极少能透过表层在血液中检测出来。您在用我们的产品前,可以先在耳后、手臂微量测试一下,避免过敏风险。

10 问:你确定检测的跟发货的是同一个东西?

答:我可以很坦诚地告诉你,我们检测的和发货的是同一个东西,绝对没有偷梁换柱的情况。仔细看,这个××产品的包装上都有防伪标签和二维码,大家拿到货后可以扫一扫就能验证真伪!

6.2.2 回答有关质量和效果的问题

1 问：质量好吗？会不会脱落？

答：咱们家的饰品有很多都是镶嵌了水晶或者珍珠的哦！这些水晶或者珍珠都是从××国进口的，品质有保障、光泽有魅力！咱们家的饰品都是用专业工艺和牢固胶水来镶嵌的，不会脱落！每一件饰品都是精心制作，能让你闪耀无比！

2 问：戴久了会不会生锈？

答：咱们家的饰品都是用的优质××原材料，不生锈、不变色、不过敏！每一件饰品都经过精细打磨和电镀处理，表面光滑细腻、颜色均匀亮丽！无论是耳环、项链、手链、戒指，都能给你带来高贵的气质！

3 问：我之前网购的戴不了，你们这个能调节大小吗？

答：我们的项链和手链都有延长链，可以根据脖子或者手腕的大小来调节长度！我们的戒指还有开口式的，可以根据手指粗细来调节大小！我们的耳环也是有耳钉式或者耳夹式的，有没有耳洞都可以选择！用完美效果满足你的全部需求！

4 问：怎么搭配效果好？

答：咱们可以用××号链接的饰品搭配同色系的衣服。除此之外，我们有一些饰品套装，一套包含耳环、项链、手链、戒指等，颜色和风格统一，可以让你一次性搞定整体造型！如果还在担心不知道怎么搭配效果更好的，可以选择××号和××号套装链接！

5 问：这个质量适合送礼吗？

答：××宝子你可以先说一下你是需要什么主题的礼物噢！咱们有一些情侣款的饰品，可以表达你对另一半的爱意和心意；也有一些定制款的饰品，可以根据要求来刻字或者进行雕花等个性化设计，让你送出独一无二、有质感的礼物！

6 问：会不会质量不好刮伤皮肤啊？

答：我们采用轻盈的材质，严格按照人体工学设计来制作饰品，不会给你带来任何负担或不适！我们的饰品材质光滑，不会刮伤或者刺痛皮肤！大家可以放心地佩戴我们的饰品，享受美丽和舒适！

7 问：什么场合戴这个效果会更好？

答：咱们家的饰品适合各种场合佩戴哦！无论你是去上班、约会、聚会、旅行，还是要参加婚礼、生日、纪念日，我们都有适合你的饰品！时尚潮流的饰品，能够让你在任何场合都能展现出独特魅力和风格！

8 问：怎么保养才能保持好光泽？

答：你可以在不佩戴时，用干净柔软的布擦拭一下饰品表面，去除汗水或者灰尘等杂质！记得要放在密封袋或者首饰盒里，避免与空气或者其他物品接触，防止氧化或者划伤！当发现饰品有变色或失去光泽的情况，建议用牙膏或白醋轻轻擦拭一下，就能立刻恢复原来的光泽！

9 问：会不会很容易变形？

答：咱们家的饰品都是经过高温电镀和防氧化处理的，不会因为时间或者环境的变化而掉色或者变形！每一件饰品都是用坚固结实的材料和精密细致的工艺来制作的，不会因为长期使用或者摔落而断裂！

10 问：饰品会不会导致过敏反应呢？

答：咱们家的饰品都是无××化学物质的，不会引起皮肤过敏或者发炎！每一件饰品都是用优质××天然材料制作的，不含任何有害物质！没有对这种材料过敏的话，您可以放心地佩戴我们的饰品！

6.2.3 回答有关质疑和差评的问题

1 问：你们的 ×× 真的有用吗？我用了一个月都没看到效果！

答：亲爱的，××产品的效果是需要持续使用并配合按摩的哦！每个人的皮肤状况和吸收能力都不一样,所以见效也会有快慢之分!我们的××产品是经过临床实验和消费者正向反馈证明过的,只要坚持使用,一定会让你的肌肤变得更紧致、更水润!

💬 2问:我都没听说过你们品牌。

答:××宝宝,那看来我们品牌的宣传力度还是不够。其实,咱家很少打大型广告,毕竟大家也知道,羊毛出在羊身上,广告费越贵,宣传上花的成本越多,最后可能都是消费者买单。咱家品牌一直致力于提供高品质、高性价比的产品,主做回头客,大多都是老顾客回来,再带新朋友,每一位购买咱家产品、使用咱家产品的顾客才是真正意义上的品牌形象代言人。

💬 3问:为什么差评这么多?

答:这个问题很简单,有一些家人可能是因为所选产品与个人肤质不适应或者使用方法不对,没有达到预期的效果。因此,家人们要选择正确的、适合自己肤质的产品,好好跟着主播讲解的方法使用,才能达到预期效果。当然,还有部分家人反映的快递问题,咱们已经更换了合作公司,希望每位家人都能开开心心地收到咱们的产品,用得舒心!

💬 4问:之前听说你们家的××不太好用?

答:今天主播正式给大家解释一下,之前有消费者反馈的××不好用的原因,主要是之前的××的瓶口设计问题,大家在打开时不太方便。目前这个问题已经通过技术解决了。咱们的产品都是不断发现问题、解决问题,给大家满意的使用感。

💬 5问:你们的××是不是假货?我用了之后脸上过敏了!

答:我们的××绝对是正品,我们有官方授权和资质认证,您可以扫码辨别!您用了之后脸上过敏,可能是因为您对××中的某些成分过敏,建议您先停止使用,用清水洗净脸部,然后涂抹一些抗过敏的药膏或者乳液,如果情况没有好转,建议去查一下过敏原。

6 问：你们的 ×× 会不会生锈！

答：亲爱的，我们的 ×× 都是用优质 ×× 制作的，不会生锈，不会变色！您在佩戴的时候避免在水中长时间（半小时以上）冲洗，存放饰品时要放到小盒子里密封好，避免放置在湿气重的地方导致饰品表面氧化，这些您都可以注意一下。

7 问：你们的 ×× 喷雾是不是有毒？我用了之后嗓子疼！

答：我们的 ×× 是无毒无刺激的，如果是对身体有害的东西，行业零容忍！平台零容忍！我们零容忍！广大信任我们的粉丝们都是零容忍的！这款喷雾有专业检测机构的检测报告，这些都是盖了国家检测机构公章的！您使用 ×× 喷雾之后嗓子疼，可能是您喷得太多或者使用时距离面部太近，导致喷雾进入了口腔或者呼吸道！建议距离皮肤 15—20 厘米左右喷涂，避免喷入眼睛、口腔、鼻孔等部位！

8 问：你们的 ×× 是不是有色差？我买了之后跟我皮肤不搭！

答：我们有专业的色卡和色号供您参考，您可以根据肤色和喜好来选择合适的色号！您买了之后跟您皮肤不搭，可能是因为光线影响或者显示器成像效果等造成的视觉误差！建议您在使用 ×× 前先用咱们 ×× 号链接的粉底液打底，最后用散粉定妆，能让您的面部妆容更加精致！

9 问：我看有的差评说买了 ×× 之后颜色跟图片不一样吗？

答：家人们，色差问题其实很常见，几乎每个网购产品的差评都会有这个问题，因为每个人的屏幕显示和光线环境都不一样，有色差其实是正常的，不影响产品的质量和效果。咱家 ×× 产品的颜色都是精心设计和调配的，非常适合亚洲人的肤色和气质，每一个模特都是真实拍摄，没有经过任何修图或滤镜！

10 问：你们的 ×× 是不是过期了？我买得没效果！

答：我们的 ×× 绝对新鲜、绝对有效的，也值得你信赖的！您是在咱家买的吗？市面上有很多假冒我们家的产品。我们的 ×× 经过严格的生产和储存的程序，每一瓶都有明确的生产日期和保质期标注在瓶身。我们会定期对产品进行检查，发货前也会仔细核对，大家买回家注意查看噢，有任何问题及时联系售后客服。

6.3 一般问题要"简"

6.3.1 回答有关化妆的问题

1 问：××有什么特别成分吗？

答：咱们家的××是采用了独家的××配方，能够有效地提升眼部肌肤的弹性和紧致度，淡化细纹和干纹，让您的眼睛更加明亮有神！

2 问：化妆前用这个不会刺激皮肤吗？

答：这个妆前乳里含有××护肤因子，所采用的原材料是从××（国家）进口的，品质有保障，不仅不会刺激皮肤，还会在皮肤表面和化妆品之间建立一层防护！

3 问：你们的手膜是一次性的还是可以重复使用的？

答：咱们家的手膜是一次性的，每一片手膜都是独立包装，卫生方便，每次使用都能感受到清透水润感！

4 问：我之前用面膜容易掉！

答：那您放心，咱家面膜采用了超薄丝绒面膜布，贴合度高，不会掉落，能够让精华液更好地渗透到皮肤里！

5 问：你们的防晒喷雾有什么优点吗？

答：首先，它的防晒指数为××，能够有效地抵挡紫外线对皮肤的伤害！其次，它的质地水感透气，不会油腻、不会堵塞毛孔，让皮肤自然呼吸！再者，它可以实现持久锁水的效果，能够保持皮肤水分不流失，让皮肤保持滋润光泽！最后，它拥有便携易用的设计，随时随地都可以补喷，不用担心防晒失效！

6 问：你们的唇膏有什么颜色可以选择吗？

答：无论您是喜欢低调裸色系、高调红色系，还是喜欢清新粉色系，都可以在咱

第6章 ▶ 巧回答

们家找到适合的颜色！咱们家的唇膏都是高显色度、高保湿度、高持久度的哦！只要一抹就能让你的嘴唇饱满鲜艳，不会干裂、不易掉色！

7问：你们的粉底液适合什么肤质使用呢？

答：咱们家的粉底液适合所有肤质使用哦！它采用了××萃取精华和矿物质成分，能够给皮肤提供养分，不会刺激皮肤、不会引起过敏！

8问：我化的妆总是感觉很厚重啊！

答：那您可以试试我们最新款的粉饼系列，拍到脸上就能立刻感受到轻薄服帖的质地，能够自然地遮盖瑕疵和均匀肤色，让您拥有无瑕妆容！

9问：你们的睫毛膏有什么特别之处吗？

答：首先，纤长卷翘，能够增加眼部的立体感和魅力！其次，防水防汗，能够让您的眼妆一整天都不晕染、不脱落！再者，温和易卸，让您用卸妆水就可以轻松卸掉睫毛膏，不会伤害睫毛！

10问：你们家眼影盘怎么搭配用？

答：无论您是喜欢大地色系、彩色系还是喜欢珠光系，都可以在咱们家找到适合您的色号！咱们家的眼影盘都是高颜值、高饱和度、高持妆的哦！每个色号都是精心搭配的，能够让您轻松打造各种风格的眼妆，不会脱妆、不会掉色！

11问：卸妆好用吗？

答：不黑不吹，好用得很！咱家采用温和不刺激的配方，能够有效卸除彩妆和污垢，不会伤害皮肤屏障，适合各种肤质，敏感肌也能轻松使用！

12问：化妆刷用起来挺复杂的吧？

答：化妆刷是每个精致女人必不可少的美妆工具！首先，它是人造纤维毛的材质，比动物毛更加柔软、更加耐用！其次，每一把刷子都有自己的功能和用法，能够让您更好地掌握化妆技巧！再者，它是便捷收纳的套装，每一套刷子都有自己的收纳袋或者盒子，方便您携带和整理！

13问：你家散粉真有说得这么好吗？

答：散粉最大的用处就是可以修饰毛孔，让你的皮肤看起来更加细致、更加平滑、更加无瑕！好散粉认准××牌，谁用谁知道！

14问：运动时要不要卸妆？

答：如果你只是涂了一点防晒霜、隔离霜，运动时可以不用卸妆，运动后记得及时清洁。但如果你是化了一整套彩妆，那么运动前最好还是先卸妆，因为运动时会出汗和分泌油脂，会导致彩妆脱妆或者堵塞毛孔，对皮肤不好。

15问：敷完你这个产品可以直接睡觉吗？

答：咱家这个××敷完后可以直接睡觉，不用再涂其他护肤品，××在夜间为您的肌肤补水修复。但是要注意，敷完后要把脸上多余的精华液轻轻拍打至充分吸收，不然可能会弄脏您的枕头和被子。

16问：可以带妆午休吗？

答：午睡时间不长的话是可以带妆午休的，所以不会给皮肤造成负担，如果中午休息时间较长，在环境允许的情况下，还是卸妆后做好补水、保湿再睡觉比较好，给肌肤减轻负担。

17问：每天化妆会对皮肤有害吗？

答：只要您选对产品和方法，每天按时卸妆和护肤，保持皮肤的清洁和健康，选用的彩妆产品都经过安全检测，其实每天化妆也没关系的。

18问：护肤越久对皮肤越好吗？

答：不同的肤质和产品有不同的吸收和效果，有些需要长时间按摩和敷涂，有些只需要轻轻拍打和涂抹，有的护肤时间过长可能导致皮肤负担过重和敏感，要根据自己的情况和使用说明来护肤哦！

19问：男士能用女士化妆品吗？

答：男士和女士的肤质和需求是不一样的，男士的皮肤一般比较油腻和粗糙，所以需要选择清爽和控油的护肤品。咱们待会要介绍的××号链接的产品是针对男士研发的，想要买男士化妆品的，等主播待会儿详细介绍哟！

💬 **20 问：口红吃掉对身体有害吗？**

答：咱家的口红是有QS质量安全体系认证的，口红的成分都是从天然植物××中提取的，少量吃到肚子里，对身体是没有实质性伤害的。但化妆品毕竟不是食品，建议您吃饭前尽量先把口红擦掉，吃完再补口红哟！

6.3.2 回答物流相关的问题

💬 **1 问：××地能不能包邮？**

答：咱们目前的××号链接属于今天的秒杀福利款，目前只有前100名下单的才能包邮。大家想要优先获得福利的赶紧下单，手慢则无！没抢到的观众记得弹幕扣"1"，让主播看看还有多少人想要秒杀福利！

💬 **2 问：能不能指定快递？**

答：咱家所有产品都是由专业的物流团队负责，会根据您的地址和快递公司的情况，选择最合适的快递方式，目前我们暂时不能指定快递哦。不过您可以放心，我们所合作的快递公司都是专业正规的，如果您对快递有什么特殊要求，可以在下单的时候备注哦。

💬 **3 问：都没收到货，你们就显示物流签收了？**

答：××宝宝，您这边是什么时候显示物流签收的呀？您看下你们附近是不是有驿站代收点或者是小区门口的物业、保安室帮您签收了呢，辛苦您私聊咱们小店客服，现在帮您查一下具体情况哟！

💬 **4 问：刚下单，能不能换地址？**

答：尽快联系我们的客服小姐姐，告诉她您的订单号和新的地址，我们会尽量在发货之前为您修改的。如果您的订单已发货，就比较麻烦了，可能需要您自己联系快递公司，或者等快递到了以后联系快递公司退回，再重新下单了。

5 问：能不能送货上门？

答：咱家产品都是可以送货上门的，由快递公司根据您的地址和快递公司的规定进行送货上门，超出送货上门服务区域的可能需要自己去取件。到货之后快递公司会尽快与您联系。

6 问：××号之前能不能到？

答：家人们，一般情况下，非偏远地区都可以3天送达，最长也是会在7天内送达的。咱们都是48小时内发货，着急收到货的现在抓紧时间下单，××号前咱们不能保证哈，但是咱们可以保证给家人们发出的都是高质量的产品！

7 问：运费能不能少点？

答：咱家产品都是由快递公司负责运输的，他们会根据您的地址和重量，收取一定的运费，这个运费是快递公司规定的，我们没有办法改变哦。咱们今天有满××元包邮的活动，您可以试试凑单呢！

8 问：有没有运费险？

答：有的，咱们直播间所有的宝贝都为大家购买了运费险，让大家购物无忧。如果大家收到货之后觉得不满意、不喜欢，在不影响二次销售的情况下都可以退回来，大家记得要在规定期限内退回哟！

9 问：快递丢了咋办？

答：很抱歉给××家人造成这样的麻烦，可能是快递公司的工作失误导致快递丢失了。请您不要着急，也不要生气，您联系一下咱们的小店客服，客服会帮您询问一下具体的物流情况，看看是不是快递员还没送到您手上或者是送错了地方，我们会帮您催促快递公司，或者为您重新发货甚至可以退款的哟。

💬 10问：一直查不到运输物流信息！

答：您是哪天下单的呢？请在公屏上告诉主播，如果刚下单，可以稍等一段时间，刷新一下物流信息，看看是否有变化。如果已经下单好几天了物流信息仍没有更新，您可以联系一下快递公司的客服，询问一下具体情况，看看是否有什么情况延误了呢，几天前下单的我们都已经发出了哟。

💬 11问：你们的快递是哪家公司呢？

答：咱们家用的是××快递，大家都知道××是国内非常专业、正规的快递公司，基本不会出现丢件、破损、延误的情况！咱们家还是××的优质合作消费者，享受优先发货、优惠价格、免费保价的服务！

💬 12问：你们的快递费用是多少呢？

答：咱家的快递费用是按照重量和距离测算的，不同区域的快递费用可能有所不同，但我们会给到大家实惠合理的费用！咱家现在还有一个活动，本店消费满3件就可以享受包邮福利！

💬 13问：你们的发货时间是什么时候呢？

答：如果是下午5点前下单，咱家会当天为您发货；如果是5点以后下单，咱们会第二天为您发货。咱们每天都会有专人负责包装、发货、运输，确保每一个宝贝都能按时、按量、按质地送到您的手中！

💬 14问：你们的快递单号什么时候能查到呢？

答：咱家一般是下单当天就能查到快递单号，在下单页面直接点进去就可以看到您的快递单号，或者在对应快递公司的公众号、官网上输入您的手机号进行查询，如果您不知道如何操作可以私聊咱们客服哟！

💬 15问：你们的快递能不能指定时间送达呢？

答：您可以在下单页面备注您需要送达的时间，咱们会跟物流公司沟通给您配送的时间，如果到货后快递公司没有按照您的要求进行配送，辛苦您联系一下快递人员配合您的指定时间进行送货哟！

16问：你们的快递能不能到付呢？

答：家人们，咱家快递的费用都是下单时就设置好了，不支持到付的哟！因为到付可能会被一些不法分子利用进行诈骗，对您、对商家都是不太安全的方式。您如果想咨询快递相关的问题可以私聊客服人员，咱家的客服会根据您的快递需求帮您进行备注处理，感谢您的理解哟！

17问：你们的快递包装怎么样呢？

答：咱家的快递包装就是主播手里拿着的这样，外面是加厚纸箱，里面包含专门定制的包装盒和防摔泡沫，能够最大限度地减少商品在运输过程中的碰撞和挤压，咱们的快递盒还会印刷咱家的品牌名字和商标 Logo，您一眼就能认出！

18问：购买的商品和赠送的小样是分别发货的吗？要查几个物流信息？

答：咱家赠送的小样会随着您购买的商品一起发货噢，大家只需要查询一个包裹的物流信息就可以了！如果您有其他物流需求可以跟客服私聊沟通。

19问：你们的快递有没有签收确认呢？

答：当快递到达您的收货地址时，咱们会给您发送一条短信，提醒您确认收货信息，如果您没有收到短信提醒，您可以点开订单页面，订单的详情页也会有提醒您签收确认的信息，您确认收货后，可以给咱家客服留言产品问题，咱们会尽力为您解决的！

20问：你们的快递有没有售后服务呢？

答：您如果收到产品后有任何的疑问或者外包装有破损，欢迎您在小店窗口私聊咱家客服人员，客服会帮您解决问题。温馨提醒您，如果产品存在物流方面的问题，您一定要在第一时间联系我们，客服会根据您的实际情况为您提供退换货或者退差价服务，您一定要及时联系我们噢！

6.3.3　回答售后服务的问题

1 问：有瑕疵，想退差价可以吗？

答：很抱歉您在咱家直播间购买的东西出现瑕疵问题，您可以私聊下小店客服人员，将您收到的产品照片发给售后客服，客服将会据实解决的。如果需要换新的产品，客服也会一步一步教您操作的。

2 问：给我发错款式了怎么办？

答：您可以先看下单的页面是否为您想要买的款式，确认是否在下单时不小心选择错了呢？如果确实是咱家发错货了，您可以在下单页面申请换货，咱家会承担退换货的运费。您记得及时到下单页面去处理，一般情况××天内都是可以申请退回的!

3 问：好评可以返现吗？

答：咱家产品都是非常优质的，我们也恳请您能给我们一个好评，让更多的人知道我们的产品。但是根据平台的规则，我们不能给您返现或其他形式的奖励哦，这样会影响平台的公平性和信誉度。

4 问：你们怎么给我发错地址了？

答：首先主播替咱们的工作人员给您道个歉，不好意思给您造成困扰，辛苦您把订单号和正确的收货地址发给小店客服，咱们马上帮您联系快递公司核实情况，感谢您的理解。

5 问：发的东西怎么都烂掉了？

答：可能是由于运输过程中出现的失误造成的，您联系下客服，工作人员将在核实情况后给您退换货。您收到的货物记得拍照片留存记录，发给客服，我们将妥善为您解决噢!

6 问：发票怎么开？

答：需要开发票的家人们还请提供下相关信息给客服登记哟，开个人或公司发票抬头的信息要求是不太一样的哟，大家根据客服的提示进行登记，之后财务部会依次给大家安排。由于咱家每天订单都非常多，可能当天不一定能给大家开具，电子发票一般是××个工作日给大家开具，纸质发票可能会久一点。

7问：我收到的商品与描述不符，怎么办？

答：××宝子，您说的描述不符是什么意思呢？是觉得到货之后不是很喜欢吗？您可以联系在线客服帮您处理，咱们都是购买运费险的，可以免费为您退换货，期待您的下一次光临哟！

8问：退换货的运费谁来承担？

答：家人们，你们可以先看一下订单页面有没有显示运费险，咱家部分产品是有运费险的，含有运费险的产品的退换货费用由保险公司赔付。如果您买的这款产品刚好没有运费险，那具体情况就得分两种了，如果是产品本身质量问题，运费由咱们承担；如果是您个人原因导致的，可能就需要您承担退换货运费了。具体情况您可以咨询下售后客服哦。

9问：退换货后，多久能收到退款或新的商品？

答：一般来说您申请退换货之后，仓库会对您寄回的商品进行验收，验收无误后会给您退款。如果您需要更换新的产品，咱们会在验收后××小时内为您寄出全新的产品，还请您耐心等待哟！

10问：我可以选择哪些退款方式？

答：一般来说是原路退回，也就是您下单时采用的是什么支付方式，那咱们就会以同样方式退回相应的账户。当然，我们也可以支持银行卡、支付宝、微信等转账方式的，如果您有需求可以向客服备注！

11问：我对卖家的售后服务不满意，怎么投诉或评价？

答：家人们，您是对售后人员的服务不太满意吗？首先，主播我为工作人员的失误向您表示歉意。您如果想投诉的话，可以拨打官方热线进行电话投诉，也可以给官方邮箱写投诉邮件，或官网留言，我们会根据您提供的信息对咱们的服务人员及服务内容进行处理和改善的哟！

💬 12 问：之前说到货之后可以申请赠品，如何领取赠品？

答：您是不是参与了咱们××活动呀？如果是××活动的赠品，您记得到咱们首页填写您的收货地址，赠品将在××个工作日内在检查无误的情况下为您寄出。温馨提示您，赠品为××，有新老包装两种款式，除了包装不同，产品是一模一样的，咱们为您随机寄出！

💬 13 问：我想退换货，需要提供什么证明？

答：您可以在下单页面申请退货，麻烦您在申请原因中详细备注您的情况，并拍摄商品照片留存记录，咱们工作人员会审核您的申请，没有问题后会联系您进行下一步的操作的。

💬 14 问：我购买的商品有七天无理由退货吗？退货有什么条件限制吗？

答：咱家的产品都是支持七天无理由退换货的，需要您满足以下几个条件：您所购买的产品要保持原有包装，且产品本身是完好无损的状态，不能影响二次销售；产品未被开封、未被使用过；如果您所购买的产品中还包含赠品，也麻烦您一起打包寄回，赠品也是需要完好无损的呢。

💬 15 问：我收到的商品过了退换货期限，但我还想退换货，怎么办？

答：××家人，请问您现在是已经超过退换货几天了呀？如果您现在还没有拆封商品，可以联系客服为您处理；如果是已经拆封商品且进行使用了，很抱歉咱们不能为您退换货了哟！毕竟您也知道××是用在皮肤上的，这方面的产品对于卫生条件都是比较敏感的，您退回的话咱们也没办法继续售卖了呢。

💬 16 问：我收到的××没有包装盒或包装袋，怎么办？

答：咱们这款××是有两款包装的，有礼盒装和普通装，您是否购买的不属于礼盒装，普通包装的产品是不含有礼盒包装盒的。如果您购买的是礼盒装但是没有收到包装盒或包装袋，请您一定要在收货后的24小时内联系我们，提供××的订单号和照片，咱们会核实并尽快为您补发。

💬 **17 问**：我购买的××有保修期吗？如何享受保修服务？

答：咱们家的××保修期一般为××的时间。如果您之后需要申请保修，请记得保存好保修卡凭证，并且要在保修期内联系客服人员，提供××的订单号和具体问题，咱们会安排专业人员为您维修。

💬 **18 问**：我要在什么时间内申请退换货？

答：请您在收货后的××个工作日内联系咱们，并且按照客服人员的要求提供信息，咱们会有工作人员审核您的申请，审核一般是××个工作日，审核通过后会有专人联系您为您处理退换货。

💬 **19 问**：我购买的饰品有优惠券或积分吗？如何使用优惠券或积分？

答：只要是在咱们品牌店购买的产品都是有积分的，您需要联系咱们的线上客服为您登记，登记好后积分会充值到您的账户中，您后续购物时可以用积分来兑换相应的优惠券，期待您的下次购物。

💬 **20 问**：防晒产品没用完，放在冰箱里，明年使用还会有效果吗？

答：家人们，咱家的防晒产品在未开封的情况下保质期是××年，但是如果您打开使用后，最好是在××月内使用完。因为一旦开封，产品很容易受空气影响氧化，开封时间越久对产品功效的影响更大。不建议您长期放到冰箱里，这样可能会减弱防晒、隔绝紫外线的效果，请尽快使用噢！

6.4 回答 3 类问题经典语句

6.4.1 回答作用和效果的经典语句

【经典语句 1】

一瓶就能为您搞定所有的肌肤问题，让您的肌肤像婴儿肌肤一样柔嫩光滑，让您的肌肤嫩得仿佛可以滴出水！

【经典语句2】

××品牌的好，好在哪里呢？让您的眼睛学会说话，让您的嘴唇充满诱惑，让您的脸颊绚丽绽放，让您的光彩和美丽无人能敌！

【经典语句3】

补水就用×××！让您的肌肤畅快喝水，让您的肌肤自由呼吸，让您的肌肤由内而外地散发魅力，让您魅力无限！

6.4.2 回答质量和品质经典语句

【经典语句1】

××不仅仅做饰品，做的更是一种艺术。×××专为您而设计的饰品，让您的风格独一无二！

【经典语句2】

不管您身处什么场合、属于什么气质、需要什么搭配，××都有适合您的饰品。让您的饰品成为您的标志，让您的标志彰显您的身份！

【经典语句3】

××成就现世传奇，××成就平凡故事，让我的××成为您的故事，让您的故事成为××的骄傲！

6.4.3　回答质疑和反问的经典语句

【经典语句1】

不仅仅是我们说得好,更是千万消费者的选择。让你我他的眼睛作证,让你我他的感受说话!

【经典语句2】

不需要花言巧语,只需要事实证明。不管您有什么疑问,我们都会正面回击谣言!

【经典语句3】

××品牌不需要华丽的词语,只需要真实的案例。让您的尝试来验证,让您的信任来支持!

6.5　回答2类问题句式总结

6.5.1　问询类问题句式总结

1.我们全国有很多家____(品牌名)品牌的饰品店,采用的都是世界一流的____(进口国简称)品质原料,每道制作工序和包装流程都是严格按____(标准简称)标准来要求生产的,认准____(品牌名),买对家人、对自己都好的____(产品简称)。

2.首先,____(产品简称)中含有____(元素简称)元素及多种____(元素简称)能量因子,能有效改善我们皮肤的____(皮肤问题)问题及____(皮肤问题);其次,____(产品简称)用法也非常多元,可以直接单独使用,还可以和3号链接里的____(产品简称)搭配使用,____(产品简称)用对方法真的受益匪浅!

3.咱们家这个____(产品简称)是非常适合敏感肌肤的,因为它富含____(草本植物简称)的提取物,第一个____(元素简称)含量高,高达____(百分比含量)%;

第二个____（元素简称）含量高，强化皮肤的抗氧功能，主播空口无凭，大家买回家试用一段时间就知道了，效果肯定能惊艳大家，让大家用了还想用，买了还想买！

6.5.2　质疑类问题句式总结

1. 担心到货和直播间不一样的家人们，我们的____（产品简称）宝贝到货的时候，快递小哥会先让您验收，您仔细查看外包装是否有破损。这点您可以放心，只要是____（品牌简称）出品的产品，品质就一定是与您在直播间看到的是一模一样的。

2. 咱们的每一个快递都给大家配备了____（服务简称）的赔付服务，专为每一位____（品牌简称）的忠实消费者提供优质售后服务。任何产品问题，包括您觉得不满意、不喜欢，都可以在商品签收后48小时内提交____（服务简称）赔付申请，提交申请后会立刻为您审核处理，您的一切担心咱们都会用心解决！

3. 有人觉得贵，主播我说实话，这一款____（产品简称）其实性价比很高，简约百搭，气质非凡，大家都看得见。不仅如此，这款____（产品简称）是精美礼盒装，非常有质感，送家人、送朋友、送领导都非常合适，我建议您可以好好考虑咱家的品牌，真的是物超所值的！

第 7 章

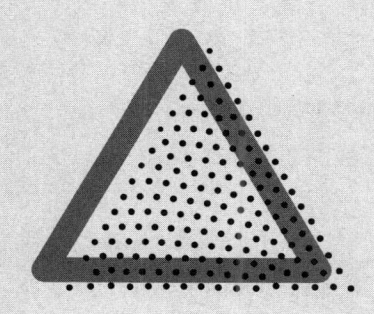

排异议

7.1 直面质疑

7.1.1 情景81：质疑品质

【直播情景再现】

某护肤品直播间正在销售一款补水精华液，主播小纯一边向观众展示精华液的包装和质地，一边介绍精华液的配方和对肌肤的好处。不少观众对精华液的补水效果非常感兴趣，有的问会不会过敏，有的在担心产品是不是真和主播说的一样好，有的好奇怎么用、用不对会不会浪费等。

【直播弹幕分析】

1. 被精华液的补水效果吸引的观众，可能对这方面很感兴趣，主播要着重从补水优势进行讲解。

2. 担心是否会过敏的观众可能对皮肤敏感问题比较关注，主播要把成分表展示清楚，一一讲解不含有刺激物、香料、酒精。

3. 质疑产品品质的观众，说明其对产品不够了解，主播要在皮肤测试、品牌背书和产品优势等方面加强观众的认知。

【主播互动演练】

主播：补水精华液，从此不做"干"皮人！欢迎直播间的各位家人们！今天福利到、情义到，给大家带来一款天然温和、高效补水的精华液，让大家滋润肌肤，去干燥！

弹幕1：主播嘴皮子越来越厉害了。

弹幕2：行吧，赶紧介绍。

主播：这款补水精华液，选用××地的纯天然玫瑰花水，不是那种市面上常见的普通玫瑰花水，原材料不做任何的提纯、不做不健康的化学合成，全部是精挑细选出来进行蒸馏提取，用××技术制成玫瑰花粉末，再用××技术制成玫瑰花水精华，保留纯天然的玫瑰香气。

弹幕3：真有你说的这么好？

弹幕4：真的假的？

主播：是的，咱们××品牌也是十多年的老字号了，对原料的来源严格筛选，在产品工艺制作上从不含糊。补水精华液对皮肤有补水保湿的作用，还能舒缓红肿、抗氧化、提亮肤色，可以强化皮肤屏障和弹性的修复，每天早晚使用很有好处的哟！

主播：家人们，主播我口说无凭，这个是年初刚拿到的皮肤测试报告，大家可以看下这个证书的颁发日期及内容。这款补水精华液里含有丰富的玫瑰多酚、玫瑰醇、玫瑰酸等物质，全都是日常护肤所需要的！

弹幕5：会不会过敏？

弹幕6：纯天然吗？

主播：是的，你没说错。纯天然的，不加任何色素、香料和酒精，只有纯天然的玫瑰花水精华，温和护肤，比使用其他任何药物和保养品在脸上都要可靠！

弹幕7：怎么用？

弹幕8：用不对就浪费了。

主播：用法很简单的哟，大家买回家可以直接用化妆棉或手指轻拍于洁净后的面部皮肤，量多量少看各自的皮肤状况哟！可以适当加一些面霜做成玫瑰花水面膜，敷十分钟效果也很不错！

弹幕9：好好好！

主播：××地好山好水出好玫瑰，欢迎大家试用这款玫瑰花水精华液，评论区还有什么问题主播没回答的可以多扣几遍哟！

…………

⚠️ **【互动误区提醒】**

1. 主播不要与直播间质疑真假问题的观众争辩，不要影响其他观众的观看体验。

2. 对质疑问题要直接且肯定的回应，主播不要避重就轻、含糊其词，要大胆、自信、专业地回复，表现出真诚的态度。

3. 对品质的质疑说明观众对品牌及产品的认知是不够的，主播不要只停留在表层问题的回答，要由表及里地引导观众进一步了解品牌、产品特质。

7.1.2 情景82：质疑材质

【直播情景再现】

某饰品直播间正在热卖几款由××地手工艺人制作的纯手工饰品发卡，由于近期饰品市场竞争激烈，直播间的观众对于饰品发卡的材质问题非常关注。主播小欢正在向观众展示发卡搭配的各种发型，证明自家的发卡是百搭的精美饰品，同时也不断回答观众关于饰品发卡的质感、颜色、耐用性等问题……

【直播弹幕分析】

1. 关注发卡材质的观众，他们可能比较关注发卡的质量和价值，主播可以多从专业角度解释自家的发卡是如何选材、设计、制作、打磨的。

2. 关注发卡质感的观众，他们可能比较注重审美和装扮风格，主播可以多介绍适合哪些人群、有哪些搭配技巧等。

3. 主播要注意把握好节奏，要根据观众反馈调整话术，增加互动性和趣味性。

【主播互动演练】

主播：一朵花儿一世界，一只发卡一风情。不论长发短发，不论直发卷发，只要有一只咱们家的特色发卡，就能让你美美哒！欢迎来到小欢饰品直播间，今天给大家带来的是咱们××地手工艺人制作的纯手工发卡！

主播：这里我先给大家看一下咱们家的工作室，主播身后都是咱家的专业工匠师傅，他们都是从小学习这门手艺，每一只发卡都是他们经过精心选材、设计、制作、打磨等工序用心打造的！保证了每一只都是精美独特的饰品！

弹幕1：现在市面上饰品太多了，不好选择。

弹幕2：怎么知道你们家的是好材质？

主播：×××您这个问题很好，我也非常理解大家对于材质的重视。其实鉴别好坏饰品有很多方法，比如外形、光泽、重量、细节等。我这里就给大家演示一下简单且直观的方法。

主播：你们看我手里拿着两只不同牌子的发卡，这一只是咱们家的经典款，这一只是市面上常见的一种用塑料和金属制成的劣质产品。

主播：咱家的发卡是精致的花朵造型，而这个（展示手里的另一个发卡）产品做工粗糙。咱们家发卡是由天然的珍珠、水晶、琥珀等材料制成的，而劣货产品是用人造的塑料和金属制成，品质完全不一样。光泽方面也有区别，咱们家发卡会散发自然光泽和色彩，而另一只发卡有一种油腻不均匀的色彩。

弹幕3：小欢主播好专业啊！

弹幕4：我想问一下到底是什么质感？

主播：谢谢大家的夸奖！主播手里这只发卡能给人一种柔软细腻、温润光滑的感觉，特别适合秋冬季节佩戴。如果大家想了解更多其他类型的发卡，比如说水晶发卡、珍珠发卡，可以去咱们直播间的16号到24号链接里查看哦！

弹幕5：听着还不错。

…………

【互动误区提醒】

1. 主播要根据观众的实际需求和喜好，合理介绍自己的产品，不要过分夸大或者拉踩其他品牌的产品，要保持客观和真诚的态度。

2. 主播面对观众质疑时，不要说观众不懂饰品，更不要言语攻击观众，而是要用亲切友好的方式来回答观众的问题和建议。

3. 主播要有足够的专业知识，要对产品有深入的了解和研究，不要随意编造辨别产品材质的方法。

7.1.3 情景83：质疑效果

【直播情景再现】

某彩妆品牌直播间正在热卖几款腮红，主播小媛一边向大家展示腮红的色号，一边介绍今天的重磅嘉宾——知名美妆博主小花。直播间有不少对彩妆感兴趣的观众，大家一时间对腮红究竟能给自己带来哪些变化充满了好奇，有的人询问腮红的持妆度和显色度，有的人担心自己上妆技巧掌握不好，更多人是对腮红使用的效果表示质疑……

【直播弹幕分析】

1. 因腮红能给自己带来变化而停留的观众,说明他们对美妆话题充满兴趣,主播要抓住观众的关注点,细致讲解腮红的上妆效果。

2. 针对担心自己上妆技巧不好的观众,主播可结合肤色、场合、风格等因素将腮红适合的人群和用法进行详细说明。

3. 对于质疑主播夸大腮红效果的观众,主播可详细阐述腮红的成分、质地、显色度等特点,将产品的效果实际化、可信化、可感化地描述出来,打消观众的顾虑。

【主播互动演练】

主播:一抹好气色,一天好心情。不论白皙黝黑,不论甜美酷帅,只要有一抹咱们家的绝美腮红,就能让你美美哒!今天带大家领略腮红的魅力,提亮肤色、增添气质,腮红的好处说不完道不尽,各位看官听主播我细细道来哟!

弹幕1:确实,听说腮红很能改变气质。

弹幕2:具体有哪些色号适合我?

主播:好,我看大家都非常期待,马上向大家介绍一位来自美妆界的大神级人物——小花博主,大家听她来讲一讲应该如何选择和使用腮红!

小花博主:谢谢大家,从美妆角度来讲,腮红指的是在面部两侧涂抹产生红润效果的粉状或者液态物质,是属于彩妆中最能提升气质和气色的一类产品。它主要具有提亮肤色、增添气质的效果,有非常丰富的颜色和质地选择,对于不同肤色和风格的人都是非常适合的。

弹幕3:怎么知道自己该选什么颜色呢?

小花博主:如果你是白皙肤色的话,可以选择一些偏粉色或者橘色的腮红;如果你是黄皮肤的话,可以选择一些偏橘色或者珊瑚色的腮红;如果你是黑皮肤的话,可以选择一些偏红色或者棕色的腮红。

弹幕4:真能有你说的那些效果吗?

弹幕5:普通人肯定没博主的效果好。

小花博主:腮红、口红、眼影并称为"彩妆三宝"。腮红的重点在于提亮肤色,能够让你看起来更有气色和气质。在不同场合和穿搭风格下,可以搭配不同颜色和质地的腮红,打造不同的妆容效果。

主播:家人们,腮红的效果每个人在使用后都能感受到。腮红里主要含有高品质的颜料、粉体、保湿剂等成分，这些成分都是对肌肤无刺激、无负担的，显色度和持妆度都非常好，不会掉色或者晕染，效果真的不是我吹！

弹幕6：颜色好漂亮啊！

....

【互动误区提醒】

1. 主播在介绍腮红效果时，不要说一些晦涩难懂的专业名词，要把对肌肤的好处具体化、接地气地表述出来。

2. 主播面对没用过产品的观众质疑时，不要着急解释来源和含义，而是适当先肯定观众的想法，跟着观众的思路顺理成章地往下讲解。

3. 主播不要只提效果、好处、卖点而不提注意事项，要根据不同肤色和肌肤类型推荐不同颜色和质地的腮红，并且说明产品的成分和安全性。

7.2 化解异议

7.2.1 情景84：价格异议

【直播情景再现】

某珠宝直播间正在热卖一款玉手镯，主播小阳在向观众展示玉手镯的细节。主播一边向大家讲解玉手镯的寓意和鉴别方法，一边示范玉手镯的几种搭配风格。直播间的观众对玉手镯的美感和品质兴趣十足，同时也有不少人询问玉手镯的有关信息，有的人觉得价格太高了，有的人觉得物有所值，有的人担心玉手镯是假货或者有瑕疵……

【直播弹幕分析】

1.认为价格贵的观众，主播可从玉手镯的品种和等级之间的联系进行说明讲解，让观众深入了解玉石的分类和评价标准。

2. 认为玉手镯价格物有所值的观众，他们可能对玉石的品质比较懂行，主播可以多与这类观众点名互动，不断活跃直播间的弹幕互动氛围。

3. 担心玉手镯是假货或有瑕疵等问题的观众，他们可能比较关注产品的真假鉴别和品质保障问题，主播应结合检测证书、售后服务等内容自信回应。

【主播互动演练】

主播：欢迎大家准时赴约咱们××直播间，主播今天给大家带来一款人气超高的好物——××玉手镯！××牌玉手镯从开售日截止到昨天已经累计销售3000件啦！

弹幕1：天，已经卖这么多了？

弹幕2：看了链接，这个好贵啊！

弹幕3：为什么价格会这么高？

主播：为什么咱们可以卖到这个价格，还能有口皆碑？因为××牌玉手镯只选用优质××原料，经过精雕细琢、抛光打磨、匠心制作，才能得到这么一批玉手镯，每一款都是限量版的精品。

弹幕4：确实物有所值。

主播：××宝宝，一看你就是懂行的，咱们的选料流程和制作工艺就是为了确保每一款玉手镯都能体现出玉石的本色和魅力。

弹幕5：这么漂亮是不是假货啊？

弹幕6：听说玉石都会有瑕疵。

主播：××宝宝，你的担心是对的，现在网购确实要多加注意。如果大家收到货后有任何问题，主播和小店会给您全程跟踪处理，咱们家的店是经过官方实名认证过的，请大家放心购买。

…………

【互动误区提醒】

1. 当观众质疑产品价格时，主播不要停留在价格表面，浅显的解释，要加强观众对玉石的品种和等级上的认知，凸显出产品的价值感。

2. 主播对比普通玉石和自家产品时，不要提到对方的品牌名或能让人联想到的化名，不要拉踩或抹黑其他品牌。

3. 主播介绍玉石产品的品种、等级等内容要足够专业,不要说错玉石产品的专属名词,不要让观众觉得被"忽悠"。

7.2.2　情景85:体验感异议

【直播情景再现】

某美容护肤用品直播间正在销售一款脱毛膏,主播小岚在根据自己亲身体验,向直播间观众讲述体毛带来的烦恼,以提高脱毛膏的成交率。观众也纷纷在公屏上表达了平时去除体毛时,经常遇到脱毛膏刺激皮肤、效果不持久、毛发变粗等问题。小岚为加强直播效果,又进行了现场演示。

【直播弹幕分析】

1. 直播间可能有爱美的女性,也可能有想要改善体毛问题的男性,主播要重点展示出脱毛膏温和无刺激、效果持久等特点。

2. 对于观众提到的脱毛膏刺激皮肤、效果不持久、毛发变粗等问题,主播可进行案例分享,打消观众疑虑。

3. 观众对脱毛产品表示异议,说明其对脱毛产品有需求,主播要紧抓关注点,深度讲解脱毛膏的作用原理并展现产品优势。

【主播互动演练】

主播:家人们!小岚我又来给大家介绍好东西啦!

弹幕1:最喜欢小岚!

主播:谢谢大家!大家都知道,夏天到了,穿衣服就会露出部分皮肤啦,但有些部位的体毛会让我们很尴尬,比如说胳膊、腿,以及一些敏感部位,这是不是挺让人烦恼的。

弹幕2:对对对!我每次穿短袖都要刮胳膊上的汗毛,真的麻烦!

弹幕3:我最怕那种刮完了还会长出来更粗更黑的。

主播:对啊对啊,小岚我在这方面也有过苦恼的经历。以前我也是用刮毛刀或者拔毛器去除体毛，但是每次都会觉得很疼，对皮肤有刺激，效果也不持久，没多久就又长出来了。

弹幕4：那你现在用什么方法呢？

弹幕5：有没有什么好用的产品推荐？

主播：家人们放心，今天小岚给大家带来一款超棒的脱毛膏，小岚已经用过一段时间了，非常好用！

弹幕6：是什么是什么？

主播：就是这款××品牌的新款脱毛膏"无痕一号"啦，这款脱毛膏亲测温和无刺激、效果持久不反弹，不影响毛发生长质量。

弹幕7：其他脱毛膏也都这么宣传的。

主播：家人们放心，口说无凭，我这就现场给大家演示一下这款脱毛膏的厉害之处！（主播演示）

弹幕8：哇，看起来真的很好用诶！

弹幕9：只用了那么一点就可以去掉这么多体毛啊！

主播：大家看，不仅好用，还十分省心，只需要涂抹在需要去除体毛的部位，等待几分钟，然后用湿毛巾擦拭，就可以轻松去除体毛了！我们还有权威机构颁发的证书，这款脱毛膏使用后，不会刺激皮肤，不会导致毛发变粗变黑！

弹幕10：我觉得不错，先买点试试再说！

…………

⚠【互动误区提醒】

1. 主播可通过自身经历向观众展现脱毛膏的实际效果，增强说服力，但注意言语不要太浮夸，以免引起观众反感。

2. 主播讲解时要注意突出脱毛膏的关键功能，即去除体毛，不要将时间浪费在其他内容的介绍上。

3. 主播进行现场演示时，要注意说与做的结合，不要只演示不讲解，否则容易冷场。

7.2.3 情景86：适用性异议

【直播情景再现】

某护肤品牌直播间正在热卖几款内含天然植物提取物和高科技成分的高效保湿修复晚霜，观众对于睡前晚霜的适用性问题非常关注。主播小璐在向观众展示使用方法，证明自家的晚霜是真正的适合各种肤质和年龄的护肤品，同时也不断回答观众关于晚霜的功效、安全性、保质期等问题。

【直播弹幕分析】

1. 关注晚霜适用性问题的观众，他们可能比较关注自己或家人的肤质问题，主播可以多介绍晚霜是如何针对不同肤质和皮肤问题进行设计和调配的。

2. 关注晚霜安全性问题的观众，他们可能比较担心使用晚霜会导致皮肤过敏、闷痘、堵塞毛孔等问题，主播可以多介绍晚霜有哪些成分和功效可以帮助皮肤修复、舒缓。

3. 主播要注意把握好节奏，根据观众反馈调整话术，增加互动性和趣味性。

【主播互动演练】

主播：美丽不是一朝一夕的事情，而是需要每天坚持的习惯！大家好，欢迎来到小璐的护肤品直播间，今天给大家带来的是咱们××品牌非常畅销的一款睡前晚霜！

主播：这里我先给大家展示一下咱们家的睡前晚霜。大家请看主播手里拿着这个粉色的小瓶子，这就是咱们家的经典款保湿修复晚霜！

主播：这款晚霜内含天然植物提取物和高科技成分的高效保湿修复因子，它能够在夜间为皮肤提供充足的水分和营养，同时也能够帮助皮肤排毒、修复，在睡醒后让你拥有水润光泽的肌肤！

弹幕1：听起来不错啊！

弹幕2：666。

主播：谢谢大家！其实咱们家的每一款睡前晚霜都有不同的特点和功能，比如咱们还有一款紧致提拉晚霜，一款美白淡斑晚霜，一款抗衰老抗皱晚霜等。主播待会儿一一介绍!

弹幕3:我想问一下这款保湿修复晚霜适合什么肤质的人用?

主播:×××您这个问题问得很好,我也非常理解大家对于适用性问题的重视。保湿修复晚霜适合所有肤质的人使用,无论你是哪种皮肤,都可以放心使用。咱家的保湿修复晚霜是根据皮肤的生长周期和需求进行设计和调配的,它能够根据你的皮肤状况来调节水油平衡、增强皮肤屏障、改善皮肤问题。

弹幕4:我用什么都会长痘,我才不信你们!

主播:×××您也不用担心,咱们家的晚霜温和无刺激,它不会堵塞毛孔,也不会导致皮肤过敏或者发炎。相反,它还能帮助你的皮肤排出多余的油脂和毒素,减少痘痘的产生。

弹幕5:我是敏感皮肤,用了很多晚霜都过敏,用你们的会不会过敏啊?

主播:×××您可以放心,咱家的晚霜经过了严格的测试和权威机构认证,它不含任何酒精、香料、防腐剂等可能导致过敏的成分。它只含有天然植物提取物和高科技成分,比如透明质酸、维生素E等,能够帮助皮肤补水、抗氧化、抗炎等。

弹幕6:小璐主播好专业啊!

弹幕7:相信主播!

主播:其实咱们都应该养成每天睡前使用晚霜的习惯,晚霜可以在夜间为你的皮肤提供最好的护理和保养,让你在白天更加自信和美丽。

…………

【互动误区提醒】

1. 主播要避免因观众的质疑态度感到不耐烦或者生气,要尊重观众的选择和意见,不要强行推销或者说服观众购买自己的产品。

2. 主播不要做出过于夸张或者虚假的承诺,不要保证产品能让皮肤变得完美无瑕,或者能解决所有的皮肤问题等,这样会加剧观众的不信任。

3. 主播切忌做出轻视或者嘲笑观众的皮肤状况或者需求的行为,比如观众说自己有痘痘或过敏时,主播不要说出"你这样的皮肤还想用睡前晚霜吗"等句子,反而要善于引导。

7.2.4 情景87：成分异议

【直播情景再现】

某护肤产品直播间正在热卖一款保湿乳液，主播小朵正一边试用保湿乳液，一边向大家介绍保湿乳液的成分和功效等内容，不少观众与主播积极互动，有的人询问成分是否真的是天然的吗，有的人质疑成分不安全，有的人认为到货之后的保湿乳液也不一定像主播手上的一样……

【直播弹幕分析】

1. 对于质疑成分真实性的观众，主播要拿出专业检测报告，有理有据地进行解释。

2. 质疑到货之后的保湿乳液不一定和主播手上产品是一样成分的观众，说明其已有下单需求，主播可以结合售后保障进行解释，打消其顾虑。

3. 观众主动询问并对成分表示异议，说明其对直播间产品感兴趣，主播要积极互动。

【主播互动演练】

主播：水润透亮保湿乳液，选保湿乳液就认准××！咱们家这款保湿乳液是天然不刺激的，含有丰富的植物精华和多种维生素，好处多多大家听主播细细道来。第一是能够深层补水，提高肌肤水分含量；第二是能够锁水保湿，形成肌肤水润屏障；第三是能够改善肌肤干燥、粗糙、暗沉等问题，让肌肤水润透亮！

弹幕1：成分能有这么好？

弹幕2：成分能有这么安全？

主播：其实保湿乳液属于日常护肤品，这款保湿乳液是植物提取物调配而成，有第三方专业检测机构对咱们产品进行成分检测的结果证明，符合国家标准和安全规范，没有添加任何刺激性或者致敏性的成分哟！

弹幕3：买回家能和你这一样的成分吗？

弹幕4：我就要成分这么好的，主播给我备注下。

主播：家人们，主播在这里保证，无论谁在直播间下单的，都是安全成分，跟主播手里的一样,跟我们检测过的也一样!

　　主播:××宝宝,但凡有不满意或没有效果的,您都可以给主播退回来!

　　弹幕5:好,我刚下单了。

　　主播:补水效果越好,肌肤就会越水润透亮。咱们的补水效果都是经过实验室测试和用户体验验证的,使用后的3小时能提高肌肤水分含量××%,锁水保湿时间达到×小时以上!

　　弹幕6:搞这么专业!

　　弹幕7:听主播这么介绍我就放心多了。

　　主播:让主播看看,直播间还有谁能抵挡得住这款保湿乳液诱惑呀!水润透亮、滑嫩细腻,还没下单的家人们抓紧时间冲哟!

　　……

【互动误区提醒】

　　1. 主播在介绍保湿乳液的成分时,一定要做到准确无误,不要在一些成分的专业术语上误导观众。

　　2. 主播不要自顾自地一直介绍成分的功效,要引导观众尽快下单购买,不要消耗观众的耐心。

　　3. 主播不要做出过于简单或者模糊的回答,比如说化妆品的成分都是"好的""没有问题",而是要具体化、数据化、案例化告知观众。

7.2.5　情景88:比较异议

【直播情景再现】

　　某彩妆品牌直播间正在热卖几款定妆散粉,观众对于定妆散粉的定妆效果非常关注。主播小蝶在向观众展示自家散粉的优势卖点,用普通定妆散粉和自家的定妆散粉进行对比。观众看到主播的对比操作,有不少人立马有了下单需求,开始关注定妆散粉的持妆度、控油度、遮瑕度等;而有一些观众则对主播的对比行为表示疑问,有人不相信主播的比较,认为主播是用了滤镜或者其他手段,有的人甚至让主播直接说出对比品牌的名字。

🖥 【直播弹幕分析】

1. 关注定妆散粉效果的观众，他们可能比较关注肤质和妆容需求，主播可以多介绍自家的定妆散粉是如何针对不同肤质和妆容需求进行设计的。

2. 对于质疑定妆散粉对比效果和担心主播使用滤镜的观众，主播可以通过实时互动和切换特效状态来证明自己没有使用任何特效，增强信任感，打消其顾虑。

3. 对于要求主播说出对比品牌名的观众，主播切记不要被带节奏，适当解释但不要说出对方名字，避免不良舆论影响。

💬 【主播互动演练】

主播：美丽动人的朋友们，大家下午好，今天给大家带来一款美妆神器——定妆散粉！

弹幕1：定妆散粉是干啥用的？

弹幕2：能控油吗？

主播：且听主播为大家介绍定妆散粉的神奇功效和正确使用方法哟！定妆散粉就是在你化完妆后用来固定你的底妆和提亮肤色的一种粉末产品，它可以帮你把你的妆容锁住，让你一整天都不脱妆、不暗沉！

主播：咱们家这个定妆散粉粉质细腻、透明无色，不会给您的妆容带来厚重感，还能有效控油、遮盖毛孔、修饰细纹哟！

弹幕3：听着就好用。

主播：大家可以看下咱们家这个定妆散粉在我脸上的效果，左脸用的是咱家的，你们看这个光泽感和服帖度，完全没有浮粉或者卡粉的现象；而右脸用的普通定妆散粉，在我脸上就会显得很干燥、很浮粉、很假白！大家买定妆散粉一定要认准高品质、好品牌！

弹幕4：你这个比较我咋不信呢？

主播：××宝宝，你是不是来得晚，没看到主播的操作？来，现在大家点赞到5000，主播再给你们开一罐咱家新的包装和一罐普通的，重新上脸给大家看对比！

弹幕5：你发过来的肯定不一样！

主播：家人们，主播把话放这儿了，我发过去的绝对跟你们在直播间看到的一模一样,都一样的细腻透明、轻盈控油!谁收到货不一样的,你们顺着网线扔主播脸上!

弹幕6:你跟哪一家的比较的?

弹幕7:你说说你对比的品牌是哪一个?

主播:家人们,咱家要做就做最好,要争就争第一,定妆散粉咱们家品质绝对杠杠的,大家需要的就在咱家买,不需要的就在直播间唠唠嗑,来的都是朋友!

弹幕8:怎么还不上链接!

主播:好,我看大家好像都没什么问题啦!咱们今天一罐××元不要,××元也不要,只要××元!美丽不打烊,好用不虚传!定妆散粉认准咱家,××专业美妆老品牌!

…………

【互动误区提醒】

1. 主播不要在直播间拉踩其他品牌,不要直接说出其他品牌的名字,避免涉及不正当竞争,被平台处罚。

2. 质疑比较效果的观众,主播不用立马就重新演示,可以适当引导观众点赞、关注及互动,多增加人气后再进行演示。

3. 主播设计的产品比较方式不要太复杂,要让观众一眼就能看懂区别,看懂卖点。

7.2.6　情景89:数据异议

【直播情景再现】

某发饰直播间正在热卖一些热门头绳,主播小晶在向大家热情地介绍一款近期直播间卖得非常火爆的头绳。主播在头绳的旁边放置了一块非常醒目的牌子,上面用标记着"热销20万+单""好评率高达××%""回购率超过了80%""排名前×名"。小晶正拿起这块牌子一一向观众介绍,一时间公屏上也出现了很多疑问,有人问数据从哪里来的,有人质疑数据造假,有人不相信主播说的这些数据……

第 7 章　排异议

🖥【直播弹幕分析】

　　1. 市场上卖头绳的直播间非常多，市场直播数据更新也比较快，主播在直播间展示的数据一定要及时检查和更新。

　　2. 询问数据来源和质疑数据造假的观众可能是经常浏览直播间，对于这部分观众，主播要针对性地将数据的明细讲解清楚，打消其顾虑。

　　3. 观众质疑数据属于直播常见现象，主播看到此类问题应该积极正向地引导，趁机多与观众互动，不断活跃直播间氛围。

💬【主播互动演练】

　　主播：家人们，今天××号链接的头绳真的是我们家最近卖的非常火爆的一款饰品啦，目前已经有了20万+销量！

　　弹幕1：卖这么多了？

　　主播：这一款的好评率达到了98%，回购率超过了80%，在饰品这个系列排名已经到了前3名啦，可以说是闭眼下单，绝不会错！

　　弹幕2：真的假的？

　　弹幕3：你数据哪里来的？

　　主播：大家放心，关于咱们这个牌子上的数据，每一项都是有凭有据、有数据源头可查的！大家可以在下方的5号链接里点开看，销量、评价、回购率数据一清二楚，现在大家到平台首页搜头绳，排名前3的肯定有咱这个链接哟！

　　弹幕4：确实有。

　　主播：我看到×××家人已经去看了，真金不怕火炼，咱们所有数据都一目了然哟！

　　弹幕5：你这该不是造假的数据吧。

　　弹幕6：我听说有些数据是可以找人刷出来的！

　　主播：家人们，咱们家的数据绝对真实、绝对可靠。大家也都知道××平台是一个非常严格的平台，如果有你们说的那些行为，官方处罚是非常严格的，轻则罚款，严重的可是要封店处理的。咱们这个卖了五年的小店可不敢冒险做这种事儿！

　　弹幕7：我买过！

　　主播：谢谢××家人的捧场，咱家做的都是回头客，再说了，20万的销量就摆在这里了，咱怎么弄数据也弄不了这么多啊！

弹幕8：确实，我还没听说谁能刷这么多的。

…………

⚠️ 【互动误区提醒】

1. 主播用数据吸引观众时，不要大量使用观众听不懂的数据，要用简明易懂的数据指标说服观众，数据要直观且容易查询验证。

2. 主播要及时根据平台和市场的数据变化进行数据更新，不能在与观众互动时将数据的大小和排名等说错，尤其是涉及一些专业性的数据，更要提前熟悉。

3. 主播绝对不能虚构数据，应对平台的处罚规则一清二楚，不要不懂装懂，甚至影响到直播的进行。

7.3 排除异议2类经典语句

7.3.1 直面质疑类经典语句

📖 【经典语句1】

不靠明星不靠代言，宣传产品全靠自己展示！看一看，试一试，一用就包你惊艳！

📖 【经典语句2】

您放心地买，大胆地用，我的彩妆品质个个有保证！说得好，夸得妙，不如让效果来说话！

📖 【经典语句3】

金杯银杯，不如你们的口碑！金牌银牌，不如你们的好评！

7.3.2 直面异议类经典语句

📖【经典语句1】

岁月不停步,护肤要专业。岁月从不败美人,您的美丽您做主,一盒××,无尽魅力!

📖【经典语句2】

像呼吸一样真实,像雨露一样滋润,像花朵一样美丽,××带您脱颖而出,××为自由和青春构思。

📖【经典语句3】

传播美丽,分享优惠;呈现魅力,享受折扣;提升自信,获得自信。爱素颜,更爱妆容,因为我用××!

▶ 7.4 排除异议2类句式总结

7.4.1 排除质疑类句式

1. ____(用户昵称)姐/哥,您质疑我没关系,但我要告诉您的是我们全国有很多家____(品牌简称)品牌的连锁店,采用的都是世界一流的____(进口国简称)国原材料,每道工序和流程都是严格按____(标准简称)标准来要求生产的,一定不会出现您说的____(饰品简称)褪色、掉色、发黄等问题。

2. 我们在拿到这个____(化妆品简称)产品的时候,特意送到专业质检机构检测过,每一件都是符合____(标准简称)标准的高品质产品。我们在正式上架销售前,会让员工试用____(具体时间),没问题后才上直播的。我们的选品团队检测过,评估结果是孕妇可用。您说的这个情况,是不存在的。

3. 第一，大家看它的成分表，主要含有____（成分简称）和____（成分简称）成分，没有添加任何伤害皮肤的成分，必须做到对皮肤好、让皮肤无刺激无负担。第二，它的原材料是产自____（进口国简称），用的都是____（级别）级的____（原材料简称）。第三，我给大家近距离看一下，里面满满的都是精华，用料非常足，抹在手上肉眼可见的细腻。第四，大家看下它的生产商，这是大牌国货____（品牌名称）工厂出品，不是小作坊生产的哦。主播也有去做实地考察，来给大家看下视频，全部都是自动化生产，卫生很干净，大家真的可以放100个心。

7.4.2 排除异议类句式

1. ____（用户昵称）姐/哥，我理解您的心情，担心买贵上当，吃亏不划算，但是主播要告诉你，真的不要在乎____（产品简称）贵不贵，要在乎它的功效。贵的东西除了贵以外哪哪都好，便宜的东西除了便宜，其他哪儿都是毛病。有些东西，您越想省钱，其实就越费钱，您说对吗？

2. (主动跟黑粉打招呼)____（用户昵称），这是你今天第____（次数）次来到我的直播间了，主播还是要表示谢谢哟。虽然____（用户昵称）骂我，一直质疑咱们的____（产品简称），但是一直留在咱们直播间，说明还是喜欢主播的，也是欣赏咱家品牌的。咱们来者是客，大家对____（产品简称）还有啥疑问都可以畅所欲言，主播知无不言、言无不尽！

3. 主播看到好多宝宝都用过类似的产品，大家提到的____（品牌简称）品牌，我也听说过，跟主播今天推荐的____（品牌简称）品牌一样，都非常好用而且物美价廉。但是这两个品牌之间也有些许的差别，比如我们这款产品的功效主打____（功效名称），我们减少了____（营养元素）成分，增加了____（营养元素）成分，从健康出发，从护肤安全出发！

第 8 章

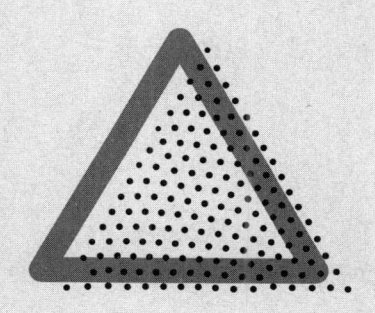

催下单

8.1 催单怎么说

8.1.1 限时催单怎么说

说法一：仅有××分钟

家人们，这款面膜实在是卖得太火爆了，本场直播能拿到的库存实在是不多了，因此只能限时销售 20 分钟，从我说上链接开始计时，大家做好准备哦！

说法二：只剩××分钟

家人们，补水套装的优惠只剩 10 分钟就要结束了，10 分钟后立即恢复原价！这样的机会不是天天有，过了这村儿可就没这店儿了！

说法三：仅限本场直播

太贵了？您在别的地方买当然贵了，今天主播这边做活动，原价×××元的高档口红，直降××元！仅限本场直播！家人们，在各大电商平台，哪怕是"双十一"，您都不一定能等到这个价哦！

8.1.2 限量催单怎么说

说法一：一共只有××份

家人们，×××是大品牌不用我说你们也知道，平时很少打折的。这次因为品牌周年庆，才做了一次活动，咱们直播间是平台化妆品区的头部直播间，才获得了这次合作机会，但也只拿到了 2000 件货，就 2000 件！还是折扣价！

说法二：优惠只有××份

家人们，××品牌的精华水定价真的挺高的，我们的采购成本也很高，因此7折的福利只有前100瓶有哦，由于库存紧张，每人限购2瓶。

说法三：现在只剩××份

真的别等了，家人们，我刚才看了下后台，这款足金项链只有不到200条了，但还是有家人在一直下单，我估计最多还有10分钟就要被抢完了！还没出手的家人们，再不出手就晚了！

8.1.3 秒杀催单怎么说

说法一：只有×分钟

家人们，这款口红是今天的秒杀爆款，原价×××元，秒杀价只要××元，便宜到没朋友！但这个价格只有15分钟的有效期，15分钟后就恢复原价了！从我说"开始秒杀"开始计时！

说法二：直降××元

家人们，这款粉底液是我们今天的秒杀商品，品质保证、持久遮瑕，还有多个色号可选。现在秒杀价只要×××元，比平时便宜了××元！这个价格真的是太划算了！但参与秒杀活动的商品数量有限，仅有100份！一旦卖完就没有了！所以，家人们，不要犹豫了，立即下单吧！

说法三：错过难再有

家人们，这款眼线笔是我们今天的秒杀款美妆神器，它可以画出自然的眼线，让你的眼睛更有神采，还有多种颜色可选。现在秒杀价只要××元！这是本直播间这个月最后一次做秒杀活动，今年内不会有新的秒杀活动，错过一次再等一年！

8.1.4 加赠催单怎么说

说法一：买一送一

家人们，这款洁面乳是我们今天的加赠商品，它可以有效清洁皮肤、去除油脂和污垢，还伴有清爽的香气。现在买一瓶就送一瓶，这种福利可不多见哦！但这个活动只有前50名购买者才能享受哦！所以，家人们，赶快下单吧！

说法二：加赠好礼

家人们，这款面霜可以滋润皮肤、改善肤质。在直播间下单面霜就可以额外收到5片美白面膜，面膜是赠品，但一点也不含糊，和面霜一样都来自××品牌，都是大牌！补水美白二合一，是主播专门为你们准备的好礼哦！

说法三：购物积分

家人们，这款睫毛膏是可以获得直播间购物积分的哦，买一支睫毛膏就会获得50个购物积分，积分可以在下次直播购物时兑换为优惠券，非常划算哦！

8.1.5 库存催单怎么说

说法一：库存有限

家人们，这款唇膏非常难拿货，直播间也只拿到了5000支，库存是真的有限，所以除9折的优惠外，真的无法给大家更多的福利了。喜欢的朋友一定不要错过这次机会哦，这次手速不够快可能真的抢不到！

说法二：库存告急

家人们，你们实在是太热情了，就这么一会儿，直播间已经卖出3000多份眼霜了，非常感谢你们的支持！还没有抢到的家人们要注意了，刚才我看了下后台，由于连续几场直播的热卖，这款眼霜的库存已经告急了，补货还要再等半个月，大家别再犹豫了!

🎤 **说法三：清仓甩卖**

　　家人们，这款精华液只剩最后 3000 瓶了，根据直播间的规划，后续很久都不会再推荐精华液这类产品了哦，所以本场直播是精华液的最后一场，相当于清仓大甩卖了! 所有精华液都 7 折出售，性价比无敌!

8.1.6 价格催单怎么说

🎤 **说法一：今日特价**

　　家人们，如果您是老粉，那您一定知道我们直播间每天都有特价商品，这是直播间的隐藏福利。今天的特价商品就是这款四叶草项链啦，原价 598 元，特价 398 元! 喜欢这款项链的朋友不要错过咯，明天的特价产品又换成别的了，所以不要再等待!

🎤 **说法二：历史最低**

　　家人们，这款腮红持续卖了一个多月，虽然一直都在做活动，但是都以赠品为主。今天的活动可是实打实的直接降价啊! 我查了下，今天 99 元的价格，绝对是一个月以来最低的，首次降价至两位数! 这都是有据可查的真实数据，绝对没有虚假宣传!

🎤 **说法三：独家优惠**

　　家人们，咱们直播间是这款 ×× 牌指甲油官方授权的首个直播销售渠道哦，不仅渠道是独家的，价格也是独家的! 目前，直播间 296 元的价格比各大购物平台都低! 但是这个低价肯定不会持续太久，有需要的小伙伴，真的要行动起来了!

8.2 下单与售后说明

8.2.1 下单讲解怎么说

说法一：扫码有优惠

家人们，如果喜欢今天推荐的化妆品，可以先扫码领优惠再下单哦！扫描直播间右上角的二维码，关注我们的官方企业号，领取限时优惠券，立省 10 元！

说法二：找准链接号

家人们，刚才推荐的卸妆水在 8 号链接哦，千万不要点错了，其他链接有的是其他产品，有的是卸妆水的不打折链接。如果大家想要享受到刚才我说的折扣价，就去点 8 号链接下单哦！这个链接 30 分钟后就会失效了，之后就只能通过不打折链接下单了！

说法三：买前看说明

家人们，如果对睫毛膏的使用方法还是不够清楚的话，可以添加屏幕右下角的助理号，添加后输入"睫毛膏"就会自动收到一个教学视频哦，大家有不懂的看完视频就会明白啦！先看视频，买得顺心，用得顺手，美得简单！

8.2.2 售后说明怎么说

说法一：无忧退换货

家人们，放心吧，在直播间购买的化妆品，全部支持 7 天无理由退换货！只要商品是完好的就可以无理由退货！质量是我们最大的底气，所以大家完全不用担心售后问题。你们的要求，就是我们的追求；你们的脾气，就是我们的福气！

说法二：平台作保证

家人们，直播间和平台签署了合作协议，是正规入驻的。我们销售的所有产品，平台都有备案，你们在我这儿买饰品，也会收到平台开具的正规发票。

说法三：美妆无忧险

家人们，咱们直播间销售的化妆品，都参加了平台推出的"美妆无忧险"，相关信息在直播间首页真实可查。"美妆无忧险"包含了美妆护肤商品正品保证和商品质量问题导致过敏赔付两种优质服务。大家要是在直播间买到非正品，完全可以发起维权，由保险公司介入处理。另外，我们销售的化妆品，有的标注了"无惧过敏"的标识，要是您使用带这个标识的化妆品后还是过敏了，同样可以请保险公司介入处理。

8.3 催单追单经典语句与句式总结

8.3.1 催单追单经典语句

【经典语句1】

机会不是天天有，该出手时就出手，别人出手您留手，好物全都被抢走！

【经典语句2】

10分钟，最后10分钟，时间一到，优惠跑掉！

【经典语句3】

主播不让你白花，马上就能用上它！××本就不算贵，主播还给你优惠！滚滚长江东逝水，现在下单不后悔！

8.3.2 催单追单句式总结

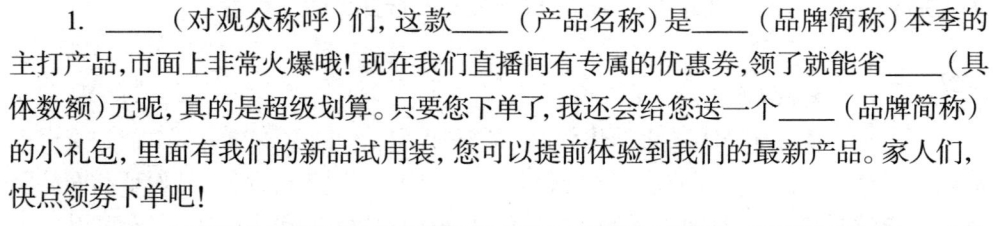

1. ____（对观众称呼）们，这款____（产品名称）是____（品牌简称）本季的主打产品，市面上非常火爆哦！现在我们直播间有专属的优惠券，领了就能省____（具体数额）元呢，真的是超级划算。只要您下单了，我还会给您送一个____（品牌简称）的小礼包，里面有我们的新品试用装，您可以提前体验到我们的最新产品。家人们，快点领券下单吧！

2. ____（对观众称呼）们，你们看到屏幕上的倒计时了吗？还有最后的____（具体时间）分钟，我们这次的活动就要结束了。现在还有最后的____（具体数量）件____（产品名称），如果您喜欢就赶紧下单吧！不要再犹豫了，这个价格您可能再也遇不到了。只要您心动了，就点击屏幕下方的____（购物车链接编号）号链接吧！

3. ____（对观众称呼）们，马上就要到____（具体时间）点了，主播还剩____（时长）分钟下播。公司有要求，到点必须下播，不能影响后面的主播。所以啊，喜欢的____（对观众称呼）们抓紧下单，待会换主播了，优惠不在了，产品也没有了！

第 9 章

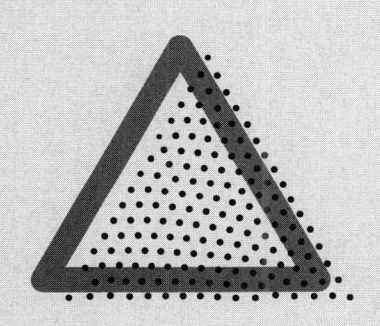

慎结尾

9.1 结尾6法

9.1.1 感恩式结尾

【结尾一】

感谢今天直播间里所有家人们的真诚陪伴,主播在这里感谢所有进入过直播间的家人们,非常感谢在场各位的支持,感谢大家的关注、点赞和下单!

我知道有很多家人从主播晚上开播就一直陪伴我到现在,大家也都非常辛苦,再次感谢大家,爱你们呦,比心!

【结尾二】

宝宝们,咱们今天的直播马上就要结束啦,非常感谢家人们在咱们直播间的选购下单!希望大家在咱们直播间买得开心,买得放心!没有你们就没有我们,你们的满意就是我们最大的心愿!

【结尾三】

么么哒,家人们,主播在这里十分感谢大家的陪伴和支持!祝直播间的家人们坐东楼看西楼,吃喝啥也不用愁!主播要下播了,咱们明天晚上七点,不见不散啦!

9.1.2 促单式结尾

【结尾一】

非常感谢各位下单支持主播的宝宝呦!咱们还有3分钟马上就下播啦,还在犹豫的家人们赶紧去链接里看看,抓紧时间下单哟!主播在这里祝大家生活、学习、工作开开心心,顺顺利利!最后祝大家购物愉快!

♻【结尾二】

主播马上就要下播了,新款×××在13号链接,真的是最后几单了,库存卖完就没有啦!厂家今天给到的库存确实有限,今天抢到就是最划算的,速战速决啊!赶紧去抢,宝子们,错过今天,下一波库存确实是不知道什么时候啦!

♻【结尾三】

×××拍单倒计时啦!还没下单的赶紧下单啊!今天这款×××的优惠数量有限,主播只能再给大家争取最后的五分钟,抓紧时间抢,最后五分钟啊!

主播马上就要下播了,给你们争取的是最大优惠了,错过就没有了喔!大家还没下单的赶紧下单啊!

9.1.3 抽奖式结尾

♻【结尾一】

如果没有大家的支持,就没有直播间今天的成绩,今天我们特别设置了×××奖,给大家送福利!

抽完奖主播就要下播了,大家把握时间哦!好了,现在,大家一起把"×××"抽奖口令发在公屏上吧!我们马上开始抽奖!

♻【结尾二】

再过20分钟主播就要下播了,为了感谢家人们对我的支持和厚爱,我特意准备了100份×××作为礼物送给今天在直播间里购物的家人们!

所有在直播间内购物金额超过×××元的家人们都可以参加,大家把"我要中奖"打在公屏上。

【结尾三】

又到了和家人们说再见的时候了,话不多说,我们还是老规矩,抽波奖!今天要给大家送出的东西是×××,这是一款十分好用的×××,是销量榜上的常客。

所有直播间的家人们都可以参加抽奖,大家积极发言啊!我们的奖品已经准备好了,现在让我们抽出这些幸运儿!

9.1.4 预告式结尾

【结尾一】

陪伴是最长情的告白,大家的支持与爱意,主播我都接收到啦!明天咱们还是同一时间,下午1点到4点,晚上7点到11点,不见不散喔!明天也是福利多多、优惠多多!感恩生活,感恩有你们的一路相随!主播下班啦!咱们明天见!

【结尾二】

不知不觉,咱们今天的直播也快接近尾声了,想要但还在纠结的家人们,抓紧时间下单哟!主播这里马上就要下播了,明天咱们直播的宝贝也是非常丰富,有×××,大家都知道的,他家的粉底一直都很好用;还有大家一直期待很久的×××,我也给大家争取到了一些库存!

除了我刚刚给大家说的一些大牌的产品,也有一些物美价廉、实惠好用的网红爆款平替美妆,咱们明天晚上六点半,不见不散啦!

【结尾三】

家人们,今天的直播就要结束啦,非常感谢你们的陪伴和支持!今天我们给大家推荐了很多优质的商品,希望你们都能买到心仪的东西!

如果你们有什么问题或者想要什么东西,欢迎在评论区留言,我们看到之后会马上回复你们。

大家一定要关注我们的直播间,关注直播预告,我们会每天不定期发布惊喜福利,是大家意想不到的好货呦!最后,祝大家购物愉快、生活美满!再见啦!

9.1.5 结果式结尾

【结尾一】

今天的直播非常成功，大家的热情给了我很大的鼓励！我马上就要下播了，现在给大家汇报一下咱们今天的成绩！

我们直播间今天一个晚上就卖出了5000单×××！5000单，这是一个很棒的成绩，这是属于大家的成绩！

【结尾二】

家人们，我想告诉大家一个好消息，我忍不住了！截止到刚刚，咱们直播间达成了一个历史性的数据，大家猜一下，这个数据是什么？没错，就是300万！我和家人们一起，刚刚达成了300万的销售业绩！主播马上要下播了，但是心情很激动，真的不想跟家人们说再见！

【结尾三】

这款×××的累计销量已经超过了19万单，马上就要到达20万！可以说是销量和口碑齐飞！主播马上就要下播了，在下播之前，让我们一起完成这个里程碑式的数据好吗？家人们，大家齐心协力，向20万出发！

9.1.6 顺口溜结尾

【结尾一】

主播说好不算好，大家说好才算好；主播说妙不算妙，去看口碑就知道！大家点开首页去看我们店铺的评分，你们的评价说明一切！

柳叶弯眉樱桃嘴，美妆彩妆就用它！还有一分钟主播就下播了，大家抓紧时间下单呀！

【结尾二】

时间过得很快,又到了主播跟大家说再见的时间了。春风拂面感恩浓,粉丝关注情意融。千言万语难道谢,但盼明日再相逢!

【结尾三】

感谢支持与陪伴,关掉直播情难断。春风又绿江南岸,明日与君再言欢!今天的直播暂时告一段落,大家好好休息,明天见!

9.2 直播结尾经典语句与句式总结

9.2.1 直播结尾经典语句

【经典语句1】

轻轻地我走了,正如我轻轻地来,感谢各位的厚爱!其实很不想跟大家说再见的,不过因为时间的关系,今天的直播马上要结束了。

最后我们合唱一首经典老歌送给直播间的家人们,结束今天的直播。别忘了,每天19:00,主播都在这里恭候着你们呦,我们明天见!

【经典语句2】

家人们,今天我们的直播到这里就要结束啦,非常感谢大家一如既往的支持!我一定会再接再厉!希望大家今天都能够做个好梦呦,爱你们,拜拜!

【经典语句3】

主播马上就要下播了喔,今天和大家聊得非常开心,明天下午6点我还在这儿等着你们,你们一定要来赴约哦!么么哒!

9.2.2 直播结尾句式总结

1. 今天的直播马上就要结束了，还有____（时间），主播很舍不得____（观众称呼），非常感谢____（观众称呼），今晚和大家____（事件说明），更是非常____（感情表达）。因为有你们，主播才不会____（感情表达）！

2. 感谢直播间所有的____（观众称呼），感谢____（观众称呼）从我一开播就来了，一直陪着我到下播。陪伴是最长情的告白，你们的爱意我收到了，我明天会给大家带来____（产品），敬请期待！

3. 现在是____点____分，主播还有____分钟就要下播啦，非常感谢家人们今天的陪伴和支持，谢谢大家！每天下午____点，我风雨无阻地在这里等大家喔，那明天不见不散啦！